ACCOUNTING PRACTICE

会计实务

主编◎郭　佳　副主编◎林丽遂　曾志好　彭羽萍　汪晓欣

暨南大学出版社
JINAN UNIVERSITY PRESS

中国·广州

图书在版编目(CIP)数据

会计实务/郭佳主编;林丽遂,曾志好,彭羽萍,汪晓欣副主编.—广州:暨南大学出版社,2015.3

ISBN 978-7-5668-1356-5

Ⅰ.①会… Ⅱ.①郭…②林…③曾…④彭…⑤汪… Ⅲ.①会计实务—中等专业学校—教材 Ⅳ.①F233

中国版本图书馆 CIP 数据核字(2015)第 041431 号

出版发行:暨南大学出版社

地　址:中国广州暨南大学
电　话:总编室(8620)85221601
营销部(8620)85225284　85228291　85228292(邮购)
传　真:(8620)85221583(办公室)　85223774(营销部)
邮　编:510630
网　址:http://www.jnupress.com　http://press.jnu.edu.cn

排　版:广州联图广告有限公司
印　刷:广东广州日报传媒股份有限公司印务分公司

开　本:787mm×1092mm　1/16
印　张:12.75
字　数:301 千
版　次:2015 年 3 月第 1 版
印　次:2015 年 3 月第 1 次

定　价:28.00 元

前　言

会计实务是中职学校会计专业的一门核心课程，是会计专业知识结构中的主体部分。本书的编写以最新的企业会计准则为指导，借鉴国内同类教材的先进经验，并参阅了相关著作及资料，按照《关于实施国家中等职业教育改革发展示范学校建设计划的意见》中关于教材应以对接技能为切入点的要求，为拟从事会计工作的学生提供必备的知识和技能。

本教材注重知识的实用性，重点突出，条理清楚，实务性强。本书的主要特点有：

1. 以项目为导向，以任务需要为依据，注重对学生综合应用能力的培养，通过系统的、有重点项目针对性的强化训练，使学生熟练掌握会计主要核算任务的技能要求。

2. 按照突出应用性、实践性的原则，在理论与实践相结合的基础上，适当压缩理论部分，扩展实践内容，注重对学生实际操作能力的培养。

3. 按照当前最新的企业会计准则及其应用指南和其他现行相关法律与规章制度编写，确保教材内容的先进性、实践性和可操作性。

本书由广东省对外贸易职业技术学校的郭佳、林丽遂、曾志好、彭羽萍、汪晓欣老师负责编写，其中：郭佳负责会计实务概述模块、货币资金模块、财务报表模块内容的编写；林丽遂负责应收及预付款项模块、存货模块的编写；曾志好负责固定资产模块、无形资产及其他资产模块的编写；彭羽萍负责负债模块的编写；汪晓欣负责所有者权益模块及收入、费用和利润模块的编写。全书由郭佳统稿。同时，本书的编写也得到了会计行业专家的大力支持，广东金证税务师事务所的卢树华注册会计师对本教材的编写进行了指导并提出了宝贵的意见。

由于编者学识有限，书中必然存在缺点、疏漏及不足之处，欢迎读者批评指正，以便今后进一步完善。

编　者

2014 年 12 月

目　录

模块一　会计实务概述

【知识目标】

1. 了解会计实务的含义、特点、核算基础及工作规范。
2. 理解会计核算的基本前提。
3. 掌握会计信息质量要求。
4. 掌握计量属性。

【技能目标】

1. 基本认识会计实务的含义及其工作。
2. 理解会计核算的前提和基础。
3. 掌握会计信息质量要求和计量属性。

【情景导入】

会计职业在西方由来已久。在西方人眼中，医生、律师和会计是主流的三大自由职业。提起医生，人们往往会想到亮锃锃的手术刀；提起律师，人们往往会想到法官大人手里的“惊堂锤”；而提起会计师，人们脑海中浮现的只有成堆的花花绿绿的钞票。

不错，会计就是与“钱”打交道。我们只要在世界上生存一天，就要用钱来满足我们各方面的需求。我们离不开经济，也离不开经济管理手段——会计。

当公司领导开会时，要借助会计语言来研究企业的管理。用会计语言表述，企业用了多少资产，欠了多少债务，拥有多少权益，得到多少收入，用去多少费用，获得多少利润等。会计语言是一种通用的语言，在企业内部各部门之间是通用的，在一个国家里也是通用的，甚至在国际上也是通用的。当企业和另外一家企业打交道时，要借助会计语言；当企业和银行打交道时，也要使用会计语言；当企业和政府打交道时，同样要使用会计语言。

项目一　会计实务的含义与工作规范

一、会计实务认知

（一）含义

在人类的社会生产实践和经营管理活动中，为了获得一定的劳动成果，必然要耗费一定的人力、财力和物力。人们一方面关心劳动成果的多少，另一方面也注重劳动耗费的高低，力求以尽量少的劳动耗费创造尽量多的、满足社会需求的物资。基于这种客观要求，人们需要对劳动耗费和生产成果进行记录和计算，并将两者进行比较，了解和控制生产活动过程，于是就产生了会计。所以，会计是为适应客观需要而产生的，并且经历了由简单到复杂、由低级到高级的发展过程。会计在经济活动中的重要性日益明显，其发展的历史证明：经济越发展，会计越重要。

会计实务也称对外会计，是以会计法、企业会计准则及相关制度等法律法规为依据，按照特定程序，采用一系列专门方法，对企业的经济活动进行核算和监督，并定期向企业外部利益关系人提供各种会计信息的对外报告会计。

会计实务的首要目的是为企业外部利益关系人提供对决策有用的信息，助其了解企业的财务状况、经营成果和现金流量，同时满足企业内部管理层的需要，使其据此作出经营决策，加强企业经营管理，提高企业经济效益。必须注意的是，会计实务信息的披露必须符合公认会计准则，以保证不同行业、企业的可比性。

（二）特点

1．会计实务着重提供财务信息

由于会计实务只对已发生或已完成的、能用货币表现的交易或事项予以确认、计量、记录和报告，因此，会计实务提供的主要信息必然是历史的和财务的信息。

2．会计实务主要是为外部信息使用者提供财务信息

会计实务提供的信息虽可供企业外部和内部使用，但主要是提供给企业外部的会计信息使用者，如投资人、债权人、职工、税务部门等。

3．会计实务提供的财务信息主要由财务报表加以揭示

财务报表至少应当包括：资产负债表、利润表、现金流量表、所有者权益变动表以及附注。

4．会计实务必须遵循一般公认会计原则

会计实务的服务对象主要是企业外部的信息使用者，他们与企业管理层有着不同的利益和信息要求。为了维护企业所有利益相关者的权利，会计实务的数据处理过程和财务报表的编制均要严格遵循一般公认会计原则的指导和约束。

5．会计实务以复式簿记为基础

复式簿记是现代会计的一个重要基石，其基本原理是：所有经济业务均要作出双重记录（借和贷），以使会计信息获得全面反映。同时，复式簿记包括凭证、日记账、分类账、试算表、报表这样一个完整的账务处理体系。

6．会计实务坚持实际交易价格计量属性

会计实务提供定量化信息，包括对业务交易进行计算。当计量涉及不同计量属性的选择时，一般都坚持以实际交易价格来进行计量。

7．会计实务提供的信息通常以一个会计主体为空间范围

会计实务提供的信息反映了会计主体整体的财务状况、经营成果等。时间跨度是一个会计期间，通常为一个会计年度。

8．会计实务提供的信息不能保证绝对精确

会计实务处理的对象常有很大的不确定性，即使是可验证的历史信息，在其形成过程

中也不能说就完全没有预测、估计和判断的成分存在。因此，会计实务产生的信息不能保证绝对精确。

（三）任务

会计的任务最终是由经济管理的要求决定的。经济管理的要求将会计的任务具体化。在社会主义市场经济条件下，经济管理的要求所决定的会计的根本任务是：按照国家的财经法规、会计准则、会计制度进行会计核算和监督，提供以反映财务状况、财务成果等数据为主的经济信息，帮助企业外部和内部的信息使用者进行经济决策，提高企业的经济效益。它具体包括以下几个方面：

（1）真实、准确、完整地记录企业的各项经济业务，提供真实、完整的财务信息。

（2）反映和监督各企业对财经政策、法令、制度的执行情况，维护财经纪律。

（3）保护企业法人财产的安全、完整。

（4）分析、考核企业计划与预算的执行情况。

（5）充分利用会计信息资料及其他有关资料，预测经济前景，参与经济决策。

二、会计核算的基本前提

会计核算的基本前提是对会计核算所处的时间、空间、环境等所作的合理设定，是组织财务工作必备的前提条件，离开了这些条件，就不能有效地开展会计工作。会计核算对象的确定、会计政策的选择、会计数据的搜集都要以这一系列的基本前提为依据。会计核算的基本前提包括：会计主体、持续经营、会计分期和货币计量。

（一）会计主体

会计主体，也称会计实体，是指会计工作为之服务的特定对象、经济实体或组织，是会计人员核算和监督的特定对象。

会计主体限定了会计确认、计量和报告的空间范围。会计主体的规模并无统一的标准，可大可小。它可以是一个企业，也可以是由若干企业组成的集团公司；可以是法人，也可以是不具有法人资格的实体，但必须拥有或控制一定的经济资源，能够独立从事经济活动并进行独立核算。规模很小的企业不一定要设立专门的财务部，可以请事务所代为记账，只要能保证独立的会计核算，就是一个会计主体。所以，会计主体一般应具备三个条件：①具有一定数量的资金；②进行独立的生产经营活动或其他活动；③实行独立核算。凡是实行独立核算的单位，在会计上都设定为一个会计主体。

组织会计核算工作时，首先必须要明确会计主体，这样才能划定会计所要处理的各项交易或事项的范围，将会计主体的经济活动与会计主体所有者的经济活动区分开来。

会计主体是持续经营、会计分期和货币计量的前提，是会计准则、会计制度等会计原理建立的基础。

【想一想】李明投资开了一个商店，他认为商店是自己的，商店缺少现金时便从家里拿，家里用钱用东西也从商店拿，并且没有单独记账。到年底，他能算出商店今年是赚钱还是赔钱吗?

【小贴士】会计核算应当以企业发生的各项交易或事项为对象，记录和反映企业自身的各项生产经营活动。必须明确：①进行会计处理时，应站在本企业的立场，把本企业与其他企业、单位区分开来；②应把本企业与本企业的投资者、债权人、职工及其他个人区别开来。

（二）持续经营

持续经营，指在可以预见的将来，企业会按当前的规模和状态继续经营下去，不会停业，也不会大规模削减业务。会计核算应当以企业持续的、正常的生产经营活动为前提。

在优胜劣汰的市场经济条件下，每个企业都存在经营失败的风险，都可能会因资不抵债而被迫宣告破产或进行法律上的改组。如果某个会计主体已无法履行它所承担的义务，正常的经营活动已无法维持下去，在这种情况下，持续经营这个假设就不存在了。但从整体上讲，破产清算的企业终究是少数，对绝大多数企业而言，持续经营这一前提是合理的。我国《企业会计准则——基本准则》第六条规定："企业会计确认、计量和报告应当以持续经营为前提。"

【任务互动1-1】如果一个60岁的老人问你，她应当买房子住还是租房子住，你该如何帮她作出选择?

提示：你不知道她将活多久，如果她能活到100岁，可能买房合算；如果相反，则可能租房合算。

【小贴士】对于一件事情如何办更经济，出于短期考虑或做长期打算，结论是不同的。我们给企业算账时，也会碰到类似问题——不知道企业还将存续多久。在市场经济环境中，企业可能会因亏损或其他原因而终止经营，但事先并不知道何时会出现这种情况。从企业的主观愿望看，绝大部分都是想在竞争中不断发展壮大，持续经营下去的。因此，会计上约定，在没有确凿的证据证明企业将要倒闭之前，可以假设企业将会按照现在的形式和目标持续经营下去。

（三）会计分期

会计分期，是将会计主体的持续经营活动人为地划分为一个个固定相等的时间段，以便为会计核算提供信息，向有关部门和人员提供管理依据。会计期间分为年度和中期。在我国的会计实务中，会计年度是指从1月1日至12月31日，是基本的会计期间；中期是指短于一个完整的会计年度的报告期间，如半年度、季度、月度。会计分期产生了本期与非本期的概念，是对会计工作时间范围的具体划分。

会计分期是在持续经营的前提下产生的，是对持续经营假设的必要补充。只有假设会计主体能够持续经营，才有必要进行会计分期。同时，会计分期又是对持续经营前提的补充，只有两者结合，才能连续反映会计主体在各个会计期间的经营成果和期初、期末的财务状况及变动情况。

【小贴士】华特迪士尼公司以9月30日作为它的财务年度结束日。一个原因是9月和10月是迪士尼主题公园游览的淡季，另一个原因是在9月份编制年度财务报表能及时提供刚刚过去的夏季（公司最忙的季节）的经营情况。

【技能实训】企业的会计期间（　　）。

A. 是自然形成的　　B. 是人为划分的

C. 是一个周转过程　　D. 就是营业年度

（四）货币计量

货币计量，指会计提供的信息是以货币为计量单位，计量、记录和报告会计主体的生产经营活动，即会计核算的内容仅限于能够用货币计量的经济业务。

在会计核算过程中，之所以选择货币作为计量单位，是由货币本身的属性决定的。货币是商品的一般等价物，可以衡量其他任何有价物的价值。其他的计量单位，如重量、长度、容积、台、件等，只能从一个侧面反映企业的生产经营情况，无法在量上进行汇总和比较，不便于管理和会计计量。而以货币为计量单位进行会计核算，企业的收入、耗费都可以转化为货币指标，经营活动和财务状况可以得到全面、综合的反映。

按照会计制度与会计准则的规定，在我国境内的企业应以人民币作为记账本位币。业务收支以人民币以外的货币为主的企业，也可以选定某种外币作为记账本位币，但编制的会计实务报告应当折算为人民币反映。境外企业向国内报送的会计实务报告，应当折算为人民币反映。

上述四个前提之间的关系是：会计主体确立了会计核算的空间范围，持续经营确立了会计主体的状态，会计分期确立了会计核算的时间长度，而货币计量则为会计核算提供了必要手段。它们具有相互依存、相互补充的关系。没有会计主体，就不会有持续经营；没有持续经营，就不会有会计分期；没有货币计量，就不会有近现代会计。

三、会计核算基础

（一）概念

会计核算基础是确认企业一定会计期间的收入和费用，进而确定经营成果的方法，包括收付实现制和权责发生制。

（二）内容

1. 收付实现制

收付实现制，是以现金款项的实际收付作为依据来确认当期收入和费用的一种方法，适用于行政单位会计。

2. 权责发生制

权责发生制，是以权利已经形成或义务已经发生作为确认收入和费用的一种方法。凡是当期已经实现的收入和已经发生的费用，不论是否收到或支出款项，均应当作为本期的收入和费用，计入利润。凡不属于当期的收入和费用，即使款项已在当期收付，也不应当作为当期的收入和费用计入利润。

采用权责发生制有利于准确划分不同会计期间的收入和费用。通过收入与费用的比较，正确确定经营成果。配比原则、收入实现和其他确认原则都是在权责发生制这一前提下提出的。

【任务互动1－2】某企业某月发生如下业务，该月费用在不同基础下该如何确认？

经济业务内容	本月费用	
	权责发生制	收付实现制
本月支付并负担的费用3 500元	3 500	3 500
本月负担以前月份已预付的费用600元	600	

（续上表）

经济业务内容	本月费用	
	权责发生制	收付实现制
预付应由下月负担的费用400元		400
应由本月负担但在下月支付的费用250元	250	
支付上月已负担的费用800元		800
本月费用合计	4 350	4 700

以上按两种方法分别确认的本月费用合计不同。只有当本期应收的收入或应付的费用都在本期收到或支付，两者的计算结果才相同。

由此可见，由于权责发生制和收付实现制各自确认的费用不同，使得不同方法下计算出来的产品成本有所区别，假定以同一销售收入水平加以比较的话，最后在两种不同的方法下算得的净收益结果也是不同的。权责发生制原则强调经营成果的计算，在企业日常会计核算中，以收付实现制来处理收入和费用显然是欠妥的，所以我国企业会计核算一般都采用权责发生制。

注意：事业单位要区分两类活动：一类是事业单位的经营活动，以权责发生制作为会计基础；一类是事业活动，以收付实现制作为会计基础。

【小贴士】国际会计准则（IFRS，International Financial Reporting Standards）是将权责发生制作为会计假设的，我国将权责发生制作为会计基础。

【技能实训】在权责发生制下，应计入本期收入的有（　　）。

A. 收回购货单位上月所欠货款　　B. 本月销售产品，货款尚未收到

C. 本月销售产品，货款当即收讫　　D. 预收销售产品货款

四、会计核算方法

会计核算方法是对会计对象或者说是会计要素进行完整的、连续的、系统的反映和监督所应用的方法，主要包括以下七种：

1. 设置会计科目

设置会计科目，是把会计工作中涉及的各种对象或元素，划分成若干个类别。例如，“库存现金”科目，就专门用来处理与现金相关的业务。

2. 复式记账

复式记账法是从国外流入我国的一种记账方法。这种方法是将同一笔业务，用相同的金额记入两个或两个以上相联系的账户中，也可以说是将同一笔业务以同样的金额分别记入借方和贷方。只要操作和计算都正确，那么所有账户的借方余额总和与贷方余额总和应当完全相等。

3. 填制和审核凭证

凭证是会计记账的依据，填制会计凭证应当注意将经济业务记录清楚，每一个步骤都应该有相应的经手人签章以明确责任。审核会计凭证是使用会计凭证记录账簿的最后一

步，应由专人负责。正确填制和审核会计凭证，是核算和监督经济活动财务收支的基础，是做好会计工作的前提。

4. 登记账簿

账簿是会计账务的载体。登记会计账簿，就是根据会计凭证将各项经济业务连续地、完整地记录下来。会计账簿中的信息是完整的、系统的，是重要的会计资料，是进行会计分析和会计检查的重要依据。

5. 成本计算

成本是为生产产品或提供劳务所事先付出的代价。成本计算是一种专门的、系统的计算方法，其按照一定的对象，归集和分配生产经营过程中发生的各种费用，然后根据归集和分配的结果，最后确定相应产品的总成本和单位成本。

成本是重要的经济考核指标，正确地进行成本计算，可以更好地控制生产经营过程中的费用支出，同时也可作为确定产品价格的基础。

6. 财产清查

财产清查就是实际工作中常说的盘点，但财产清查并不仅仅是清点实物，还包括清点实物之后的账实核对，以及出现账实不符后的原因查找过程。财产清查也是一种专门的方法，通过财产清查，可以验证会计记录的正确性，也可以监督各种财产物资的保管和使用情况。

7. 编制会计报表

会计报表是反映企业经营综合情况的财务报告，是用来考核、分析财务计划和预算执行情况以及编制下一期财务和预算的重要依据。编制会计报表是一种专门方法，其过程是在特定的表格中，根据相应的规则把各种经济数据进行填报，以总括企业经济活动的情况和结果。

会计核算方法，实际上就是会计的工作内容。会计就是用这些方法对账目进行记账、核算和分析。上述七种核算方法相互联系、密切配合，构成了一个完整的方法体系。

五、会计工作流程

会计的工作是通过一系列的专门方法来完成的，所以会计工作也须遵循相应的工作流程。只有根据流程来进行相应的工作，才不会因会计方法的繁复而造成会计工作的无序。

从经济业务发生之后直至填制会计凭证、期末编制会计报表和提交财务报告为止，这个工作流程每月都会循环往复。因为这些业务每次都要从起点到结束重复进行，所以称之为会计循环。会计工作的步骤和流程包括：

1. 填制凭证

根据原始凭证填制记账凭证，用来记录经济业务。

2. 登记日记账

根据记账凭证的先后顺序，依次将经济业务记录在日记账中。

注意：并不是所有业务都有这一步，很多业务并不能记录在日记账中。

3. 登记明细分类账

根据原始凭证、记账凭证或日记账，逐笔登记各种明细分类账。

4. 登记总分类账

根据日记账或记账凭证、汇总记账凭证、科目汇总表，将经济业务记入总分类账。

5. 试算平衡

编制试算平衡表，试算各账户借方、贷方发生额及余额的总和是否相等，如果不相等，则说明账簿记录出现差错。

6. 结转成本和费用

成本和费用一般都是在期末进行结转，并需要计算工资、福利等，还需要将这些费用计入成本中。

7. 利润分配

将当期利润进行相应的账目分配。

8. 结转账户余额

检查并确认各账户余额无误后，本月账务结账，并将余额转为下月期初余额。

9. 编制财务报表，提交财务报告

根据总分类账和有关明细分类账所提供的报表，总括企业的经营成果和财务状况。

项目二　会计信息质量要求及会计计量属性

一、会计信息质量要求

会计信息质量要求是对企业财务报告中所提供的会计信息质量的基本要求，是使财务报告中所提供的会计信息对使用者决策有用所应具备的基本特征。它包括可靠性、相关性、可理解性（清晰性）、可比性、实质重于形式、重要性、谨慎性和及时性八个方面。

（一）可靠性

可靠性要求企业应当以实际发生的交易或者事项为依据进行会计确认、计量和报告，如实反映符合确认和计量要求的各项会计要素及其他相关信息，保证会计信息真实可靠、内容完整。

会计信息只有以可靠为基础，才能避免对投资者等财务报告使用者的决策产生误导甚至导致损失的发生。具体包括以下要求：

（1）企业应当以实际发生的交易或者事项为依据进行会计确认、计量和报告，不能用虚构的交易或者事项进行会计确认、计量和报告。

（2）企业应当如实反映其所应反映的交易或者事项，将符合会计要素定义及其确认条件的资产、负债、所有者权益、收入、费用和利润等如实反映在财务报告中，刻画出企业生产经营及财务活动的真实面貌。

（3）企业应当在符合重要性和成本效益原则的前提下，保证会计信息的完整性，包括编制的报表及其附注内容等都应当保持完整，不能随意遗漏或者缺少应予以披露的信息；与使用者决策相关的有用信息都应当充分披露。

（4）财务报告中的会计信息应当是中立的、不偏不倚的。

（二）相关性

相关性要求企业提供的会计信息应当与财务报告使用者的经济决策需求相关，有助于财务报告使用者对企业过去、现在或未来的情况作出评价或预测。

会计信息是否有用、有价值，关键是看其与使用者的决策需求是否相关，是否有助于决策或者提高决策水平。

可靠性和相关性是会计信息质量要求中最重要的两个要求，是由财务报告的目标引申出来的。

（三）可理解性（清晰性）

可理解性（清晰性）要求企业提供的会计信息应当清晰明了，便于财务报告使用者理解和使用。

企业提供的会计信息不能模糊不清、晦涩难懂，应当清晰明了，便于财务报告使用者理解和使用。因此，会计报告应尽量通俗易懂、清晰明了地汇报专业问题，应将汇报重点放在会计核算方法对利润的影响以及对决策者所关注的指标的影响上。

注意：在国际会计准则中，对可理解性有明确的要求：报告使用者应具备一定的素养，以理解报表所提供的信息。

（四）可比性

可比性是指会计实务核算必须符合国家的统一规定，提供相互可比的会计核算资料，便于不同和同类企业进行横向、纵向比较。可比性原则要求会计准则和会计制度制定时应尽可能减少会计政策的可选择性。这一原则具体包括下列要求：

（1）纵向比较：为了便于使用者了解企业财务状况和经营成果的变化趋势，比较企业在不同时期的财务报告信息，从而全面地、客观地评价过去、预测未来，会计信息的可比性要求同一企业对于不同时期发生的相同或者相似的交易事项，应当采用一致的会计政策，不得随意变更。当然，满足会计信息可比性要求，并不表明不允许企业变更会计政策，企业按照规定或者会计政策变更后可以提供更可靠、更相关的会计信息时，就有必要变更会计政策，以向使用者提供更为有用的信息，但是有关会计政策变更的情况，应当在附注中予以说明。

（2）横向比较：为了便于使用者评价不同企业的财务状况、经营成果及其变动情况，从而作出科学合理的决策，会计信息质量的可比性还要求不同企业发生的相同或者相似的交易或者事项，应当采用规定的会计政策，确保会计信息口径一致、相互可比。即对于相同或者相似的交易或者事项，不同企业应当采用一致的会计政策，按照一致的确认、计量和报告基础提供有关会计信息。

（五）实质重于形式

实质重于形式要求企业应当按照交易或者事项的经济实质进行会计确认、计量和报告，不应仅以交易或者事项的法律形式为依据。实质重于形式不代表法律形式不重要，在保证实质的同时也不能忽略法律形式。如果企业仅仅以交易或者事项的法律形式为依据进行会计确认、计量和报告，那么就容易导致会计信息失真，无法如实反映经济现实。

（六）重要性

重要性要求企业提供的会计信息应当反映与企业财务状况、经营成果和现金流量有关的所有重要交易或者事项，要求将所有重要的交易或事项进行完整的、全面的计量和报告。这一原则包括两层含义：从性质方面讲，只要某一会计事项的发生可能对决策产生重大影响，那么该会计事项就属于重要事项；从数量方面讲，当某一会计事项的发生达到一定数量时，则可能对决策产生影响，如某项资产价值达到总资产的1%时，一般认为其具有重要性。

（七）谨慎性

谨慎性要求企业对（不确定）交易或者事项进行会计确认、计量和报告时应当保持应有的谨慎，不应高估资产或者收益，低估负债或者费用，具体表现为：计提各项资产的减值准备，固定资产的加速折旧，或有事项确认预计负债等。

（八）及时性

及时性要求企业对于已经发生的交易或者事项，应当及时进行确认、计量和报告，不得提前或者延后。其具体表现为：

（1）要求及时收集会计信息，即在经济交易或者事项发生后，及时收集、整理各种原始单据或者凭证。

（2）要求及时处理会计信息，即及时对经济交易或者事项进行确认或者计量，并编制财务报告。

（3）要求及时传递会计信息，即按有关时限，及时地将编制的财务报告传递给财务报告使用者，便于其及时使用和决策。

二、会计计量属性的认知

（一）会计计量的概念

计量问题是会计的核心问题。会计计量包括计量单位和计量属性两方面内容。计量单位是指计量尺度的量度单位（我国规定的“会计以人民币为记账本位币”说明我国会计计量单位是相对稳定的名义货币单位）。计量属性是指予以计量的某一要素的特性，是计量对象数量化的特征或标准，如桌子的长度、铁矿的重量等。

会计计量是为了进一步明确该项目的数额多少，即主要解决某项经济业务事项在会计上“反映多少”的问题，反映会计信息的定量化特点，其结果构成了确认、记录和报告的内容。

（二）我国对会计计量的要求

企业在对会计要素进行计量时，一般应当采用历史成本；采用重置成本、可变现净值、现值、公允价值计量的，应当保证所确定的会计要素金额能够取得并可靠计量。

1. 历史成本

企业日常核算，首选的计量属性是历史成本。历史成本是基本的、首要的、首选的计量属性，体现可靠性要求。

历史成本要求对企业的资产、负债等项目的计量，应当基于经济业务的实际交易价格或成本，不考虑随后市场价格变动的影响。例如：企业购买一台设备，买价9 700元，安装费300元。这台设备的实际取得成本就是10 000元，即该设备的历史成本。如果这台设备可以使用10年，无残值，各年损耗程度相当，使用1年后它的价值是多少呢？即10 000 - 10 000/10 = 9 000（元）。这个折余价值就是按照历史成本计算的。

历史成本计算的优点是客观、真实、可验证，但不足之处在于，币值变动会导致报表中的信息与现实脱节。

2. 重置成本（现行成本）

在重置成本计量下，资产按照现在购买相同或者相似资产所需支付的现金或者现金等价物的金额计量，负债按照现在偿付该项债务所需支付的现金或者现金等价物的金额计量。例如：上述设备已经使用1年，根据该种设备的市场供应情况，若重新取得与现在企业拥有的这台设备各方面都一致（同类或具有相同生产能力）的设备需要花费12 000元，那么这个12 000元即为重置成本。

重置成本的高低取决于资产的使用程度等现时的状态和资产供应市场的价格水平。一些资产在不同的交易市场中的交易价格可能不一致，选择哪一个交易价格也很难确定。所以，重置成本相对于历史成本来说，不是客观和可靠的。

重置成本是一个现在时点的、以市场价格的形式表现的价值。在原始交易日，现行成本与历史成本代表相同的数量，都等于当时资产的交易价格；原始交易日后，现行成本与历史成本两者在数量上往往出现偏差，两者的量差，就是资产的持有利得。

3. 可变现净值（预期脱手价值）

在可变现净值计量下，资产按照其正常对外销售所能收到的现金或者现金等价物的金额扣减该资产至完工时估计将要发生的成本、销售费用以及相关税费后的金额计量。可变现净值仅用于将来销售的资产或未来清偿既定的负债。

4. 现值（资本化价值）

在现值计量下，资产按照预计从其持续使用和最终处置中所产生的未来净现金流入量的折现金额计量。负债按照预计期限内需要偿还的未来净现金流出量的折现金额计量。

5. 公允价值

在公允价值计量下，资产和负债按照在公平交易时，熟悉情况的交易双方自愿进行资产交换或者债务清偿的金额计量。某项资产的历史成本可能是取得该项资产时的公允价值；现在某项资产的公允价值可能就是该项资产的现行市价。需要注意的是，公允价值是一个相对概念，这里所说的“公允价值”是指在资产负债表日资产或负债当前的价值。

【模块小结】

会计实务是现代企业会计的一个分支，其作用在于为财务报告使用者提供对决策有用的信息。会计实务的四大前提是：会计主体（核心）、持续经营、会计分期和货币计量。会计信息首要的质量要求有：可靠性、相关性、可理解性（清晰性）、可比性。次要的质量要求有：实质重于形式、重要性、谨慎性、及时性。会计信息质量要求是掌握的重点。会计计量方法中历史（取得）成本是过去发生的价值，重置成本（取得）、公允价值是现在的、当前的价值，可变现净值、现值（处理）是将来预计的价值。要求理解各计量方法在会计实务中的应用。

【思考与练习】

某企业某月发生以下经济业务：

（1）支付上月水电费5 000元；

（2）收回上月的应收账款 10 000 元；

（3）收到本月的营业收入款 8 000 元；

（4）支付本月应负担的办公费 900 元；

（5）销售商品价款 25 000 元，款项尚未收到；

（6）预收客户货款 5 000 元。

在两种会计核算基础下，企业利润各是多少？

【案例分享】办公室里三个会计的故事

老主任退休后，财务室就只剩下马大姐和大王、小李三个会计了。马大姐资格老、业务熟，是个“老财务”。大王和小李虽然年轻，但两个小伙子都是科班出身，论业务能力，也不在马大姐之下。

正赶上公司换了总经理。新官上任，火势很猛，据说要裁员。裁员首先拿机关行政人员开刀：凡是不能胜任现职的，一律充实到生产一线。提出这样的改革方针，在这家酒业集团公司还是第一次。

财务室是公司的“钱匣子”，作用非同小可。老主任退休前，四个会计整天忙得脚打后脑勺。往来账目、职工工资、报税纳税，时不时还要接待审计、税务、财政等方方面面的各种检查，忙着呢。

三个会计都知道，公司裁员的原则是“不养闲人”，所以，他们谁也没把裁员的事放在心上。他们关心的是谁能当上财务室主任。

新总经理似乎把精力全部放在产品开发上了，裁员的事迟迟没有动静，哪里还有时间考虑财务室主任的人选问题呢。

三个会计除了做好自己的本职工作外，更加注意自身形象的塑造和人际关系的处理。以往，他们最怕发工资，忙；也怕有人来报销，烦。现在，他们都很看重每一次与职工接触的机会，都想把自己好的一面展示给大家。来有迎声，走有送声，让座倒水，这在以前的财务室可是极其罕见的事。

三个会计能接触到一线职工的机会并不多。常报销差旅费的，除了营销人员，便是公司领导。

新总经理报销的次数最多，数额也最大。

新总经理是省经济管理干部学院毕业的，正在攻读硕士学位。虽说学的是函授，但毕竟是“既有文凭，又有水平”，属于那种理论基础和实际经验兼而有之的职业经理人。

新总经理上任后主持开发的“极品酒” 系列投放市场后，一炮打响，市场很快铺开。公司的酿酒车间、罐装车间、成品车间 24 小时连轴转，加班加点，但还是满足不了市场需求，客户天天催货。

这天，小李刚去国税局报税，新总经理就推开财务室的门进来了。马大姐和大王立即起立，让座。

新总经理笑了笑，将三张票据放在大王的桌上。

大王拿过票据一看，全是白条子：招待客户用烟 560 元，用餐费 850 元，其他 300 元。

“这……”大王抬眼看看新总经理，不知道说什么好。

“我签字了，在这儿，”新总经理指了指自己的签名，“报了吧。”

“这是白条子，不能报的！”大王认真地说。

“怎么不能报？这都是为公司办事儿花的钱嘛。”新总经理的脸立刻“晴转多云”。

“这，这没法下账的……再说，财务制度您也是知道的。”大王的态度很坚决，伸手将票据推回给新总经理。

“给我吧。”马大姐笑着伸手抓过了票据。

“啪啪啪啪——”算盘一阵响。

“一共是1 710元整。”马大姐将填好的传票交给新总经理，新总经理的脸这才“多云转晴”。

没过几天，新总经理又拿了一沓票据走进财务室。马大姐和大王、小李立即起立，让座。

新总经理笑了笑，将票据放在小李的桌上。

小李拿过票据一看，全是白条子，每张条子上都有新总经理的签字。

“总经理，您先请坐。”小李笑着说。

“不不，你抓紧做，我还有事儿。”

“那您先忙着，回头我给您送办公室去。”小李认真地说。

“好。”新总经理笑着转身走出财务室。

大王用眼睛的余光观察小李。只见小李一张一张地翻看着票据，又一张一张地放在桌上。

过了好一会儿，小李端起茶杯喝了口水，拿着票据走出财务室。

小李回来时，脸上的表情淡淡的。

“票据呢？”大王问。

“退回去了。都是白条子，报不了。”小李轻描淡写地说。

“唉！你们呐……”马大姐看看两个年轻人，摇了摇头。

三天后，公司公布了财务室人员变动情况：小李担任财务室主任；马大姐调到成品车间工作；大王没动，还是会计。

有人不解，私下问新总经理个中缘由。

新总经理说：不讲原则的人，不能用；只讲原则的人，不能重用；既讲原则又讲方法的人，重用。

模块二　货币资金

【知识目标】

1. 熟悉与货币资金管理相关的财经法规。
2. 熟悉各类银行结算方式的结算程序以及票据的结算与传递方法。
3. 掌握货币资金业务的会计核算方法。

【技能目标】

1. 能正确识别并按规范填写票据和结算凭证。
2. 基本会办理现金及票据结算业务。
3. 能按照规范流程和方法进行库存现金、银行存款和其他货币资金等业务的账务处理。

货币资金是指在企业生产经营过程中处于货币形态的资产，是企业资产的重要组成部分，是企业资产中流动性较强的一种资产。任何企业要进行生产经营活动都必须拥有货币资金，持有货币资金是进行生产经营活动的基本条件。正是由于货币资金的重要性，所以，我国针对货币资金的管理和使用有一系列严格的配套制度，包括法定的岗位设置、森严的保管规则和完善的使用流程。

货币资金根据存放地点及用途的不同，分为库存现金、银行存款及其他货币资金。在企业的会计部门，对货币资金的管理是非常严格的，对其进行账务方面的处理时，也有严格的程序和规定。

【情景导入】

某公司因业务发展需要，从人才市场招聘了具有中专学历的张某任出纳。开始时，他勤恳敬业，公司领导和同事对他的工作都很满意。后来，受到同事在股市赚钱的影响，张某也开始涉足股市。然而事非所愿，其进入股市后很快被套牢，急于翻本又没有资金，于是便对自己每天经手的现金动了邪念。凭着财务主管对他的信任，张某拿了财务主管的财务专用章，在自己保管的空白现金支票上任意盖章取款。月底，银行对账单也是其到银行提取并自行核对的。因此，他的所作所为在很长一段时间内未被发现。至案发时，公司已蒙受了巨大的经济损失。请问：这个案例给我们的启示是什么？

启示：①要注重职业道德教育。②要加强对货币资金的管理。③要建立有效的内部牵制制度。

项目一　库存现金

我国会计上所说的库存现金是指存放于企业财会部门、由出纳人员经管的货币，包括库存的人民币和外币。

库存现金是流动性最强的一种货币资金，是通用的支付手段，也是对其他资产进行衡量的一般尺度和会计处理的基础，可以随时用来购买其他资产和清偿债务。企业应当按照中国人民银行规定的现金管理办法和财政部关于各单位货币资金管理和控制的规定，办理有关现金收支业务，监督现金使用的合法性与合理性。

一、库存现金管理制度

根据《中华人民共和国现金管理暂行条例》的规定，现金管理制度主要包括以下内容。

（一）库存现金的使用范围

根据《中华人民共和国现金管理暂行条例》的规定，企业可在以下范围内使用现金：

（1）职工工资、津贴。

（2）个人劳务报酬。

（3）根据国家规定颁发给个人的科学技术、文化艺术、体育等各种奖金。

（4）各种劳保、福利费用以及国家规定的对个人的其他支出。

（5）向个人收购农副产品和其他物资的价款。

（6）出差人员必须随身携带的差旅费。

（7）结算起点（1 000 元人民币）以下的零星支出。

（8）中国人民银行确定需要支付现金的其他支出。

【小贴士】零星支出受结算起点 1 000 元的限制，其他支出不受 1 000 元结算起点的限制，比如出差人员随身携带 5 000 元现金。

【技能实训】以下项目企业可以用现金支付的是（　　）。

A. 支付职工创造发明奖金 20 000 元

B. 支付向农业合作社收购的农副产品 10 000 元

C. 支付购买原材料的费用 3 000 元

D. 支付购买办公用品的费用 500 元

（二）库存现金的限额

库存现金的限额是指为了合理控制企业日常零星开支，保证资金安全，利于管理，而允许企业留存现金的最高数额。这一限额由开户银行根据企业的库存实际需要核定。一般按照企业 3 ~5 天日常零星开支所需确定。

（三）库存现金收支管理

企业的库存现金收支按下列规定办理：

（1）开户企业收入的库存现金应于当日送存开户银行，当日送存确有困难的，由开户银行确定送存时间。

（2）开户企业支付现金可以从本企业库存现金中支付或从开户银行提取，不得有坐支行为。因特殊情况需要坐支的企业，应当事先报经有关部门审查批准，并在核定的范围和限额内进行，且收支的现金必须入账。

（3）不准用不符合财务制度的凭证顶替库存现金，即不得“白条顶库”。

（4）不准用企业银行账户代其他企业和个人存入或支取库存现金，不准将企业收入的现金以个人名义进行储蓄。

（5）不得“公款私存”，不得设置“小金库”。

（四）现金的内部控制

1. 钱账分管制度

企业应配备专职出纳员，办理现金收付和结算业务，登记现金和银行存款日记账，保管库存现金和各种有价证券，保管好有关印章、空白收据和空白支票；出纳员不得兼管稽核、会计档案保管和收入、费用、债权债务账目登记工作。

2. 现金开支审批制度

（1）明确企业现金开支范围。

（2）明确各种报销凭证，规定各种现金支付业务的报销手续和办法。

（3）确定各种现金支出的审批权限。

3. 现金日清月结制度

日清是指出纳员必须对当日的现金收付业务全部登记现金日记账，结出账面余额，并与库存现金核对相符；月结是指出纳员必须对现金日记账按月结账，并定期进行现金清查。

4. 现金保管制度

（1）超过库存的，下班前送存银行。

（2）除工作时间需用的小额现金外一律放入保险柜。

（3）限额内的库存现金核对后，放入保险柜。

（4）不得公款私存。

（5）纸币和铸币应分类保管。

二、库存现金的核算

现金业务在企业的会计部门中并不是最繁重、工作量最多的环节，但却是管理最严、最受重视的环节，需要由专设的出纳来进行管理，每笔业务又必须有两人以上的经手环节，力求做到责任清楚，以避免库存现金的流失。

（一）总分类核算

1. “库存现金”科目

企业设置“库存现金”科目，核算库存现金的收入、支出或结存情况。

2. “库存现金”账户及其结构

“库存现金”是资产类科目，借方登记增加，贷方登记减少。期末余额在借方，反映企业持有的库存现金状况。

3. 核算

（1）现金收入的核算。如：从银行提取现金，职工出差报销时交回的剩余借款，收取结算起点以下的零星收入款，收取对个人的罚款，无法查明原因的现金溢余。

借：库存现金

　贷：银行存款　　　（提取现金）

　　　其他应收款　　（差旅借款退回）

　　　其他业务收入　（兼营业务收入）

（2）现金支出的核算。企业按照现金开支范围的规定支付现金时，应做如下处理：

借：应付职工薪酬　（支付工资）

　　管理费用　　　（行政部门办公费等）

　　销售费用　　　（支付销售部门费用等）

　贷：库存现金

【任务互动2－1】2014年3月2日，企业销售部门王云因公赴广州出差，预借差旅费5 000元。

借　款　审　批　单

2014年3月2日

部　门	销售部	借款人	王云
借款事由	出差差旅费		
借款金额	（大写）　拾零万伍仟零佰零拾零元		
预计还款报销日期	2014. 3. 16　现金付讫		￥5000. 00
审批意见	同意 王大宁	借款人 签　收	王云 2014年3月2日

会计主管：　　　　　　　　　　出纳：

根据该借款审批单，可编制会计分录如下：

借：其他应收款　5 000

　贷：库存现金　　　5 000

【技能实训】

1. 现金收入的核算

（1）从开户银行提取现金10 000元备用。

（2）销售产品200元，增值税税额34元，收到现金234元。

（3）职员张军出差回来报销差旅费借款，交回多余现金100元。

2. 现金支出的核算

(1) 职员张军预借差旅费 1 000 元，以现金付讫。

(2) 以现金支付职工工资 50 000 元。

(3) 以现金购买办公用品 800 元。

【知识链接】 存放在企业其他部门和个人手中的备用现金，可以单独设置“备用金”科目。（注意：备用金不属于库存现金，属于其他应收款。）

备用金是指为了满足企业内部各部门和职工个人生产经营活动的需要而暂付给有关部门和人员使用的现金。对于备用金，可以通过“其他应收款——备用金”科目核算，也可以单独设置“备用金”科目。借方登记备用金的领用数额，贷方登记备用金的使用数额；余额在借方，表示暂付周转使用的备用金数额。备用金的管理包括：

(1) 定额管理：指财会部门对经常需要使用备用金的部门核定备用金定额，并按核定的定额付备用金；定额备用金使用后报销时，财会部门按照核准的报销金额付给现金，补足备用金。其核算过程如下：

按定额拨付备用金时分录如下：

借：其他应收款——备用金

　贷：库存现金

使用后报销时（花多少补多少，花掉的计入成本费用，“补”是指用现金补足花掉的）分录如下：

借：管理费用（销售费用等）

　贷：库存现金

(2) 非定额管理：财会部门根据企业内部某部门或个人的实际需要，一次性付给现金，使用后持有关原始凭证报销，报销时财会部门根据所付款项和应报销的金额进行清算，若有余款全部收回，若不足，则补足差额。其核算过程如下：

按实际数额拨付备用金时：

借：其他应收款——备用金

　贷：库存现金

使用后报销时（实报实销，多退少补）：

借：管理费用（销售费用等）

　　库存现金（原借多了，由经办人员退回的现金）

　贷：其他应收款——备用金

或：

借：管理费用（销售费用等）

　　贷：其他应收款——备用金

　　　　库存现金（原借少了，应补给经办人员的现金）

【小贴士】 实行定额管理，“备用金”科目的金额平时不做变动，只有企业改变备用金的定额时才做变动。

（二）序时核算

1. 形式

企业应当设置“现金日记账”，用来核算和监督库存现金每天的收入、支出和结存情况。

2. 账页格式

三栏式订本账簿，如图 2－1 所示。

3. 要求

由出纳人员根据审核无误的收、付款凭证或原始凭证，逐日、逐笔按顺序登记，按日结出余额，并进行账款核对，保证账款相符。月末现金日记账的余额应当与现金总账的余额核对，做到账账相符。

（三）库存现金清查

库存现金清查是现金实物的盘点与现金账面的核对。各企业应建立库存现金清查制度，由有关领导和专业人员组成清查小组，定期或不定期地按规定进行库存现金清查。库存现金清查一般采用实地盘点法，对于清查结果应当编制“现金盘点报告单”。如果账款不符，应区分现金短缺或溢余两种情况处理，通过“待处理财产损溢”科目核算。

1. “待处理财产损溢”科目

核算企业在清查财产过程中查明的各种财产盘盈、盘亏的价值。账户结构如下：

待处理财产损溢

借	贷
①审批前财产的盘亏数	①审批前财产的盘盈数
②审批后结转待处理财产盘盈数	②审批后结转待处理财产盘亏数

现 金 日 记 账

年		凭证号数	摘要	对方科目	借方												√	贷方												√	余额											
月	日				十	亿	千	百	十	万	千	百	十	元	角	分		十	亿	千	百	十	万	千	百	十	元	角	分		十	亿	千	百	十	万	千	百	十	元	角	分

图 2－1 现金日记账格式

2. 现金清查出现短缺或溢余

现金清查出现短缺或溢余时，报经批准后，分别按以下情况处理：

（1）现金短缺。属于应由责任人赔偿或保险公司赔偿的部分，计入其他应收款；属于无法查明的其他原因，计入管理费用。

报经批准前：

借：待处理财产损溢

　贷：库存现金

报经批准后：

借：其他应收款（应由责任人赔偿或保险公司赔偿）

　　管理费用（无法查明原因）

　贷：待处理财产损溢

（2）现金溢余。属于应支付给有关人员或单位的，计入其他应付款；属于无法查明原因的，计入营业外收入。

报经批准前：

借：库存现金

　贷：待处理财产损溢

报经批准后：

借：待处理财产损溢

　贷：其他应付款（应支付给有关人员或单位的）

　　　营业外收入（无法查明原因的）

【任务互动2-2】根据以下内容编制会计分录：

（1）春江股份有限公司2014年5月31日在对现金进行清查时，发现短缺80元。

（2）上述现金短缺，无法查明原因，转入管理费用。

（3）该公司2014年6月30日在对现金进行清查时，发生溢余100元。

（4）现金溢余原因不明，经批准计入营业外收入。

【任务分解】

（1）借：待处理财产损溢——待处理流动资产损溢　　80

　　　贷：库存现金　　80

（2）借：管理费用　　80

　　　贷：待处理财产损溢——待处理流动资产损溢　　80

（3）借：库存现金　　100

　　　贷：待处理财产损溢——待处理流动资产损溢　　100

（4）借：待处理财产损溢——待处理流动资产损溢　　100

　　　贷：营业外收入　　100

【技能实训】

1. 企业现金清查时，经检查仍无法查明原因的现金短缺，经批准后应计入（　　）。

A. 财务费用　　B. 管理费用

C. 营业费用　　D. 营业外支出

2. 企业在进行现金清查时，查出现金溢余，并将溢余数记入“待处理财产损溢”科目。后经进一步核查，无法查明原因，经批准后，对该现金溢余正确的会计处理方法是（　　）。

A. 将其从“待处理财产损溢”科目转入“管理费用”科目

B. 将其从“待处理财产损溢”科目转入“营业外收入”科目

C. 将其从“待处理财产损溢”科目转入“其他应付款”科目

D. 将其从“待处理财产损溢”科目转入“其他应收款”科目

3. 企业财务室被盗，偷走库存现金800元，经警方调查，确认此次被盗不是内部人员所为。请根据所学知识，对此进行会计处理。

【案例分享】

黑龙江某林场财务室新招进一名年轻的女职工担任出纳员。由于地域偏僻，经济也不发达，财务人员整体素质不高，很多都是采用师傅带徒弟的方式进行培养。某月末，当主管会计将所有账目结清以后，与出纳员的现金日记账进行核对，发现出纳员的现金日记账比现金总分类账少300元，但是出纳员的现金日记账与库存实有现金一致。主管会计首先对原始凭证、记账凭证以及账簿记录进行了仔细核对，发现自己的记录准确无误。随后检查出纳员的现金日记账，将现金日记账的记录与现金收付款凭证逐一核对，发现出纳员将一笔零星销售收入300元现金漏记入现金日记账。主管会计立即责问出纳员，账簿少记收入300元，库存应该多出300元，为什么库存现金的实有数会和你的现金日记账余额一致，没有多出来呢？这位年轻的女出纳员当即泪流满面地说：“我把多出来的现金拿回家去了。”事后，组织上给这位女青年以记过处分，并撤销其出纳员职务。

出纳员可以说是会计岗位中最基本的岗位之一，但是出纳员位低责不低，企业所有款项的进出、现金的收付都得经过出纳员之手，因此人们也把出纳员称为“过路财神爷”。也正因为出纳员是“过路财神爷”，所以这一岗位必须选择道德品质好、见钱不眼开的人担任，在位期间能做到“常在河边走，就是不湿鞋”。财政部颁布的《内部会计控制规范——货币资金（试行）》第七条规定：“单位办理货币资金业务，应当配备合格的人员，并根据单位具体情况进行岗位轮换。办理货币资金业务的人员应当具备良好的职业道德，忠于职守，廉洁奉公，遵纪守法，客观公正，不断提高会计业务素质和职业道德水平。”上述案例中，单位在任用出纳员时没有把好思想素质审查这一关，用人失察，导致企业财产遭受损失。

项目二　银行存款

银行存款是指企业存入银行或其他金融机构的货币资金。企业根据业务需要，在其所在地的银行开设账户，通过所开设的账户进行存款和取款以及各种收支转账业务的结算。

【小贴士】收付款项对个人的，可用现金结算；对企业、单位在结算起点以下的，可以用现金结算，超过结算起点的应使用银行转账支付。

一、银行存款管理制度

按照中国人民银行《支付结算办法》的规定，企业应在银行开立账户，办理存款、取款和转账等业务。企业在银行开立人民币存款账户，必须遵守中国人民银行《银行账户管理办法》的各项规定。

企业在银行开立账户后，可到开户银行购买银行往来使用的各种凭证，如送款簿、进账单、现金支票、转账支票等，用以办理银行存款的收付款项。企业除了按规定留存的库存现金以外，其他货币资金都必须存入银行。企业与其他单位之间的一切收付款项，除制度规定可用现金支付的部分以外，其他都必须通过银行办理转账结算，也就是由银行按照事先规定的结算方式，将款项从付款单位的账户划出，转入收款单位的账户。因此，企业不仅要在银行开立账户，而且账户内必须要有可供支付的存款。

二、银行结算纪律

企业通过银行办理支付结算时，应当认真执行国家各项管理办法和结算制度。中国人民银行《支付结算办法》规定：单位和个人办理支付结算，不准签发没有资金保证的票据或远期支票，套取银行信用；不准签发、取得和转让没有真实交易和债权债务的票据，套取银行和他人资金；不准无理拒绝付款，任意占用他人资金；不准违反规定开立和使用账户。

三、银行结算方式

按照货币资金支付方式的不同，结算方式可分为现金结算和银行结算（也称转账结算）。根据中国人民银行《支付结算办法》的规定，现行的银行存款结算方式主要有以下几种。

（一）支票

支票是出票人签发的，委托办理支票存款业务的银行在见票时无条件支付确定的金额给收款人或持票人的票据（如图 2－2 所示）。支票分为三种：现金支票（支取现金）、转账支票（转账）、普通支票（可提现、转账，划线后只能转账）。支票适用于单位和个人在同一票据交换区域的各种款项结算。禁止签发空头支票以及签章与预留银行签章不符的支票，否则银行退票并处 5% 但不低于 1 000 元的罚款；持票人有权得到支票金额 2% 的赔偿金。

（二）银行汇票

银行汇票是指由出票银行签发的，由其在见票时按照实际结算金额无条件支付给收款人或者持票人的票据（如图 2－3 所示）。银行汇票的出票银行为银行汇票的付款人。银行汇票具有使用灵活、票随人到、兑现性强等特点，单位和个人各种款项的结算，均可使用银行汇票。银行汇票可以用于转账，填明“现金”字样的银行汇票也可以用于支取现金。银行汇票的提示付款期限为自出票日起的一个月。持票人向银行提示付款时，必须同时提交银行汇票和解讫通知，缺少任何一联，银行都不予受理。

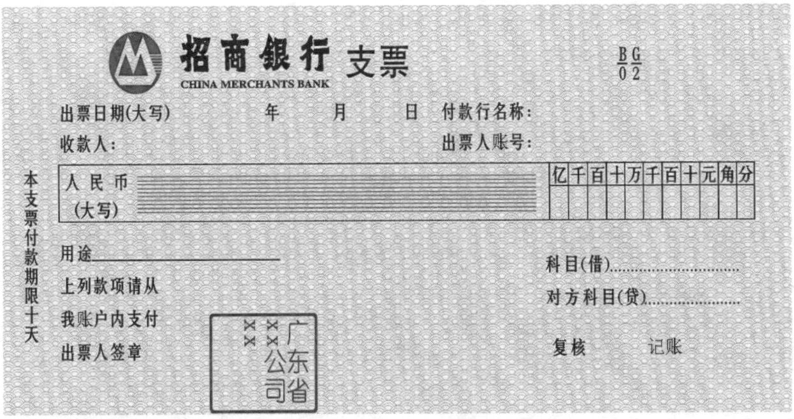

图 2－2 支票样式

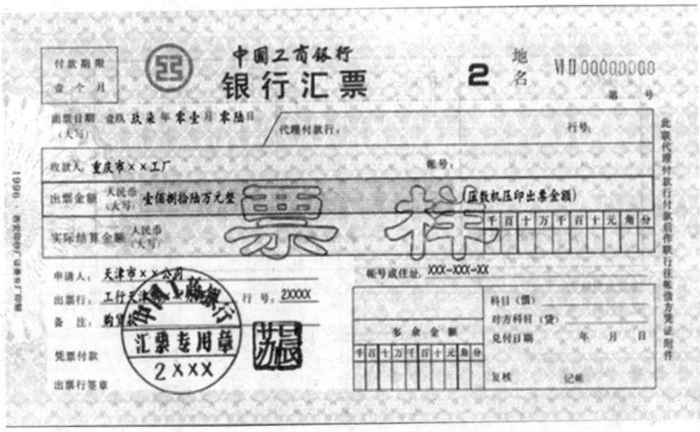

图 2－3 汇票样式

（三）银行本票

银行本票是银行签发的，承诺自己在见票时无条件支付确定的金额给收款人或者持票人的票据（如图 2－4 所示）。银行本票由银行签发并保证兑付，而且见票即付。其出票人为经中国人民银行当地分/支行批准办理银行本票业务的银行机构。单位和个人在同一票据交换区域需要支付各种款项时，均可以使用银行本票。银行本票可以用于转账，注明“现金”字样的银行本票可以用于支取现金。银行本票分为不定额本票和定额本票两种。定额本票面额为 1 000 元、5 000 元、10 000 元和 50 000 元。银行本票的提示付款期限为自出票日起最长不超过两个月。超过提示付款期限，银行不予受理。

【小贴士】银行本票和银行汇票的区别：①本票是其签发者的付款承诺，汇票是其签发者的支付命令。②汇票是出票人要求他人付款的委托或指示。因此，汇票有三个当事人，即出票人、付款人与收款人；本票只有两个当事人，即出票人（同时也是付款人）与收款人。③本票在同城使用，汇票在异地使用。

（四）汇兑

汇兑是汇款人委托银行将其款项支付给收款人的结算方式（如图 2－5 所示）。单位和个人各种款项的结算，均可使用汇兑结算方式。汇兑分为信汇、电汇两种，由汇款人选择使用。汇款人可申请撤汇和退汇。

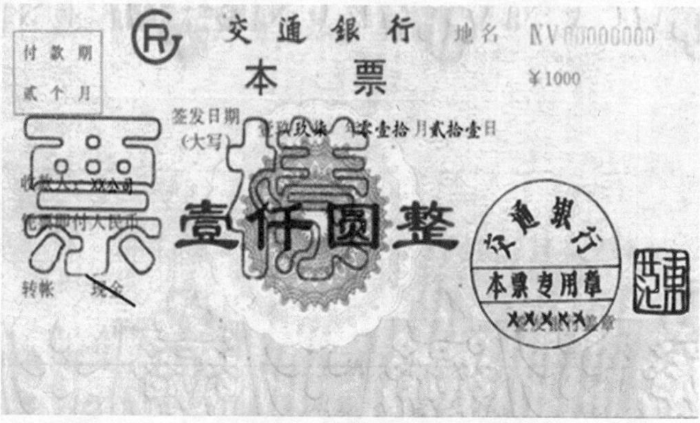
交通银行 本票 地名 NV00000000
¥1000
付款期 贰个月
签发日期（大写）
收款人：XX公司
凭票即付人民币 壹仟圆整
转帐 现金
交通银行 本票专用章

图2－4　本票样式

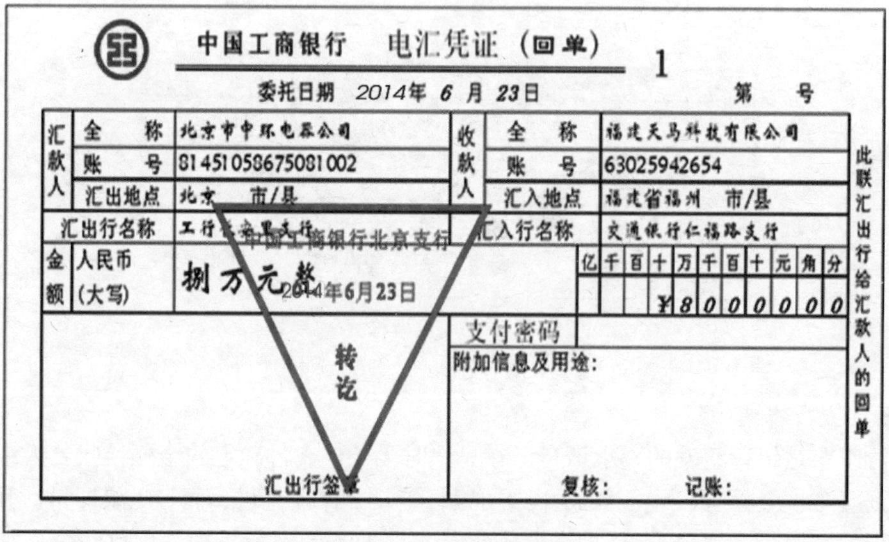
中国工商银行　电汇凭证（回单）　1

委托日期　2014年　6　月　23日　　　　第　　号

汇款人	全　称	北京市中环电器公司	收款人	全　称	福建天马科技有限公司
	账　号	81451058675081002		账　号	63025942654
	汇出地点	北京　市/县		汇入地点	福建省福州　市/县
汇出行名称		工行	汇入行名称		交通银行仁福路支行
金额	人民币（大写）	捌万元整			¥8000000

中国工商银行北京支行 2014年6月23日 转讫

支付密码

附加信息及用途：

汇出行签章　　复核：　　记账：

此联汇出行给汇款人的回单

图2－5　电汇凭证样式

（五）委托收款

委托收款是收款人委托银行向付款人收取款项的结算方式（如图2－6所示）。单位和个人凭付款人的债务证明（已承兑商业汇票、债券、存单等）办理款项结算的，均可使用委托收款结算方式。付款人在接到通知后三日内可拒付，否则视为同意付款。委托收款在同城、异地均可使用。

托收凭证（受理回单）　　　　1

委托日期　　年　　月　　日

业务类型	委托收款（□邮划、□电划）　托收承付（□邮划、□电划）						
付款人	全称			收款人	全称		
	账号				账号		
	地址	省　市县	开户行		地址	省　市县	开户行
金额	人民币（大写）					亿 千 百 十 万 千 百 十 元 角 分	
款项内容		托收凭据名称			附寄单证张数		
商品发运情况				合同名称号码			
备注： 复核　记账		款项收妥日期 年　月　日		收款人开户银行签章 年　月　日			

此联作收款人开户银行给收款人的受理回单

图 2－6　委托收款凭证样式

（六）托收承付

托收承付是根据购销合同由收款人发货后委托银行向异地付款人收取款项，由付款人向银行承认付款的结算方式。其适用于国有企业、供销合作社及开户行同意的城乡集体所有制工业企业；适用于商品交易及由此产生的劳务供应款项（代销、寄销、赊销商品款项除外）。收款人办理托收时，购销合同须写明使用托收承付结算，且每笔结算的金额起点为10 000元。

（七）信用卡

信用卡是银行卡的一种。信用卡是指商业银行向个人和单位发行的，具有消费信用的特制载体卡片。信用卡按使用对象的不同可分为单位卡和个人卡。凡在中国境内金融机构开立基本存款账户的单位可申领单位卡。单位卡可申领若干张，持卡人资格由申领单位法定代表人或其委托的代理人书面指定和注销。单位卡账户的资金一律从其基本存款账户转账存入，不得交存现金，不得将销货收入的款项存入其账户。持卡人可持信用卡在特约单位购物、消费，但单位卡不得用于 10 万元以上的商品交易、劳务供应款项的结算，不得支取现金。销卡时，余额转入企业基本存款账户，不得提取现金。

信用卡按信誉等级还可分为金卡和普通卡。商业银行（包括外资银行、合资银行）、非银行金融机构未经中国人民银行批准不得发行信用卡。非金融机构、境外金融机构的驻华代表机构不得发行信用卡和代理收单结算业务。

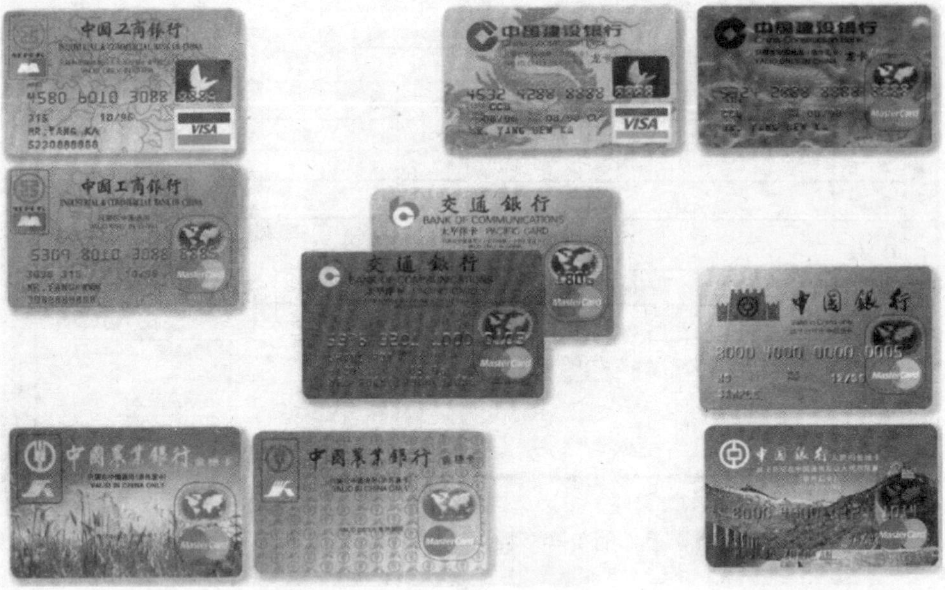

图2-7　信用卡样式

(八) 信用证

信用证结算是指银行根据开证申请人的请求和指示，向受益人开具有一定金额的信用证，并在一定期限内凭规定的单据承诺付款的一种结算方式。

四、银行存款的核算

(一) 银行存款的总分类核算

1. “银行存款”账户及其结构

“银行存款”科目借方登记银行存款的增加，贷方登记银行存款的减少；期末余额在借方，反映企业存在银行或其他金融机构的各种款项。

2. “银行存款”总分类账

企业设置“银行存款”总账，核算银行存款的增减变化，由出纳人员以外的会计人员进行登记。根据收付款凭证直接登记或者根据科目汇总表、汇总记账凭证定期汇总登记。

增加银行存款时：

借：银行存款

　贷：主营业务收入（主营销售）

　　　应收账款（收回赊销货款）

　　　预收账款（预收销货款）

　　　其他业务收入（其他销售）

　　　其他相关科目

支出银行存款时：

借：库存现金（提取现金）

　　原材料（采购原材料）

销售费用（支付销售费用）

制造费用（支付车间经费）

管理费用（支付企业管理费用）

贷：银行存款

【任务互动 2－3】根据以下内容编制会计分录：

（1）9 月 20 日，甲公司用银行存款支付材料款 18 000 元。

（2）甲公司收回上月销售的货款 150 000 元存入银行。

（3）用存款支付上月欠的购货款 100 000 元。

【任务分解】

（1）借：原材料　　　18 000

　　　贷：银行存款　　　18 000

（2）借：银行存款　　150 000

　　　贷：应收账款　　　150 000

（3）借：应付账款　　100 000

　　　贷：银行存款　　　100 000

（二）银行存款的明细分类核算

银行存款日记账采用订本式账簿，按开户银行和其他金融机构、存款种类等设置明细科目，根据收付款凭证，按照业务发生的顺序逐笔登记。每日终了，应结出余额。“银行存款日记账”（如图 2－8 所示）应定期与“银行对账单”核对，至少每月核对一次。

银 行 存 款 日 记 账

年		凭证号数	摘要	对方科目	借方											√	贷方											√	余额										
月	日				十亿	千	百	十	万	千	百	十	元	角	分		十亿	千	百	十	万	千	百	十	元	角	分		十亿	千	百	十	万	千	百	十	元	角	分

图 2－8　银行存款日记账

（三）银行存款的核对

“银行存款日记账”应定期与银行转来的对账单进行核对，至少每月核对一次。双方余额不一致的原因除记账错误外，还有存在未达账项的原因。

1. 未达账项

所谓未达账项，是指由于结算凭证在企业与银行之间或收付款银行之间传递需要时间，造成企业与银行之间因入账的时间差而形成的账款差额——一方收到凭证并已入账，另一方未收到凭证因而未能入账。

未达账项具体包括以下四种情况：

（1）企业已收款入账，银行尚未收款入账。（企收银未收，导致企业账面的存款数额大于银行对账单数额。）

（2）企业已付款入账，银行尚未付款入账。（企付银未付，导致企业账面的存款数额小于银行对账单数额。）

（3）银行已收款入账，企业尚未收款入账。（银收企未收，导致企业账面的存款数额小于银行对账单数额。）

（4）银行已付款入账，企业尚未付款入账。（银付企未付，导致企业账面的存款数额大于银行对账单数额。）

注意：企业或银行的会计核算差错不属于未达账项。

【任务互动 2－4】下列未达账项中，将导致企业银行存款日记账的账面余额小于银行对账单余额的是（　　）。

A. 企业开出支票，银行尚未支付

B. 企业送存支票，银行尚未入账

C. 银行代收款项，企业尚未接到收款通知

D. 银行代付款项，企业尚未接到付款通知

【答案】AC

2. 银行存款余额调节表

企业银行存款账面余额与银行对账单余额之间如有差额，应编制“银行存款余额调节表”调节相符，如没有记账错误，调节后的双方余额应相等。

（1）银行存款余额调节表的编制。

【任务互动 2－5】某企业 2014 年 5 月 31 日银行存款日记账余额为 92 700 元，银行对账单余额为 95 210 元，经核对发现有下列未达账项：

企业销售商品 2 000 元，收到转账支票，但尚未送存银行；

企业开出转账支票 3 000 元，支付购料款，但对方尚未送存银行；

银行已代收销货款 3 210 元，但企业还未收到进账通知；

银行已代付本月水电费 1 700 元，但企业还未收到付款通知。

【任务分解】编制方法：双向调节/补记式（会计实务中一般采用）。

基本原理：假设企业和银行的未达账项全部入账，银行存款日记账和银行对账单的余额应相等。

编制过程：在双方现有余额的基础上，各自加上对方已收、本方未收款项，减去对方已付、本方未付款项，计算调节双方应有余额。公式表示如下：

银行存款日记账余额 ＋ 银行已收企业未收账项 － 银行已付企业未付账项

＝ 银行对账单余额 ＋ 企业已收银行未收账项 － 企业已付银行未付账项

编制银行存款余额调节表，如表2－1所示。

表2－1　银行存款余额调节表

单位：元

项　目	金　额	项　目	金　额
企业银行存款日记账余额	92 700	银行对账单余额	95 210
加：银行已收、企业未收款	3 210	加：企业已收、银行未收款	2 000
减：银行已付、企业未付款	1 700	减：企业已付、银行未付款	3 000
调节后的存款余额	94 210	调节后的存款余额	94 210

（2）银行存款余额调节表的作用。

银行存款余额调节表只是为了核对账目，不能作为调整银行存款账面余额的记账依据。企业未入账的未达账项，只有在收到银行转来的结算凭证时，才能进行相应的会计处理。

经“银行存款余额调节表”调节后的金额，就是企业实际可动用的银行存款金额。调节后的余额相等，一般情况下说明记账无误。如果调节后的数额仍不相符，则说明记账有误，应进一步逐笔核对，发现错账、漏账立即予以纠正。

【技能实训】

1．企业银行存款账面余额与银行对账单余额因未达账项存在差额时，应按照银行存款余额调节表调整银行存款日记账。这个说法正确吗？

【答案】不正确。

2．编制银行存款余额调节表时，下列未达账项中，将导致企业银行存款日记账的账面余额小于银行对账单余额的是（　　）。

A．企业开出支票，银行尚未支付

B．企业送存支票，银行尚未入账

C．银行代收款项，企业尚未接到收款通知

D．银行代付款项，企业尚未接到付款通知

【答案】AC

3．某公司2014年10月31日银行存款日记账的余额为5 400 000元，银行转来对账单的余额为8 300 000元。经逐笔核对，发现以下未达账项：

（1）企业送存转账支票6 000 000元，并已登记银行存款增加，但银行尚未记账。

（2）企业开出转账支票4 500 000元，持票单位尚未到银行办理转账，银行尚未记账。

（3）企业委托银行代收某公司购货款4 800 000元，银行已收妥并登记入账，但企业尚未收到收款通知，尚未记账。

（4）银行代企业支付电话费400 000元，银行已登记企业银行存款减少，但企业未收到银行付款通知，尚未记账。

请根据上述资料编制银行存款余额调节表。

【答案】

表 2－2　银行存款余额调节表

单位：元

项　目	金　额	项　目	金　额
企业银行存款日记账余额	5 400 000	银行对账单余额	8 300 000
加：银行已收、企业未收款	4 800 000	加：企业已收、银行未收款	6 000 000
减：银行已付、企业未付款	400 000	减：企业已付、银行未付款	4 500 000
调节后的存款余额	9 800 000	调节后的存款余额	9 800 000

【案例分享】

深圳某证券营业部财务部设财务经理、会计及出纳三个岗位，按照相关规定，由出纳负责保管现金并登记现金及银行存款日记账；由财务经理将银行对账单与银行存款日记账核对后编制银行存款余额调节表。2002 年 8 月，由于该营业部总经理调离，新总经理对营业部情况不熟悉，很多事务需要财务经理协助处理，财务经理因工作繁忙便没有核对 8—11 月的银行对账单，也未编制银行存款余额调节表。营业部出纳朱某见财务经理 8 月份未核对银行对账单，便从 9 月份开始挪用营业部资金。12 月初，财务经理要其将银行对账单拿来核对，以便编制银行存款余额调节表。朱某见事情败露，于当晚潜逃。第二天，财务经理发现银行对账单与银行存款日记账不符，便向总公司汇报，经过仔细检查，发现朱某从 9 月份挪用第一笔资金开始，三个月时间累计挪用人民币 90 万元、港币 10 万元。（摘自《财会月刊（会计）》2005 年第 3 期阎红玉《从三个案例看银行对账单的重要性》一文）

思考：银行存款余额调节表在企业会计核算工作中发挥的主要作用是什么？编制银行存款余额调节表需要特别注意的事项是什么？

项目三　其他货币资金

一、其他货币资金概述

（一）含义

其他货币资金是指企业除库存现金、银行存款以外的各种货币资金，主要包括银行汇票存款、银行本票存款、信用卡存款、信用证保证金存款和外埠存款等。

【小贴士】企业的备用金通过“其他应收款”科目核算或单独通过“备用金”科目核算，而非“其他货币资金”科目。

【技能实训】下列各项，不通过“其他货币资金”科目核算的是（　　）。

A. 信用证保证金存款　　B. 备用金

C. 存出投资款　　D. 银行本票存款

（二）组成

（1）银行汇票存款——用于银行汇票结算而存入银行的款项。

（2）银行本票存款——用于银行本票结算而存入银行的款项。

（3）信用卡存款——为办理信用卡结算而存入银行的款项。

（4）信用证保证金存款——为取得信用证而存入银行的款项。

（5）外埠存款 ——存入外地开设的采购专户的款项。

（6）存出投资款——已存入证券公司但尚未进行短期投资的款项。

二、其他货币资金的核算

（一）科目设置

为了反映其他货币资金的增减变动及结余情况，会计核算上设置“其他货币资金”科目。

（二）账户结构

借方登记其他货币资金增加数，贷方登记其他货币资金减少数；余额在借方，表示期末实有的其他货币资金。本科目可按银行汇票或本票、信用证的收款单位，外埠存款的开户银行，分为“银行汇票存款”、“银行本票存款”、“信用卡存款”、“信用证保证金存款”、“存出投资款”、“外埠存款”等进行明细核算。

（三）基本账务处理

1．形成

借：其他货币资金——银行汇票
　　　　　　　　　　银行本票
　　　　　　　　　　信用卡存款
　　　　　　　　　　信用证保证金
　　　　　　　　　　存出投资款
　　　　　　　　　　外埠存款
　贷：银行存款

2．使用

借：材料采购（或原材料）
　　应交税费——应交增值税（进项税额）
　贷：其他货币资金——×××

3．余款转回

借：银行存款
　贷：其他货币资金——×××

（四）按明细科目进行的会计核算

1．银行汇票存款的核算

银行汇票存款是指企业为取得银行汇票，按照规定存入银行的款项。核算流程如下：

（1）付款方的核算。

企业填写“银行汇票申请书”，将款项交存银行，取得汇票后，根据银行盖章退回的申请书存根联，编制会计分录如下：

借：其他货币资金——银行汇票

贷：银行存款

企业使用银行汇票付款后，应根据发票账单及开户银行转来的银行汇票有关凭证，核对无误后编制会计分录如下：

借：材料采购（原材料、库存商品）

应交税费——应交增值税（进项税额）

贷：其他货币资金——银行汇票

采购完毕收回剩余款项时，编制会计分录如下：

借：银行存款

贷：其他货币资金——银行汇票

（2）收款方的核算。

收到银行汇票的企业在办理款项入账手续时，根据进账单及销货发票等，编制会计分录如下：

借：银行存款

贷：主营业务收入

应交税费——应交增值税（销项税额）

【任务互动2－6】

（1）某公司为增值税一般纳税人，向银行申请办理银行汇票用以购买原材料，将款项250 000元交存银行转作银行汇票存款。

根据银行盖章退回的申请书存根联，企业编制的会计分录如下：

借：其他货币资金——银行汇票　250 000

贷：银行存款　250 000

（2）该公司购入原材料一批，取得的增值税专用发票上的原材料价款为200 000元，增值税税额为34 000元，已用银行汇票办理结算，多余款项16 000元退回开户银行，企业已收到开户银行转来的银行汇票第四联（多余款项收账通知），编制会计分录如下：

借：原材料　200 000

应交税费——应交增值税（进项税额）　34 000

贷：其他货币资金——银行汇票　234 000

（3）上笔业务完成，多余款项退回时，编制会计分录如下：

借：银行存款　16 000

贷：其他货币资金——银行汇票　16 000

2. 银行本票存款的核算

银行本票存款是指企业为取得银行本票，按照规定存入银行的款项。核算流程如下：

（1）企业向银行提交“银行本票申请书”并将款项交存银行，取得银行本票时，应根据银行盖章退回的申请书存根联，编制会计分录如下：

借：其他货币资金——银行本票

贷：银行存款

（2）企业用银行本票支付购货款等款项后，应根据发票、账单等有关凭证，编制会计分录如下：

借：材料采购（原材料、库存商品）
　　应交税费——应交增值税（进项税额）
　贷：其他货币资金——银行本票

（3）企业收到银行本票、填制进账单到开户银行办理款项入账手续时，根据进账单及销货发票等，编制会计分录如下：

借：银行存款
　贷：主营业务收入
　　应交税费——应交增值税（销项税额）

【任务互动2-7】

（1）某企业为取得银行本票，向银行填交“银行本票申请书”，并将20 000元银行存款转作银行本票存款。企业取得银行本票后，应根据银行盖章退回的银行本票申请书存根联填制银行付款凭证，并编制会计分录如下：

借：其他货币资金——银行本票　　20 000
　贷：银行存款　　20 000

（2）该企业用银行本票购买办公用品20 000元。根据发票、账单等有关凭证，编制会计分录如下：

借：管理费用　　20 000
　贷：其他货币资金——银行本票　　20 000

3. 信用卡存款的核算

信用卡存款是指企业为取得信用卡而存入银行信用卡专户的款项。核算流程如下：

（1）企业申领信用卡，按照有关规定填制申请表，连同支票和有关资料送发卡银行，根据银行盖章退回的进账单第一联，编制会计分录如下：

借：其他货币资金——信用卡
　贷：银行存款

（2）企业用信用卡购物或支付有关费用，收到开户银行转来的信用卡存款的付款凭证及所附发票、账单，编制会计分录如下：

借：管理费用
　贷：其他货币资金——信用卡

（3）企业信用卡在使用过程中，需要向其账户续存资金的，编制会计分录如下：

借：其他货币资金——信用卡
　贷：银行存款

（4）销卡时，单位卡余额转入企业基本存款账户，不得提取现金，编制会计分录如下：

借：银行存款
　贷：其他货币资金——信用卡

【任务互动2-8】某企业于2014年11月5日向银行申领信用卡，并向银行交存4 000

元；12 月 10 日，该企业用信用卡向某饭店支付招待费 3 000 元。

（1）申领信用卡时，编制会计分录如下：

借：其他货币资金——信用卡　　4 000

　贷：银行存款　　　　　　　　4 000

（2）用信用卡支付招待费，编制会计分录如下：

借：管理费用　　　　　　　　3 000

　贷：其他货币资金——信用卡　　3 000

4. 信用证保证金存款的核算

信用证保证金存款是指采用信用证结算方式的企业为开具信用证而存入银行信用证保证金专户的款项。企业向银行申请开立信用证，应按规定向银行提交开证申请书、信用证申请人承诺书和购销合同。具体核算流程如下：

（1）企业填写"信用证申请书"，将信用证保证金交存银行，编制会计分录如下：

借：其他货币资金——信用证保证金

　贷：银行存款

（2）企业接到开证通知，根据供货单位信用证结算凭证及所附发票、账单，编制会计分录如下：

借：材料采购（原材料、库存商品等）

　　应交税费——应交增值税（进项税额）

　贷：其他货币资金——信用证保证金

（3）将未用完的信用证保证金余额转回开户银行时，编制会计分录如下：

借：银行存款

　贷：其他货币资金——信用证保证金

【任务互动 2－9】某企业向银行申领开具信用证 1 500 000 元，用于支付境外采购材料价款。企业已向银行缴纳保证金，并收到银行盖章退回的进账单第一联。企业收到银行转来的境外销货单位信用证结算凭证以及所附发票账单、海关进口增值税专用缴款书等有关凭证，材料价款1 000 000元，增值税税额 170 000 元。企业收到银行收账通知，对该境外销货单位开出的信用证余额 330 000 元已经转回银行账户。编制相关会计分录如下：

（1）向银行缴纳保证金，并收到银行盖章退回的进账单第一联时，编制会计分录如下：

借：其他货币资金——信用证保证金　　1 500 000

　贷：银行存款　　　　　　　　　　　1 500 000

（2）收到信用证结算货款的有关凭证，编制会计分录如下：

借：原材料　　　　　　　　　　　　1 000 000

　　应交税费——应交增值税（进项税额）　170 000

　贷：其他货币资金——信用证保证金　　1 170 000

（3）信用证余额退回，编制会计分录如下：

借：银行存款　　　　　　　　　　　　330 000

　贷：其他货币资金——信用证保证金　　330 000

5. 存出投资款的核算

存出投资款是指企业已存入证券公司但尚未进行投资的资金。核算流程如下：

(1) 企业向证券公司划出资金时，应按实际划出金额，编制会计分录如下：

借：其他货币资金——存出投资款

　贷：银行存款

(2) 购买股票、债券时，按实际发生的金额编制会计分录如下：

借：交易性金融资产

　贷：其他货币资金——存出投资款

【小贴士】 企业购买股票作为交易性金融资产，如果委托证券公司购买，通过“其他货币资金”科目核算；如果直接从证券交易所购入，则使用“银行存款”科目核算。

6. 外埠存款的核算

外埠存款是指企业为了到外地进行临时或零星采购，而汇往采购地银行开立采购专户的款项。该账户的存款不计利息、只付不收、付完清户，除了采购人员可从中提取少量库存现金外，一律采用转账结算。核算流程如下：

(1) 企业将款项汇往外地开立采购专户时，编制会计分录如下：

借：其他货币资金——外埠存款

　贷：银行存款

(2) 收到采购员转来供应单位发票、账单等报销凭证时，编制会计分录如下：

借：材料采购（原材料、库存商品等）

　　应交税费——应交增值税（进项税额）

　贷：其他货币资金——外埠存款

(3) 采购完毕收回剩余款项时，编制会计分录如下：

借：银行存款

　贷：其他货币资金——外埠存款

【任务互动2-10】 某企业派采购员到异地采购原材料。11月10日，企业委托开户银行汇款60 000元到采购地设立采购专户；11月20日，采购员交来采购专户付款购入材料的有关凭证，增值税专用发票上的原材料价款为50 000元，增值税税额为8 500元；11月30日，收到开户银行的收款通知，该采购专户中的结余款项已经转回。根据上述资料编制相关会计分录。

(1) 开立采购专户时，编制会计分录如下：

借：其他货币资金——外埠存款　　60 000

　贷：银行存款　　　　　　　　　　60 000

(2) 收到采购员交来的采购专户付款购入材料有关凭证时，编制会计分录如下：

借：原材料　　　　　　　　　　　　　50 000

　　应交税费——应交增值税（进项税额）　8 500

　贷：其他货币资金——外埠存款　　　　　58 500

(3) 收到转回结余款项的通知时，编制会计分录如下：

借：银行存款　　　　　　　　1 500

　贷：其他货币资金——外埠存款　　1 500

【技能实训】

1. 企业将款项汇往异地银行开立采购专户，编制该业务的会计分录时应当（　　）。

A. 借记“应收账款”科目，贷记“银行存款”科目

B. 借记“其他货币资金”科目，贷记“银行存款”科目

C. 借记“其他应收款”科目，贷记“银行存款”科目

D. 借记“材料采购”科目，贷记“其他货币资金”科目

2. 下列各项中，应确认为企业其他货币资金的有（　　）。

A. 企业持有的三个月内到期的债券

B. 企业为购买股票向证券公司划出的资金

C. 企业汇往外地建立临时采购专户的资金

D. 企业向银行申请银行本票时拨付的款项

【案例分享】

2010年1月13日，某公司出纳邓某因盗用公款被检察院批准逮捕。经审讯，他交代了五年来自己侵吞百万余元公款的经过……

2005年底，公司因故取消原定发奖金的计划，而使一张开好的支票作废。领导要求邓某在支票上写上“作废”，并划掉金额，剪下支票号码。但邓某并未把支票作废，而是用这张支票到银行私自提取了8 000元现金。为了不露马脚，邓某私自伪造了银行对账单。在数次得手后，邓某便一发不可收拾。起初他只是利用废票作案，之后他又利用保管空白支票和支票印鉴之便，私开现金支票。到最后，每次最多只能领取20 000元的现金支票已不能满足他的需要，他又将犯罪的手伸向了转账支票。而其伪造对账单的手法，也从最初的涂改复印发展到自行打印。到2010年案发为止，利用上述手段，他一共侵吞公款百万余元。

思考：

1. 邓某在利用支票盗取公款后，为何要伪造银行对账单？

2. 如何改善企业内部控制措施以避免类似事情再次发生？

【模块小结】

货币资金包括库存现金、银行存款和其他货币资金。库存现金的清查账务处理是重点也是难点。对银行存款的核算，企业应编制“银行存款余额调节表”进行调整，“银行存款余额调节表”只是为了核对账目，并不能作为调节银行存款账面余额的原始凭证。其他货币资金主要包括：存出投资款（货币资金——存出投资款）、银行汇票存款（货币资金——银行汇票存款）、银行本票存款（货币资金——银行本票存款）、信用卡存款（货币资金——信用卡）、信用证保证金存款（货币资金——信用证保证金）和外埠存款（货币资金——外埠存款）等。

【思考与练习】

一、判断题

1. 因特殊情况需要坐支现金的单位，应事先报开户行审查批准，由开户行核定坐支

范围和金额，此时收支的现金可不入账。

2．企业现金清查出现的现金溢缺属于无法查明原因的，应计入营业外收入或营业外支出。

3．企业可根据经营需要，在一家或几家银行开立基本存款账户。

4．企业应根据银行存款余额调节表及时调整银行存款的账面记录。

5．企业持卡人如不继续使用信用卡时，要将单位卡余额转入一般存款账户，不得提取现金。

二、选择题

1．对于银行已经收款而企业尚未入账的未达账项，企业应作的处理为（　　）。

A．以“银行对账单”为原始记录将该业务入账

B．根据“银行存款余额调节表”和“银行对账单”自制原始凭证入账

C．在编制“银行存款余额调节表”的同时入账

D．待有关结算凭证到达后入账

2．企业存放在银行的银行本票存款，应通过（　　）科目进行核算。

A．应收票据　　B．其他应收款

C．其他货币资金　　D．库存现金

3．下列账款中属于未达账项的有（　　）。

A．企业已开出，但银行尚未兑付的支票

B．企业已收款入账，但银行尚未收款入账

C．企业会计核算遗漏一笔银行存款

D．银行划付电话费，但未将通知单送达企业

4．企业银行存款账面余额与银行对账单之间不一致的原因是存在未达账项，以下会使企业银行存款账面余额小于银行对账单余额的是（　　）。

A．企业已收款入账，但银行尚未入账

B．企业已付款入账，但银行尚未付款入账

C．银行已收款入账，但企业尚未收款入账

D．银行已付款入账，但企业尚未付款入账

5．下列项目中，属于其他货币资金的有（　　）。

A．存出保证金　　B．商业汇票

C．信用证保证金存款　　D．银行汇票存款

三、实务操作

请根据下列资料，帮甲公司完成银行存款余额调节表的编制。

甲公司2014年9月20日至月末的银行存款日记账所记录的经济业务如下：

20日，收到销货款转账支票6 500元。

21日，开出支票#0130，用于支付购入材料的货款12 000元。

23日，开出支票#0131，支付购料的运杂费2 500元。

26日，收到销货款转账支票3 200元。

28日，开出支票#0132，支付公司日常办公费用4 800元。

30 日，开出支票#0133，支付下半年的房租 24 000 元。

30 日，银行存款日记账的账面余额为 168 000 元。

银行对账单所列甲公司 9 月 20 日至月末的经济业务如下：

20 日，结算甲公司的银行存款利息 1 523 元。

22 日，收到销货款转账支票 6 500 元。

23 日，收到甲公司开出的支票#0130，金额为 12 000 元。

25 日，银行为甲公司代付水电费 2 900 元。

26 日，收到甲公司开出的支票#0131，金额为 2 500 元。

29 日，为甲公司代收外地购货方汇来的货款 10 600 元。

30 日，银行对账单的存款余额为 202 823 元。

四、阅读故事，回答问题

小张是某公司的出纳，他在自己的工作岗位上一直勤勤恳恳、任劳任怨，将出纳工作做得非常出色，因此领导非常喜欢他。有一天，公司的长期合作伙伴元阳公司的业务人员小赵来小张处付清上月所欠的零星材料款 900 元，两人闲聊了一会，结果小赵走的时候忘了让小张开具 900 元材料款的发票。小张看着空无一人的财务室和抽屉里躺着的红艳艳的 9 张百元大钞，心里开始挣扎：自己家里条件不好，900 元，比自己半个月的工资还多，公司与元阳的业务往来非常密切，谁都不会记得有这小小的一笔零星材料款，而且正好今天办公室同事都去开会了，发票都没开，要不……

要求：分组讨论，每组选一位代表回答。

1. 作为一名出纳人员，小张应该如何做？

2. 小张如果把 900 元装进自己的口袋，则违背了会计职业道德的哪一方面？会有怎样的后果？

模块三　应收及预付款项

【知识目标】

1. 正确理解有关应收及预付款项的含义。
2. 掌握应收账款及坏账准备、应收票据、预付账款、其他应收款的核算内容及方法。

【技能目标】

1. 熟练进行往来业务中有关债权的账务处理。
2. 正确进行坏账准备的计提和应收票据贴现的计算。

项目一　应收账款的核算

【情景导入】

美林公司2014年1月发生如下经济业务：

(1) 向汇华公司出售价款为100 000元的商品，增值税税额17 000元，共计117 000元，货已发出，款项尚未收到。

(2) 收到康华公司交来的欠款60 000元，存入银行。

(3) 去年确认核销的美兰公司应收账款今年又收回了10 000元。

思考：美林公司应如何对上述经济业务进行会计处理？

一、应收账款的确认

应收账款是指企业在正常的经营活动中，由于销售商品或提供劳务而应向购货或接受劳务单位收取的款项，主要包括企业销售商品、材料或提供劳务等应向有关债务人收取的价款、增值税及代购货单位垫付的包装费和运杂费等。

应收账款的确认指确认应收账款应于何时入账。应收账款与商品的销售或劳务的提供直接相关，因此，确认应收账款的时间通常应与确认收入的时间相一致。也就是说，在商品的所有权已经转给购货方，或劳务已经提供、收入已经实现时，对未收取的款项应确认为应收账款。

二、应收账款的计价

应收账款核算的关键在于确定应收账款的入账价值。通常情况下，应收账款按实际发生额计价入账，即按买卖双方成交时的实际金额（包括发票金额和代购货单位垫付的运杂费）来确定。由于实际商业活动中存在商业折扣、现金折扣，所以应收账款的入账价值还需要考虑商业折扣和现金折扣等因素。

1. 商业折扣

商业折扣是指企业根据市场供需情况或顾客购买商品数量的多少所给予的价格上的优惠，通常以百分比来表示，如5%、10%等。企业在销售商品时，价目单上往往标明各种商品的价格，买方一般按价目单上的价格扣除卖方给予的折扣后的净额付款，则实际价格（发票价格）为折扣后的价格。由于商业折扣在交易成立及实际付款之前予以扣除，因此，商业折扣对应收账款入账没有什么实质性的影响，买卖双方均无须在账上反映商业折扣，企业应收账款金额只需按扣除商业折扣后的实际售价确认。

2. 现金折扣

现金折扣是指企业为了鼓励客户在一定时期内早日偿还货款而给予的一种折扣优惠，通常用符号“折扣/付款期限”表示，如2/10、1/20、*n*/30，即10天内付款折扣为2%，11～20天付款折扣为1%，21～30天付款不享受折扣。由此可见，现金折扣与商业折扣不同，现金折扣是否发生以及发生多少要视买方的付款时间而定，企业在确认销售商品收入时无法确定现金折扣金额。在采用现金折扣的情况下，应收账款金额的确认有两种方法，一种是总价法，另一种是净价法。

（1）总价法，是将未扣减现金折扣的价款作为实际销售价格，并以此作为应收账款的入账金额的一种方法。现金折扣只有客户在折扣期内支付货款时，才予以确认。这一方法把现金折扣作为鼓励客户提早付款而给予的经济利益。销售方把给予客户的现金折扣视为融资的理财费用，会计上作为“财务费用”处理。总价法可以较好地反映销售的总过程，但在客户可能享受现金折扣的情况下，会高估应收账款和销售收入。如：期末结账时，有些应收账款还没有超过折扣期限，企业无法确切知道客户是否会享受现金折扣，如果有一部分享受折扣，但账上未作出反映，便虚增了应收账款的余额。

（2）净价法，是将扣减客户可能享受的最高现金折扣后的金额作为实际销售价格，并以此作为应收账款的入账金额的一种方法。这种方法把客户取得折扣视为正常现象，认为客户一般都会提前付款，而将由于客户超过折扣而多收入的金额，视为提供信贷获得的理财收入，会计上作冲减“财务费用”处理。净价法可以避免总价法的不足，但当客户没有享受现金折扣时，由于账面只以净额入账，因此必须再查对销售总额。在期末结账时，对已经超过现金折扣期限但又尚未付款的应收账款，须按客户未享受的现金折扣进行调整，因此操作起来比较麻烦。

目前，我国会计实务对应收账款现金折扣的核算采用总价法。

三、日常业务核算

为了反映应收账款的发生和收回情况，企业应设置“应收账款”账户进行核算。该账户属于资产类账户，借方登记应收账款的发生，贷方登记应收账款的收回、改用商业汇票结算及转销为坏账；期末余额一般在借方，表示企业尚未收回的应收账款金额。对于不单独设置“预收账款”科目的企业，预收的账款也在本科目进行核算。本科目应按债务单位名称设置明细账户进行明细核算。

【任务互动3-1】顺通公司销售一批产品给B公司，发票上注明的价款为50 000元，增值税税额为8 500元，付款条件为2/10、1/20、n/30。

【任务分解】

(1) 应收账款入账时的会计分录如下：

借：应收账款——B公司　　58 500

　贷：主营业务收入　　50 000

　　　应交税费——应交增值税（销项税额）　　8 500

(2) 收款时的会计分录为：

假设B公司在第1~10天付款，付款额为57 330元（58 500-58 500×2%）。收款时，编制会计分录为：

借：银行存款　　57 330

　　财务费用　　1 170

　贷：应收账款——B公司　　58 500

假设B公司在第11~20天付款，付款额为57 915元（58 500-58 500×1%）。收款时，编制会计分录为：

借：银行存款　　57 915

　　财务费用　　585

　贷：应收账款——B公司　　58 500

假设B公司在第21~30天付款，则不能享受折扣。收到款项时，编制会计分录为：

借：银行存款　　58 500

　贷：应收账款——B公司　　58 500

【技能实训】

顺通公司采用托收承付的方式向A公司销售商品一批，货款为200 000元，增值税税额为34 000元，以银行存款代垫运杂费5 000元，已办理托收手续。请编制应收账款入账时及实际收到款项时的会计分录。

【任务互动3-2】顺通公司销售一批产品给C公司，货款为200 000元，尚未收到，已办妥托收手续，适用增值税税率为17%，应编制会计分录如下：

借：应收账款——C公司　　234 000

　贷：主营业务收入　　200 000

　　　应交税费——应交增值税（销项税额）　　34 000

5天后，顺通公司收到C公司寄来的一张期限为6个月的商业承兑汇票，面值为234 000元，抵付产品货款。顺通公司应编制会计分录如下：

借：应收票据　　234 000

　贷：应收账款——C公司　　234 000

6个月后，应收票据到期，公司收回票面金额234 000元存入银行。顺通公司应编制会计分录如下：

借：银行存款　　234 000

　贷：应收票据　　234 000

如果该票据到期，C 公司无力偿还借款，则顺通公司应编制会计分录如下：

借：应收账款——C 公司　234 000

　贷：应收票据　　　　234 000

【小贴士】之所以要将到期无法收回款项的应收票据转为应收账款，主要原因是：①真实反映了该往来账项的情况，符合会计信息的可靠性质量要求；②表明该票据上的款项已存在坏账风险，在采用备抵法（下面将讲到）核算坏账损失时便于全面、完整地计提坏账准备。

四、坏账损失的核算

坏账是指企业无法收回或收回的可能性极小的应收款项。因发生坏账而产生的损失称为坏账损失。不论会计准则或制度如何变化，在会计实务中，坏账的确认都要遵循财务报告的基本目标和会计核算的一般原则，尽量做到真实、准确并切合本单位的实际。

1. 坏账的确认

当企业的应收账款被证实很可能无法收回且金额能够合理估计时，应确认为坏账。一般来讲，企业的应收账款符合下列条件之一的，应确认为坏账：

（1）债务人死亡，以其遗产偿债后仍然不能收回的账款。

（2）债务人破产，以其破产财产偿债后仍然不能收回的账款。

（3）债务人较长时期内未履行其偿债义务，并有足够的证据表明无法收回或收回可能性极小的账款。

上述三个条件中，每一个条件都是充分条件，其中第三个条件需要会计人员作出职业判断。

对于已确认为坏账的应收款项，并不意味着企业放弃了追索权，一旦重新收回，应及时登记入账。

2. 坏账的核算

坏账损失在会计上有两种处理方法，即直接转销法和备抵法。

（1）直接转销法，是指在实际发生坏账时，确认坏账损失，计入期间费用，同时注销该笔应收款项的方法。如果已确认坏账的应收账款在以后重新收回，应按收回的金额冲销原来确认坏账的会计分录，再按正常程序反映应收账款的回收。

【任务互动 3－3】顺通公司应收乙公司的 20 000 元货款已超过 3 年，公司屡次催收无效，确认已无法收回。

【任务分解】

确认无法收回时：

借：资产减值损失——坏账损失　　20 000

　贷：应收账款——乙公司　　　　　20 000

如果已注销的应收账款后来又收回时：

借：应收账款——乙公司　　　　20 000

　贷：资产减值损失——坏账损失　　20 000

同时：

借：银行存款　　　　　　20 000

　贷：应收账款——乙公司　　20 000

直接转销法的优点是账务处理简单、真实，缺点是忽视了坏账损失与应收款项的业务关系，在转销坏账损失的前期，对坏账的情况不做任何处理，不符合权责发生制及收入与费用配比的会计原则，而且核销手续繁杂，致使企业发生大量陈账、呆账、长年挂账，虚增了利润，也夸大了前期资产负债表上应收款项的可实现价值。因此，我国会计制度规定，不允许企业采用直接转销法核算坏账损失。

（2）备抵法，是指在坏账损失实际发生前，依据权责发生制原则估计坏账损失，形成坏账准备，当某一应收款项全部或者部分确认为坏账时，根据其金额冲减坏账准备，同时转销相应的应收款项金额的方法。即：估计坏账损失时，借记“资产减值准备”科目，贷记“坏账准备”科目；实际发生坏账损失时（即符合前述三个条件之一），借记“坏账准备”科目，贷记“应收账款”科目。如果已确认的坏账重新收回，则应先按收回的金额冲销原来确认坏账的会计分录，再按正常程序反映应收账款的收回。

这种方法的优点是：预计不能收回的应收款项作为坏账损失及时计入损失，避免企业虚增利润；在报表上列示应收款项净额，使报表阅读者更能了解企业真实的财务情况；使应收款项占用资金接近实际，消除了虚列的应收账款，有利于加快企业资金周转，提高企业经济效益。

3. 坏账准备的计提

我国现行企业会计制度规定，企业应采用备抵法核算坏账损失。采用备抵法核算坏账损失的关键是坏账准备的计提。计提坏账准备有三种方法：应收账款余额百分比法、账龄分析法和销货百分比法。

应收账款余额百分比法是按期末应收账款余额的一定比例计算提取坏账准备金的方法。采用这种方法的理由是：坏账是由应收账款引起的，应收账款余额越大，（可能）发生坏账的金额就越大。公式如下：

坏账准备提取数 = 应收账款年末余额 × 计提比例

账龄分析法是根据应收账款的时间长短来估计坏账损失的一种方法，又称“应收账款账龄分析法”。采用这种方法的理由是：一般情况下，账龄越长，发生坏账损失的可能性就越大。

销货百分比法是按当期赊销金额的一定百分比估计坏账损失的办法。采用这种方法的理由是：坏账损失的产生与赊销业务直接相关，当期赊销业务越多，发生坏账的可能性就越大。

无论采取上述何种方法计提坏账准备，在账务处理上都是类似的，只是由于坏账准备的计算方法不同，计提的金额可能不同而已。

下面介绍几个应掌握的知识点：

一是坏账准备的计提范围。包括：应收账款、其他应收款；企业的预付账款如有确凿的证据表明其不符合预付账款性质，或因供货单位破产、撤销等原因已无望再收到所购货物的，应将原计入预付账款的金额转入其他应收款并按规定计提坏账准备；企业对应收票据不得计提坏账准备，但有确凿的证据表明应收票据不能够收回或收回的可能性不大时，应将其账面余额转入应收账款，并计提相应的坏账准备。

二是坏账准备的计提比例。应当根据以往的经验、债务单位的实际财务状况和现金流量，以及其他相关信息合理地估计。除有确凿证据表明应收款项不能收回，或收回的可能性不大（如：债务单位破产，资不抵债；现金流量严重不足；发生严重的自然灾害导致停产等，在短时间内无法偿还债务；有足以证明应收款项可能发生损失的证据且应收款项逾期3年以上），下列情况一般不能全额提取坏账准备：①当年发生的应收款项；②计划对应收款项进行债务重组；③与关联方发生的应收款项；④其他已逾期，但无确凿证据证明不能收回的应收款项。

三是坏账准备的计提方法及账务处理。设置"坏账准备"账户，贷方登记坏账准备的提取数、收回的以前已确认并转销的坏账，借方登记坏账准备的转销数和多提的冲回数，期末结账前的余额可能在贷方，也可能在借方，结账后的余额一定在贷方，表示已计提尚未转销的坏账准备数额，并且等于按年末应收款项的一定比例提取的数额。

我国现行制度规定，企业的坏账准备采用应收账款余额百分比法进行估计。本教材以应收账款余额百分比法介绍备抵法核算坏账损失的账务处理。

在应用应收账款余额百分比法时，坏账准备的计提（即坏账损失的估计）分首次计提和以后年度计提两种情况，坏账率为3‰~5‰。

具体计算方法如下：

当期提取的坏账准备

= 当期按应收款项计算应提坏账准备金额（即期末应收款项余额×坏账率）

− 期末结账前"坏账准备"账户的贷方余额

+ 期末结账前"坏账准备"账户的借方余额

结果为正数须补提：

借：资产减值损失

　贷：坏账准备

结果为负数要冲销：

借：坏账准备

　贷：资产减值损失

如果当期按应收款项计算应提坏账准备金额大于"坏账准备"账户的贷方余额，应按其差额提取坏账准备；如果当期按应收款项计算应提坏账准备金额小于"坏账准备"账户的贷方余额，应按其差额冲回已计提的坏账准备；当坏账准备的账面余额在借方时，按应收款项计算应提坏账准备金额加上坏账准备的账面借方余额的合计数提取。

【任务互动3-4】顺通公司从2010年开始计提坏账准备，2010年年末应收账款余额为1 200 000元。2011年9月，公司发现有2 000元的应收账款无法收回，按有关规定确认为坏账损失。2011年12月31日，该企业应收账款余额为1 400 000元。2012年3月15日，接到银行通知，企业上年度已冲销的2 000元坏账又收回，款项已存入银行。2012年12月31日，企业应收账款余额为1 250 000元。2013年5月，企业发现B公司无法归还的款项有8 000元，按有关规定确认为坏账损失。2013年12月31日，企业应收账款余额为1 300 000元。该企业坏账准备的提取比例为5‰。（采用应收账款余额百分比法）

2010 年年末应计提的坏账准备为 6 000 元（1 200 000 ×5‰）：

借：资产减值损失——计提的坏账准备　　6 000

　贷：坏账准备　　6 000

2011 年 9 月，确认并转销坏账损失：

借：坏账准备　　2 000

　贷：应收账款　　2 000

2011 年年末应计提的坏账准备为 3 000 元（1 400 000 ×5‰ - "坏账准备"账户的贷方余额 4 000）：

借：资产减值损失——计提的坏账准备　　3 000

　贷：坏账准备　　3 000

2012 年 3 月 15 日，上年度已冲销的 2 000 元坏账又收回：

借：应收账款　　2 000

　贷：坏账准备　　2 000

同时：

借：银行存款　　2 000

　贷：应收账款　　2 000

2012 年年末应冲回的坏账准备金额为 2 750 元（1 250 000 ×5‰ - "坏账准备"账户贷方余额 9 000）：

借：坏账准备　　2 750

　贷：资产减值损失——计提的坏账准备　　2 750

2013 年 5 月，确认并转销坏账损失：

借：坏账准备　　8 000

　贷：应收账款　　8 000

2013 年年末应计提的坏账准备为 8 250 元（1 300 000 ×5‰ + "坏账准备"账户借方余额1 750）：

2013 年年末坏账准备金额为：1 300 000 ×5‰ =6 500 元；

计提坏账准备前的"坏账准备"账户借方余额为 8 000 - 6 250 =1 750 元，应补提的坏账准备金额为 6 500 +1 750 =8 250 元。

借：资产减值损失——计提的坏账准备　　8 250

　贷：坏账准备　　8 250

【技能实训】

甲企业为增值税一般纳税人，增值税税率为 17%，采用备抵法核算坏账。2014 年 12 月 1 日，甲企业"应收账款"科目借方余额为 5 000 000 元，"坏账准备"科目贷方余额为 250 000 元，计提坏账准备的比例为期末应收账款余额的 5%。

12 月份，甲企业发生如下相关业务：

12 月 5 日，向乙企业赊销商品一批，按商品价目表标明的价格计算的金额为 10 000 000元（不含增值税），由于是成批销售，甲企业给予乙企业 10% 的商业折扣。

12 月 9 日，一客户破产，根据清算程序，有应收账款 400 000 元不能收回，确认为坏账。

12月11日，收到乙企业的销货款5 000 000元，存入银行。

12月21日，收到2004年已转销为坏账的应收账款100 000元，存入银行。

12月30日，向丙企业销售商品一批，增值税专用发票上注明的售价为1 000 000元，增值税税额为170 000元。甲企业为了及早收回货款而在合同中规定的现金折扣条件为2/10、1/20、*n*/30。（假定现金折扣不考虑增值税）

要求：

1. 编制甲企业上述业务的会计分录。
2. 计算甲企业本期应计提的坏账准备并编制会计分录。

（“应交税费”科目要求写出明细科目和专栏名称）

项目二　应收票据的核算

【情景导入】

美林公司2014年2月发生以下经济业务：

（1）2月8日，销售给丙公司A产品一批，增值税专用发票载明价款为40 000元，增值税税额为6 800元，同日收到丙公司承兑的面值为46 800元、期限为6个月的不带息商业承兑汇票一张。

（2）2月13日，公司所持有的丙公司承兑的面值为46 800元的不带息商业承兑汇票到期，票款已收存银行。

（3）2月20日，公司所持有的丁公司承兑的面值为100 000元的不带息商业承兑汇票到期，丁公司无力支付。

思考：美林公司应如何对上述经济业务进行会计处理？

一、应收票据概述

（一）应收票据的概念

应收票据是企业持有的、尚未到期兑现的商业票据。商业票据是一种载有一定付款日期、付款地点、付款金额和付款人的无条件支付流通证券，也是一种可以由持票人自由转让给他人的债权凭证。应收票据常出现于赊销商品、为客户提供信用和应收账款延期三种行为中。

（二）应收票据的种类

应收票据按到期时间的长短，可以分为短期应收票据和长期应收票据。若无特别说明，应收票据一般指短期应收票据。按票据是否带息，又可以分为带息应收票据和不带息应收票据。带息应收票据是指到期时，根据票据面值和利率收取本息的票据。不带息票据是指到期时，根据票据面值收款的票据。

（三）应收票据到期日的确定

应收票据的到期日按不同的约定方式来确定，如约定按日计算，则应以足日为准，在计算时按算尾不算头的方式确定。如3月8日开出的60天商业汇票，到期日为5月7日。若约定按月计算，则以足月为准，在计算时按到期月份的对日确定；若到期月份无此对日，则应按到期月份的最后日确定。如8月31日开出的6个月商业汇票，到期日应为下一年的2月28日（若有29日则为29日）；若汇票期限为8个月，则到期日应为下一年的4月30日。

【技能实训】

1. 某商业汇票的签发日期为3月31日，期限为3个月，到期日为（　　）。

A. 6月30日　　B. 6月31日

C. 7月31日　　D. 7月30日

2. 2013年3月10日签发，期限为90天的票据，到期日为（　　）。

A. 6月8日　　B. 6月9日

C. 6月10日　　D. 6月11日

二、应收票据的核算

（一）到期价值的确定

应收票据的到期价值是指票据到期时应支付的全部款项。若为不带息票据，则为票据面值；若为带息票据，则为票据面值加上应计利息。带息票据到期价值的计算公式是：

票据到期价值 = 票据面值 ×（1 + 票面利率 × 票据期限）

上述公式中，票据期限用月或日表示，如果用日计算，为方便计算，通常一年按360天计算。如，一张面值为5 000元，期限为60天，票面利率为10%的票据，到期价值为：5 000 ×（1 + 10% × 60/360）= 5 083（元）。

现行会计制度规定，企业收到的商业票据，无论是否带息，均按应收票据的票面价值入账。带息应收票据应于期末按票据的票面价值和确定的利率计提利息，并计入当期损益。

（二）会计核算

应收票据的核算主要包括应收票据取得的会计处理、应收票据持有期间的会计处理、应收票据转让的会计处理和应收票据贴现的会计处理。

为了反映应收票据从取得到到期收回的情况，企业应设置“应收票据”科目。“应收票据”科目借方登记企业收到票据的面值，贷方登记企业到期收回的商业票据或未到期向银行贴现的商业票据及已背书转让给其他单位的商业票据；期末余额在借方，反映企业持有的商业票据的面值。该账户还应按对方单位设置明细分类账进行核算。

1. 应收票据的取得和到期的核算

下面分不带息应收票据和带息应收票据分别予以介绍。

（1）不带息应收票据的核算。

不带息应收票据的到期价值等于应收票据的面值。收到应收票据时，借记“应收票据”科目，贷记“主营业务收入”、“应交税费——应交增值税”等科目。企业收到应收票据以抵偿应收账款时，借记“应收票据”科目，贷记“应收账款”科目。应收票据到期后收回的票面金额，借记“银行存款”科目，贷记“应收票据”科目。商业承兑汇票到期后，承兑人违约拒付或无力偿还票款时，收款企业应将到期票据的票面金额转入“应收账款”科目。

【任务互动3－5】顺通公司向A公司销售产品一批，货款为200 000元，增值税税额为34 000元。对方单位签发不带息、期限为3个月的商业承兑汇票一张，面值为234 000元，以支付产品货款。

【任务分解】

确认收入，收到票据，应编制会计分录为：

借：应收票据　　234 000

　贷：主营业务收入　　200 000

　　　应交税费——应交增值税（销项税额）　　34 000

应收票据到期收回，票款存入银行，应编制会计分录为：

借：银行存款　　234 000

　贷：应收票据　　234 000

如果到期付款单位无力偿付票款，则应编制会计分录为：

借：应收账款——A公司　　234 000

　贷：应收票据　　234 000

（2）带息应收票据的核算。

带息应收票据是指商业汇票到期时，承兑人必须按票面金额加上应计利息向收款人或被背书人支付票款的票据。带息应收票据应于期末计提利息，计提的利息增加应收票据的账面价值，冲减财务费用。由于商业汇票一般期限不超过6个月，属于短期票据，因此期末计提利息一般指每月月末。

【任务互动3－6】顺通公司于2014年3月31日向B公司销售产品一批，货款200 000元，增值税为34 000元。当日收到对方交来的带息商业承兑汇票一张，面值234 000元，期限为6个月，票面利率为8%，以支付产品货款。为简化核算，假设顺通公司于上半年和年末计提应收票据利息。

【任务分解】

3月31日收到票据时，应编制会计分录为：

借：应收票据　　234 000

　贷：主营业务收入　　200 000

　　　应交税费——应交增值税（销项税额）　　34 000

6月30日计提利息为：

应计利息＝234 000×8%×3÷12＝4 680（元）

计提利息时，应编制会计分录为：

借：应收票据　　4 680

　贷：财务费用　　4 680

9月30日，票据到期时的利息计算为：

到期利息（7—9月的利息）＝234 000×8%×3÷12＝4 680（元）

到期时，如果顺通公司收到票款，应作如下会计分录：

借：银行存款　　　　　　　　243 360

　贷：应收票据　　　　　　　　238 680

　　　财务费用　　　　　　　　4 680

商业承兑汇票到期时，如果付款人无力支付票款，企业收到银行退回的商业承兑汇票、委托收款凭证、未付票据通知书等，应按应收票据的账面价值，借记“应收账款”科目，贷记“应收票据”科目，以后不再计提利息。到期后的应计利息应在有关备查账簿中登记，待实际收到时再冲减收款当期的财务费用。

2. *应收票据贴现的核算*

企业收到商业汇票，如在票据未到期前需要提前取得资金，可以持未到期的商业汇票向银行申请贴现。贴现，即企业将未到期的商业汇票经背书后送交给银行，银行受理后从票据到期值中扣除按银行的贴现率计算确定的贴现息后，将余额付给贴现企业。

票据贴现实质上是一种融通资金的行为。在贴现时，企业给银行的利息称为贴现息，所用的利率称为贴现率，票据到期值与贴现息之差称为贴现净额（或称贴现所得额）。用应收票据向银行申请贴现时，企业会计制度规定，如果是带息票据，由于受票面载明的利率与银行贴现率的差异和贴现期的影响，其贴现所得与票面金额会产生差异，在会计上作为利息收支处理；如果是不带息票据，其贴现所得与票面金额产生的差异，在会计上作为利息支出处理。企业以应收票据向银行贴现的贴现息及贴现所得的计算公式如下：

贴现息 = 票据到期值 × 贴现率 × 贴现期

贴现净额（贴现所得额）= 票据到期值 − 贴现息

其中，带息应收票据的到期值，是其面值加上按票据载明的利率计算的票据全部期间的利息；不带息应收票据的到期值就是其面值。贴现期指从票据贴现日到票据到期前一日的时间间隔。票据的票面利率和银行贴现率习惯上均采用年利率来表示，在计算票据到期价值及贴现息时，均应将有关期间换算成年来表示。如期限为 90 天的商业汇票，换算成年来表示则为 90/360。按一般商业习惯，一年按 360 天计算，一个月按 30 天计算。

（1）不带息应收票据贴现的核算。

当企业将不带息应收票据向银行贴现时，票据到期值（即票据面值）扣除贴现息后的余额，就是贴现净额（即贴现所得额）。贴现息作为“财务费用”处理。

【任务互动 3-7】 顺通公司于 4 月 1 日将 2 月 1 日开出并承兑的面值为 102 000 元、5 月 1 日到期的无息商业承兑汇票向银行贴现，贴现率为 10%。相关业务会计核算如下：

票据到期值 = 票据面值 102 000（元）

贴现息 = 102 000 × 10% × 30/360 = 850（元）

贴现净额 = 102 000 − 850 = 101 150（元）

根据上述计算结果，企业应编制会计分录如下：

借：银行存款　　　　　　　　101 150

　　财务费用　　　　　　　　　　850

　贷：应收票据　　　　　　　　102 000

（2）带息应收票据贴现的核算。

企业将带息应收票据向银行贴现时，票据到期的本息之和扣除贴现息的余额，就是贴现净额（即贴现所得额）。若贴现息大于票据到期利息，则其差额作为利息支出；若贴现息小于票据到期利息，则其差额作为利息收入。

【任务互动3－8】顺通公司于6月1日将4月1日开出并承兑的面值为100 000元、年利率为8%、7月1日到期的商业承兑汇票向银行贴现，贴现率为10%。相关业务会计核算如下：

票据到期值＝100 000×（1＋8%×90/360）＝102 000（元）

贴现息＝102 000×10%×30/360＝850（元）

贴现净额＝102 000－850＝101 150（元）

根据上述计算结果，企业应编制会计分录如下：

借：银行存款　　101 150

　贷：应收票据　　100 000

　　　财务费用　　1 150

应收票据贴现有两种情况，一种是附追索权，一种是不附追索权。不带追索权，就意味着当出票人不按期付款时，银行不可向背书企业索偿。如果是带追索权的应收票据贴现业务，当出票人不按期付款时，银行可向背书企业索偿。在会计处理上，当发生附追索权的票据贴现时，可设置“短期借款”科目，待票据到期，当付款人向贴现银行付清票款后，再将“短期借款”账户转销。若不设置该账户而采用直接冲转已入账应收票据的方法，则期末必须在会计报表附注中对贴现的商业承兑汇票面额予以注明，即会产生或有负债。因此，企业对贴现的应收票据，应在应收票据备查簿内进行登记，待付款人付清票款后再从备查簿中注销；若付款人在到期时未能清偿票款，则企业应将代付款人向银行偿付的票款记作对付款人的应收款项；若申请贴现企业的银行存款余额也不足以支付票款金额，则银行就将该票款金额作为对贴现企业的逾期贷款来处理。

具体账务处理如下：

（1）附追索权的应收票据贴现。

企业向银行贴现时：

借：银行存款

　　财务费用

　贷：短期借款

票据到期时，承兑人的银行存款账户不足以支付，则贴现企业的账务处理为：

借：短期借款

　贷：银行存款

以及：

借：应收账款

　贷：应收票据

票据到期时，承兑人和贴现企业的银行存款账户余额都不足时，贴现企业的账务处理为：

借：应收账款

　贷：应收票据

（2）不附追索权的应收票据贴现。

企业向银行贴现时：

借：银行存款

　　财务费用

　贷：应收票据

票据到期时，承兑人无论是否支付，都与贴现企业无关，贴现企业无须进行账务处理。

3. 应收票据转让的核算

根据我国现行银行支付结算办法的规定，企业可以将其持有的应收票据背书转让，用于购买商品物资。背书是在票据背面或粘单上记载有关事项并签章的票据行为。背书人对背书转让的票据承担责任。

当企业将其持有的应收票据背书转让以取得所需商品物资时，按应计入所取得商品物资成本的价值，借记“材料采购”、“原材料”、“库存商品”等科目，按专用发票上注明的增值税税额，借记“应交税费——应交增值税（进项税额）”科目，按应收票据的账面余额，贷记“应收票据”科目，若有差额，则借记或贷记“银行存款”等科目。若为带息应收票据，则应按尚未计提的利息，贷记“财务费用”科目，按应收或应付的金额，借记或贷记“银行存款”等科目。

【任务互动3－9】顺通公司于6月30日将面值为100 000元的不带息商业汇票背书转让购买材料一批，发票上注明货款90 000元，增值税税额为15 300元，余款以银行存款补付，材料已验收入库。企业应编制会计分录如下：

借：原材料	90 000	
应交税费——应交增值税（进项税额）	15 300	
贷：应收票据		100 000
银行存款		5 300

【知识链接】

我国企业会计制度规定，企业持有的应收票据不得计提坏账准备，只有到期不能收回的应收票据转为应收账款后，才能按规定计提坏账准备。但当有确凿证据表明企业所持有的未到期应收票据不能够收回或收回的可能性不大时，应将其账面余额转入应收账款，并计提相应的坏账准备。

【技能实训】

1. 甲企业于2014年8月1日向A公司销售产品一批，发票上注明的销售价格为50 000元，增值税税额为8 500元。收到A公司交来的商业承兑汇票一张，期限为6个月，票面利率为3%。

要求：分别编制甲企业收到票据、年度终了和票据到期时的会计分录。

2. 乙企业于2014年7月15日向B公司销售产品一批，发票上注明的销售收入为100 000元，增值税税额为17 000元。收取B公司交来的商业承兑汇票一张，期限为90天，票面利率为6%。8月15日，乙企业因急需资金，便持该商业承兑汇票向银行申请贴现。假设乙企业与承兑企业在同一票据交换区域内，贴现率为9%。

要求：

（1）计算票据的贴现息和贴现净额。

（2）分别编制取得、贴现商业汇票的会计分录。

（3）若到期时B公司无款支付，且乙企业的银行存款账户余额不够银行划转，请编制会计分录。

项目三 预付账款的核算

【情景导入】

甲公司向乙公司采购材料5 000千克，每千克单价10元，所需支付的款项总额为50 000元。按照合同规定向乙公司预付货款的50%，验收货物后补付其余款项。

甲公司收到乙公司发来的5 000千克材料，验收无误，增值税专用发票记载的货款为50 000元，增值税税额为8 500元，以银行存款补付所欠款项33 500元。

思考：针对以上经济业务，甲公司应如何进行账务处理？

一、预付账款核算的内容

预付账款是企业按照购货合同规定，预先以货币资金或货币等价物支付给供应单位的货款，如预付的材料、商品采购货款，以及必须预先发放的在以后收回的农副产品预购定金等。

二、预付账款的会计核算

企业按照购货合同的规定预付给供应单位的款项，应通过“预付账款”科目核算。企业预付款项不多的，可以不设置本科目，而将预付款项直接记入“应付账款”科目的借方。企业应按供应单位设置明细账户。

（1）企业因购货而预付的款项，借记本科目，贷记“银行存款”等科目。

（2）收到所购物资，按应计入购入物资成本的金额，借记“材料采购”或“原材料”、“库存商品”等科目，按应支付的金额，贷记本科目。

（3）补付的款项，借记本科目，贷记“银行存款”等科目；退回多付的款项做相反的会计分录。

（4）涉及增值税进项税额的，还应进行相应的处理。

期末借方余额反映企业向供货单位预付而尚未发出货物的预付货款，期末贷方余额反映企业尚未补付的款项。

【任务互动3－10】顺通公司向乙公司采购材料5 000吨，单价为每吨10元，所需支付的款项总额为50 000元。按照合同规定向乙公司预付货款的50%，验收货物后补付其余款项。

（1）假设顺通公司设置“预付账款”科目进行核算，应作会计处理如下：

预付 50% 的货款时：

借：预付账款——乙公司　　　　25 000

　贷：银行存款　　　　　　　　　25 000

收到乙公司发来的 5 000 吨材料，验收无误，增值税专用发票记载的货款为 50 000 元，增值税税额为 8 500 元。

借：原材料　　　　　　　　　　　　　50 000

　　应交税费——应交增值税（进项税额）　8 500

　贷：预付账款——乙公司　　　　　　　58 500

顺通公司以银行存款补付所欠款项 33 500 元。

借：预付账款——乙公司　　　　33 500

　贷：银行存款　　　　　　　　　33 500

（2）假设顺通公司没有设置“预付账款”科目，而是通过“应付账款”进行核算，则应作如下会计处理：

预付 50% 的货款时：

借：应付账款——乙公司　　　　25 000

　贷：银行存款　　　　　　　　　25 000

收到乙公司发来的 5 000 吨材料，验收无误，增值税专用发票记载的货款为 50 000 元，增值税税额为 8 500 元。

借：原材料　　　　　　　　　　　　　50 000

　　应交税费——应交增值税（进项税额）　8 500

　贷：应付账款——乙公司　　　　　　　58 500

顺通公司以银行存款补付所欠款项 33 500 元。

借：应付账款——乙公司　　　　33 500

　贷：银行存款　　　　　　　　　33 500

【小贴士】企业的预付账款如果不符合预付性质，或因对方单位破产、撤销等原因已无望收到所购货物的，应将原计入的预付账款金额转入其他应收款。

【技能实训】

假设某公司通过设置“预付账款”账户核算企业按照购货合同规定预付给供应单位的款项，2014 年 3 月发生如下经济业务，请作出相应的账务处理：

（1）20 日，公司因业务发展需要，向上海宝钢集团订购特种材料 C。按公司与上海宝钢集团所签订的协议，公司通过银行划转 20 000 元定金。

（2）30 日，上海宝钢集团按协议发来 C 材料 1 000 千克，单价 100 元/千克，增值税为 17 000 元，材料已验收入库，余款暂未支付。

（3）31 日，以银行存款付清余款。

项目四　其他应收款的核算

一、其他应收款核算的内容

其他应收款是企业应收款项的另一重要组成部分，是企业除应收账款、应收票据和预付账款以外的各种应收、暂付款项。主要包括：①应收的各种赔款、罚款；②应收出租包装物租金；③应向职工收取的各种垫付款项；④备用金；⑤存出保证金，如租入包装物支付的押金；⑥预付账款转入；⑦其他各种应收、暂付款项。

【技能实训】下列项目中，应通过“其他应收款”核算的有（　　）。

A. 应向责任人收取的赔款　　B. 应收的各种罚款

C. 收取的各种押金　　D. 租入包装物支付的押金

二、其他应收款的账务处理

为了反映其他应收款的发生和结算情况，企业应设置“其他应收款”账户。该账户核算除应收账款、应收票据和预付账款以外的各种应收、暂付款项，其结构与应收账款账户类似。在“其他应收款”账户下，应按其他应收款的项目分类，并按不同的债务人设置明细账。下面重点介绍几种常见的其他应收款业务的账务处理方式。

（一）备用金的账务处理

备用金是企业报给单位内部各职能部门用于零星开支的备用现金。备用金的核算通过在“其他应收款”账户下设置明细账户“备用金”进行，企业也可以单独设置“备用金”账户进行核算。按“备用金”管理模式的不同，可分为非定额备用金和定额备用金两种。

1. 非定额备用金

非定额备用金是指企业对非经常使用现金的内部各部门或工作人员，根据每次业务所需现金的数额填制借款凭证后，向出纳人员预借的现金。非定额备用金使用后，凭发票等原始凭证到财务部门报销，多退少补，一次结清，下次再用时，重新办理借款手续。在这种制度下，企业不对各部门的备用金核定限额，各部门也不保留相应的备用金，而是采取先借后用再报销的方式。各部门根据需要，填写相应的借款单到财务部门借款，并按指定的用途使用，过后持有效证明到财务部门报销。若借款大于使用款项，报销时交回剩余的部分；若借款小于使用款项，由财务部门将不足部分补足。报销后，企业与各部门之间无内部债权债务关系。以后再使用时，再重复上述程序。这种制度下的备用金核算为：

借款时：

借：其他应收款——备用金（××部门）

　贷：库存现金（或银行存款）

报销时，分不同情况处理：

当借款大于使用款项时：

借：有关费用

　　库存现金

　贷：其他应收款——备用金（××部门）

当借款小于使用的款项时，由财务部门用现金补足：

借：有关费用

　贷：其他应收款——备用金（××部门）

　　　库存现金

【任务互动3－11】顺通公司采用非定额备用金制度。行政部门于2014年5月2日向财务部门借钱1 000元，购买办公用品。5月5日，行政部门到财务部门报销费用合计1 050元。

5月2日借款时的会计分录为：

借：其他应收款——备用金（行政部门）　　1 000

　贷：库存现金　　1 000

5月5日报销时，出纳员按审核无误的原始凭证，编制会计分录如下：

借：管理费用　　1 050

　贷：其他应收款——备用金（行政部门）　　1 000

　　　库存现金　　50

承上例，若报销有关费用合计为950元，则出纳员审核有关原始凭证无误后，应编制会计分录如下：

借：管理费用　　950

　　库存现金　　50

　贷：其他应收款——备用金（行政部门）　　1 000

这种方法适用于有关支出不经常发生，而且发生数额难以确定的部门。

2. 定额备用金

定额备用金指用款单位按定额持有的备用金。这种制度通常是根据用款单位的实际需要，由财会部门会同有关用款单位核定备用金定额并拨付款项，同时根据规定，待用款单位实际支用后，凭有效单据向财会部门报销，财会部门根据报销金额用现金补足备用金定额。报销金额和拨补数都不再通过“其他应收款”账户核算。这种方法便于企业对备用金的使用进行控制，并可减少财会部门日常的核算工作，一般适用于有经常性费用开支的内部用款单位。

【任务互动3－12】顺通公司对备用金采取定额预付制。本月份发生如下业务：

5日，设立管理部门定额备用金，由小李负责管理。管理部门的定额备用金核定定额为800元，财务科开出现金支票，应作会计分录如下：

借：其他应收款——备用金（小李）　　800

　贷：银行存款　　800

16日，小李交来普通发票120元，报销管理部门购买办公用品的支出，财务科以现金补足该定额备用金，编制会计分录如下：

借：管理费用　　120

　贷：库存现金　　120

22日，经批准，管理部门的定额备用金核定定额减至500元，小李将300元交回财务科，编制会计分录如下：

借：库存现金　　　　　　　　　　　　300
　贷：其他应收款——备用金（小李）　　　300

30日，由于机构变动，经批准，撤销管理部门定额备用金，小李交回购买办公用品支出的普通发票330元及现金170元，编制会计分录如下：

借：管理费用　　　　　　　　　　　　330
　　库存现金　　　　　　　　　　　　170
　贷：其他应收款——备用金（小李）　　　500

（二）暂付款的账务处理

暂付款是指企业暂付给其他单位或个人，以后根据具体情况收回和报销的款项。以下以差旅费为例说明暂付款的会计处理方式。

【任务互动3-13】 顺通公司总经理王小明出差预借差旅费5 000元，编制会计分录为：

借：其他应收款——王小明　　5 000
　贷：库存现金　　　　　　　　5 000

王小明出差回来到财务科报账，共支出4 000元，应编制会计分录为：

借：管理费用　　　　　　　　4 000
　　现金　　　　　　　　　　1 000
　贷：其他应收款——王小明　　　5 000

如王小明报账6 000元，则会计分录为：

借：管理费用　　　　　　　6 000
　贷：其他应收款——王小明　　5 000
　　　现金　　　　　　　　　　1 000

（三）为职工垫付应收款的账务处理

为职工垫付应收款是指企业为职工代垫的房租、水电费等，为其家属垫付的医药费等款项。具体会计分录为：

垫付时：

借：其他应收款——××
　贷：银行存款

期末，从应付工资中扣除代垫款项时：

借：应付工资
　贷：其他应收款——××

（四）存出保证金的账务处理

存出保证金是指企业租入包装物和其他资产时，向对方支付的保证金、押金等。现以租入包装物为例，说明存出保证金的账务处理方式。

【任务互动3-14】 顺通公司随商品购进租入包装物一批，支付押金5 000元。

支付押金时，应编制会计分录为：

借：其他应收款——存出保证金　　　5 000
　贷：银行存款　　　　　　　　　　　5 000

归还租入包装物收回押金时，应编制会计分录为：

借：银行存款　　5 000

　贷：其他应收款——存出保证金　　5 000

（五）应收租金、赔款、罚款的账务处理

应收租金的账务处理：

借：其他应收款——应收租金

　贷：其他业务收入

应收赔款、罚款的账务处理：

借：其他应收款——应收赔款、罚款

　贷：营业外收入——××公司

企业其他应收款与其他单位的资产交换，或者以其他资产换入其他单位的其他应收账款等，比照"应收账款"科目的相关核算规定进行会计处理。

三、其他应收款的审查

企业应当定期或者至少于每年年度终了，对其他应收款进行检查，预计其可能发生的坏账损失，并计提坏账准备。企业对于不能收回的其他应收款应当查明原因，追究责任。对确实无法收回的，按照企业的管理权限，经股东大会或董事会，或经理（厂长）会议或类似机构批准作为坏账损失，冲销提取的坏账准备。

经批准作为坏账的其他应收款，借记"坏账准备"科目，贷记"其他应收款"科目。

已确认并转销的坏账损失，如果以后又收回，按实际收回的金额，借记"其他应收款"科目，贷记"坏账准备"科目；同时，借记"银行存款"科目，贷记"其他应收款"科目。

"其他应收款"科目应按其他应收款的项目进行分类，并按不同的债务人设置明细账，进行明细核算。"其他应收款"科目期末借方余额，反映企业尚未收回的其他应收款。在资产负债表上，"其他应收款"项目应按减去已计提坏账准备后的净额反映。

【技能实训】

某企业"其他应收款"期初余额2 500元在借方，本期支付的存出保证金为1 000元，支付预借差旅费1 000元，采用定额备用金制度的一车间前来报销办公费用1 500元，出差人员退回多余预支款100元（原预支800元）。请作出相应的账务处理并计算该企业"其他应收款"期末余额为多少元。

【模块小结】

应收及预付款项属资产负债表的应收项目，其内容包括应收账款、应收票据、其他应收款和预付账款，是企业流动资产的重要组成之一。应收账款应于收入实现时予以确认，以扣除商业折扣后的金额作为入账金额。销售商品涉及现金折扣的，应当按照扣除现金折扣前的金额确定销售商品收入金额和相应的债权，现金折扣在实际发生时计入当期损益。应收票据初始确认时，按照取得时的公允价值和相关交易费用之和作为初始确认金额。期末，应对带息票据计提利息。当应收票据到期时，应从企业的账户和资产负债表内予以转销。

【思考与练习】

一、单项选择题

1. 预付账款不多的企业，可以不设“预付账款”科目，而将预付账款记入（　　）。

A. “应收账款”科目的借方　　B. “应收账款”科目的贷方

C. “应付账款”科目的借方　　D. “应付账款”科目的贷方

2. 2014 年 4 月 16 日，A 企业销售产品一批，价款为 400 万元，增值税为 68 万元，收到期限为 6 个月的商业承兑汇票一张，年利率为 7%，则该票据到期时，A 企业收到的票款为（　　）。

A. 468 万元　　B. 484.38 万元

C. 400 万元　　D. 414 万元

3. 企业应按期计提坏账准备，对于已确认的坏账损失，应借记（　　）。

A. “管理费用”科目　　B. “财务费用”科目

C. “坏账准备”科目　　D. “资产减值损失”科目

4. C 企业 2014 年年末“坏账准备”借方余额 1 000 元，2015 年 1 月末，“应收账款”借方余额 68 000 元，当月发生坏账损失 1 500 元，按应收账款余额的 2% 计提坏账准备，则该企业 1 月末坏账准备的余额为（　　）。

A. 借方 2 500 元　　B. 贷方 1 360 元

C. 贷方 1 500 元　　D. 借方 1 140 元

5. A 企业将销售商品收到的银行承兑汇票背书转让给 B 企业，用于支付购买原材料的价款，应贷记的科目是（　　）。

A. 应收账款　　B. 应收票据

C. 应付票据　　D. 银行存款

6. 2014 年 7 月 18 日，A 企业将收到的出票日为 5 月 20 日，期限为 180 天，面值为 100 000 元的票据到银行申请贴现。该票据的贴现天数为（　　）天。

A. 180　　B. 122

C. 120　　D. 121

7. 企业的应收票据在到期时，承兑人无力偿还票款的，应将其转入（　　）科目。

A. 应收账款　　B. 应付账款

C. 其他应收款　　D. 预收账款

8. 下列各项，不通过“其他应收款”科目核算的是（　　）。

A. 为购货方代垫的运费　　B. 应收保险公司的各项赔款

C. 为职工代垫的房租　　D. 存出保证金

二、多项选择题

1. 企业采用备抵法核算坏账准备，估计坏账损失的方法有（　　）。

A. 应收账款余额百分比法　　B. 账龄分析法

C. 年数总和法　　D. 销货百分比法

E. 双倍余额递减法

2. 下列各项，构成应收账款入账价值的有（　　）。

A. 增值税销项税额　　B. 商业折扣

C. 代购货方垫付的保险费　　D. 销售货款

E. 代购货方垫付的运杂费

3. 下列各项中，应记入“坏账准备”科目贷方的有（　　）。

A. 按规定提取的坏账准备　　B. 当期发生的坏账损失

C. 收回已确认为坏账并转销的应收账款　　D. 冲回多提的坏账准备

E. 补提的坏账准备

4. 下列各项中，会影响应收账款账面价值的有（　　）。

A. 收回前期应收账款　　B. 发生赊销商品的业务

C. 收回已转销的坏账　　D. 结转到期不能收回的票据

E. 按规定计提应收账款的坏账准备

5. 下列关于现金折扣与商业折扣的说法，正确的是（　　）。

A. 商业折扣是指在商品标价上给予的扣除

B. 现金折扣是指债权人为鼓励债务人早日付款，而向债务人提供的债务扣除

C. 存在商业折扣的情况下，企业应收账款入账金额应按扣除商业折扣后的实际售价确认

D. 我国会计实务中采用总价法核算存在现金折扣的交易

E. 总价法是将未减去现金折扣前的金额作为实际售价，记作应收账款的入账价值

三、判断题

1. 企业应向职工收取的暂付款项可在“应收账款”科目进行核算。

2. 预付款项不多的企业，可以将预付的款项直接记入“应付账款”的借方，不设置“预付账款”科目，但在编制会计报表时，要将“预付账款”和“应收账款”的金额分开列示。

3. 企业实际发生坏账损失时，应借记“坏账准备”科目，贷记“应收账款”科目。

4. 企业采用应收账款余额百分比法计提坏账准备的，期末“坏账准备”科目余额应等于按应收账款余额的一定百分比计算的坏账准备金额。

5. 按总价法核算存在现金折扣的交易，其实际发生的现金折扣作为当期的财务费用。

6. 2014 年 4 月 5 日，B 企业赊销产品一批，价款为 10 万元，增值税税额为 1.7 万元，现金折扣条件为 2/10、1/20、$n/30$。假设折扣不考虑增值税因素，4 月 12 日，购货单位付款时，B 企业应确认财务费用 1 000 元。

7. 企业采用直接转销法或备抵法核算发生的坏账损失，确认的标准是不同的。

8. 无息票据的贴现所得一定小于票据面值，而有息票据的贴现所得则不一定小于票据面值。

9. 企业取得应收票据时，无论是否带息，均应按其到期值入账。

10. 应收款项属于企业的一项金融资产。

四、账务处理题

1. A 公司为增值税一般纳税企业，适用的增值税税率为 17%。2014 年 3 月，发生下

列业务：

（1）3 月 2 日，向 B 公司赊销某商品 100 件，每件标价 200 元，实际售价 180 元（售价中不含增值税税额），已开增值税专用发票。商品已交付 B 公司。代垫 B 公司运杂费 2 000元。现金折扣条件为 2/10、1/20、*n*/30。

（2）3 月 4 日，销售给乙公司商品一批，增值税发票上注明价款为 20 000 元，增值税税额为 3 400 元，乙公司以一张期限为 60 天，面值为 23 400 元的无息商业承兑汇票支付。该批商品成本为 16 000 元。

（3）3 月 8 日，收到 B 公司 3 月 2 日所购商品货款并存入银行。

（4）3 月 11 日，A 公司从甲公司购买原材料一批，价款 20 000 元，按合同规定先预付 40% 购货款，其余货款验货后支付。

（5）3 月 20 日，因急需资金，A 公司用收到的乙公司的商业承兑汇票向银行办理贴现，年贴现率为 10% 。

（6）3 月 21 日，收到从甲公司购买的原材料，并验收入库，余款以银行存款支付。增值税专用发票注明价款为 20 000 元，增值税为 3 400 元。

要求：编制上述业务的会计分录。（假定现金折扣不考虑增值税因素）

2. 甲企业采用应收账款余额百分比法计提坏账准备，计提比例为 0. 5% 。2013 年年末“坏账准备”科目为贷方余额 7 000 元。2014 年，甲企业应收账款及坏账损失发生情况如下：

（1）1 月 20 日，收回上年已转销的坏账损失 20 000 元。

（2）6 月 4 日，获悉应收乙企业的账款 45 000 元由于该企业破产而无法收回，确认坏账损失。

（3）12 月 31 日，甲企业应收账款余额为 1 200 000 元。

要求：编制上述有关坏账准备的会计分录。

3. 乙企业为增值税一般纳税企业，适用的增值税税率为 17% 。2014 年 8 月，发生下列业务：

（1）以应收账款 20 000 元作为抵押，按应收账款金额的 80% 向银行取得借款，计 16 000元，期限为 3 个月。合同规定，银行按应收账款的 1% 扣收手续费 2 000 元，乙企业将实际收到的款项存入银行。

（2）因急需资金，将一笔应向 A 公司收取的账面余额为 234 000 元（其中价款为 200 000元，增值税税额为 34 000 元）的应收账款不附追索权出售给银行。该应收账款不存在现金折扣，企业也未对该应收账款计提坏账准备。合同规定的手续费比率为 5% ，扣留款比率为 10% ，乙企业实际收到款项 198 000 元。后因产品质量问题，企业同意给予 A 公司 5% 的销售折让，并收到银行退回的多余扣留款。

要求：根据上述资料，编制有关会计分录。

五、案例分析题

黄河股份有限公司为增值税一般纳税人，适用的增值税税率为 17% ，商品销售均为正常的商品交易，除特别说明外，采用应收账款余额百分比法于每年 6 月 30 日和 12 月 31 日计提坏账准备，计提比例为 1% 。2014 年 5 月 31 日，“应收账款”科目借方余额为

5 000 000元，全部为应收A公司账款，“坏账准备”科目贷方余额为50 000元，“应收票据”和“其他应收款”科目无余额。2014年6月至12月其对有关业务进行了如下处理：

6月1日，向A公司赊销一批商品，开出的增值税专用发票注明的销售价格为1 000 000元，增值税为170 000元，货款尚未收到。

借：应收账款——A公司　　1 170 000

　贷：主营业务收入　　1 000 000

　　应交税费——应交增值税（销项税额）　　170 000

6月10日，收到应收B公司账款4 000 000元，款项已存入银行。

借：银行存款　　4 000 000

　贷：应收账款——B公司　　4 000 000

6月15日，向C公司赊销一批商品，开出的增值税专用发票上注明货款为2 000 000元，增值税为340 000元，货款尚未收到。

借：应收账款——C公司　　2 340 000

　贷：主营业务收入　　2 000 000

　　应交税费——应交增值税（销项税额）　　340 000

6月20日，向D公司赊销一批商品，开出的增值税专用发票上注明货款为5 000 000元，增值税为850 000元；收到D公司开具的不带息商业承兑汇票，到期日为2014年12月20日。

借：应收票据——D公司　　5 850 000

　贷：主营业务收入　　5 000 000

　　应交税费——应交增值税（销项税额）　　850 000

假定6月份黄河公司除上述业务外没有再发生其他有关应收款项的业务。6月30日，对各项应收账款计提坏账准备。其中，应收A公司的账款采用个别认定法计提坏账准备，计提比例为5%。

对A公司应收账款采用个别认定法，应计提坏账准备金额 = 1 170 000 × 5% = 58 500元

借：资产减值损失　　58 500

　贷：坏账准备　　58 500

对其他应收款项应计提坏账准备金额 = （5 000 000 − 4 000 000 + 2 340 000 + 5 850 000） × 1% − 50 000 = 41 900元

借：资产减值损失　　41 900

　贷：坏账准备　　41 900

9月1日，将应收A公司的账款质押给银行，取得期限为3个月的流动资金借款1 080 000元，年利率为4%，到期一次还本付息。假定黄河公司月末不预提流动资金借款利息。

借：银行存款　　1 080 000

　贷：短期借款　　1 080 000

9月10日，将应收C公司的货款出售给银行，取得价款1 900 000元，协议约定不附追索权。

借：银行存款　　　　　　　1 900 000

　　　营业外支出　　　　　　440 000

　贷：应收账款——C 公司　　　　　340 000

10 月 20 日，将 6 月 20 日收到的 D 公司商业承兑汇票向银行贴现，获取价款 5 800 000元，协议约定银行在票据到期日有追索权。

借：银行存款　　　　　　　5 800 000

　贷：短期借款　　　　　　　　5 800 000

12 月 1 日，向银行质押借入的流动资金借款到期，以银行存款支付借款本息。至 12 月 31 日，黄河公司尚未收到该账款。

借：短期借款　　　　　　　1 080 000

　　财务费用　　　　　　　　10 800

　贷：银行存款　　　　　　　　1 090 800

12 月 20 日，D 公司因财务困难未向银行支付票款。黄河公司收到银行退回已贴现的商业承兑汇票，并以银行存款支付全部票款。

借：应收票据　　　　　　5 800 000

　　财务费用　　　　　　　　50 000

　贷：银行存款　　　　　　　5 850 000

借：应收账款　　　　　　5 850 000

　贷：应收票据　　　　　　　5 850 000

12 月 31 日，对各项应收账款计提坏账准备。对 A 公司应收账款仍采用个别认定法计提坏账准备，计提比例为 20%。

对 A 公司应补提的坏账准备 = 1 170 000 × 20% − 58 500 = 175 500 元

借：资产减值损失　　　　175 500

　贷：坏账准备　　　　　　　175 500

对其他公司应收款项应计提的坏账准备 = （1 000 000 + 5 850 000） × 1% − 91 900 = −23 400 元

借：坏账准备　　　　　　　23 400

　贷：资产减值损失　　　　　　23 400

要求：分析黄河公司上述各项业务的会计处理是否正确，错误的请写出正确处理方法。

模块四　存　货

【知识目标】

1. 熟悉存货的性质和内容。
2. 掌握存货收入、发出和结存的计价方法。
3. 熟练掌握原材料、库存商品、委托加工物资和周转材料的核算以及存货期末盘点及存货减值的处理。

【技能目标】

1. 熟悉存货计价方法的应用。
2. 熟练掌握材料按实际成本计价和按计划成本计价的账务处理方式。
3. 掌握材料明细核算的技能。
4. 掌握其他存货的核算。

【情景导入】

长城有限公司设有两个业务部门：饮食机械销售部和机械零件加工部。两部门对发出的存货均采用加权平均法计价。因销售业务不景气，拟将计价方法改为先进先出法，以改善公司经营业绩。

机械零件加工部所面临的问题是，钢、铁、铜等原材料价格大幅上涨，现已停工两个月。所幸库存零部件较充足，短期内可满足销售之需。

饮食机械销售部的主要问题是，销售数额大幅下降。若按加权平均法计价，其年底存货余额为620 000元；若按先进先出法计价，年底存货余额为690 000元。

思考：

1. 机械零件加工部已停工两个月，存货越来越少。对存货计价采用加权平均法，其销售成本是否仍然偏低？为什么？这对今后存货的重置能力有何影响？

2. 若公司所得税税率为25%，将饮食机械销售部的存货计价改为先进先出法，对其纳税有何影响？对税后利润有何影响？

3. 该公司改变存货计价方法有何利弊？

项目一　存货的确认与计量

一、存货概述

（一）存货的内容

1. 存货的概念

存货，是指企业在日常活动中持有以备出售的产成品或商品、处在生产过程中的在产品以及在生产过程或提供劳务过程中耗用的材料和物料等，包括企业为产品生产和商品销售而持有的原材料、在产品、半成品、产成品、商品以及周转材料、委托代销商品等。在大多数企业中，存货在流动资产中占有很大比重，是流动资产的重要组成部分。

2. 存货的特点

（1）存货属于有形资产。商标权等无形资产虽然也为企业所持有或耗用，但不属于存货，存货主要是相对无形资产而言的。

（2）存货具有较强的流动性。在企业中，存货经常处于销售、耗用、购买或重置等环节中，具有较快的变现能力和明显的流动性。

（3）存货具有实效性和发生潜在损失的可能性。在正常的生产经营活动中，存货能够规律地转换为货币资产或其他资产，但长期不能耗用或销售的存货就有可能变为积压物资，从而造成企业的损失。

值得注意的是，存货都是为了进行生产经营而储存的流动资产；不是为此种目的而储存的资产，都不能列为企业的存货。例如，特种储备的资产以及按有关部门的指令专项储备的资产，只能列为其他资产；为购置和建造固定资产而储备的专用物资，只能列为有关的长期资产等。

（二）存货的范围

企业应以所有权的归属而不是以物品的存放地点为依据来确定企业存货的范围。在盘存日，法定所有权归属企业的一切存货，无论其存放于何处，都应作为企业的存货。

1. 企业存货囊括的范围

（1）库存待售的存货。

（2）库存待消耗的存货。

（3）生产经营过程中使用以及处在加工过程中的存货。

（4）购入的正在运输途中的存货和结算凭证已到但尚未办理入库手续的存货。

（5）委托其他单位加工、代销的存货。

2. 注意事项

企业根据所有权归属确定存货范围时，应注意以下事项：

（1）凡是企业已开出销售发票，所有权以及相应的风险和报酬已经转移的物品，即使暂放于本企业，也不能将其作为本企业的存货，如已开出发票售出的待运出商品。

（2）凡是企业未转移所有权以及风险和报酬的发出物品，即使未存放在本企业，也应当作为本企业的存货，如委托其他单位代销的存货、未出售的外出展销存货等。

（3）凡是所有权以及相应的风险和报酬已经归属于本企业的购入物品，即使未存放在本企业，也应作为本企业的存货，如已购入而尚未收到的运输途中的货物等。

（4）凡是不属于本企业所有以及相应的风险和报酬未转移到本企业的接受物品，即使存放于本企业仓库，也不能作为本企业的存货，如受托代销的存货、受托加工的存货等。

3. 几点提示

（1）为建造固定资产等各项工程而储备的各种材料，虽然同属于材料，但是由于用于建造固定资产等各项工程，不符合存货的定义，因此不能作为企业存货。

（2）企业接受外来原材料加工制造的代制品和为外单位加工修理的代修品，制造和修理完成并验收入库后应视同企业的产成品。（其实质是企业为代制品和代修品发生的支出，视同存货。）

（3）房地产开发企业购入的土地用于建造商品房，属于企业的存货。

（三）存货的分类

存货的构成内容很多，且各有其特点，在不同的企业中，对各种存货的管理要求也不尽相同。为了加强对存货的核算和管理，应对存货进行科学的分类。存货可以按不同的标准进行分类。

1. 按存货的具体内容分类

（1）原材料，指企业用于生产产品并构成产品实体的原料及主要材料，以及外购的供生产使用但不构成产品实体的辅助性材料，包括原料及主要材料、外购半成品、修理用备件、燃料和物料等。

（2）低值易耗品，指单位价值在国家限额以下，或使用年限在一年以下的不属于固定资产的劳动资料，包括企业在库以及在用的低值易耗品。

（3）包装物，指为了包装企业的产品而储备的各种包装容器。

（4）产成品，指企业已经完成全部生产过程，并已验收入库，可以对外销售的产品。

（5）在产品，指企业尚未完成全部过程，或虽完成全部生产过程但尚未验收入库，不能对外销售的产品。

（6）自制半成品，指已经过一定生产过程并验收合格交付半成品仓库，但尚未制造完成，仍须继续加工的具有独立国民经济意义的中间产品。

（7）商品，指企业购入的无须经过任何加工就可以对外销售的物品。

2. 按存货的经济用途分类

（1）在日常生产经营过程中持有以备出售的存货，如工业企业的库存产成品、商品流通企业的库存商品等。

（2）为了最终出售但目前尚处于生产过程中的存货，如工业企业的在产品、自制半成品、委托加工材料等。

（3）为了生产供销售的商品或提供服务以备消耗的存货，如企业原材料、燃料、包装物、低值易耗品等。

3. 按存货的存放地点分类

（1）库存存货，指已运达企业，并已验收入库的各种存货。

（2）在途存货，指正在运输途中的存货，包括运入在途和运出在途。运入在途是指已经支付货款正在运入途中或已经运到但尚未验收入库的存货；运出在途是指按合同已经发出但尚未转让所有权也未确认销售收入的存货。

（3）加工中存货，指企业自行生产加工及委托外单位加工但尚未完成的各种存货。

（4）委托代销存货，指委托外单位代销，尚未办理代销货款结算的存货。

二、存货的初始计量

存货应当按照成本进行初始计量。不同来源的存货，其入账价值的构成各不相同，本章仅对外购存货、自制存货以及委托外单位加工的存货的入账价值确定方法进行说明。

（一）外购存货的初始计量

原材料、商品、低值易耗品等通过购买而取得的存货的初始成本由采购成本构成。存货的采购成本包括：购买价款、相关税费、运输费、装卸费、保险费以及其他可归属于存货采购成本的费用。

1. 购买价款

指企业购入材料或商品的发票账单上列明的价款，但不包括按规定可以抵扣的增值税进项税额。

2. 相关税费

指企业购买、自制或委托加工存货所发生的消费税、资源税和不能从增值税税额中抵扣的进项税额等。

3. 其他可归属于存货采购成本的费用

如在存货采购过程中发生的仓储费、包装费以及运输途中的合理损耗、入库前的挑选整理费用等。这些费用能分清负担对象的，应直接计入存货的采购成本；不能分清负担对象的，应选择合理的分配方法，分配计入有关存货的采购成本。通常可以按所购存货的重量或采购价格的比例进行分配。

4. 应注意的问题

（1）商品流通企业在采购商品过程中发生的运输费、装卸费、保险费以及其他可归属于存货采购成本的费用等进货费用，应当计入存货采购成本，也可以先进行归集，期末根据所购商品的存销情况进行分摊。对于已售商品的进货费用，计入当期损益；对于未售商品的进货费用，计入期末存货成本。企业采购商品的进货费用金额较小的，可以在发生时直接计入当期损益。

（2）对于采购过程中发生的物资毁损、短缺等，除合理的途耗可作为存货的“其他可归属于存货采购成本的费用”计入采购成本外，应区别不同情况进行会计处理：①从供货单位、外部运输机构等收回的物资短缺或其他赔款，应冲减所购物资的采购成本。②因遭受意外灾害发生的损失和尚待查明原因的途中损耗，暂通过“待处理财产损溢”科目进行核算，待查明原因后再做处理。

（二）自制存货的入账价值

自制存货，以存货在生产过程中的加工成本作为实际成本，包括直接材料、直接人工以及按照一定方法分配转入的制造费用。自制存货成本的计算，应先把发生的加工成本进行归集，把能直接计入某种产品成本的费用计入产品成本，不能直接归属于某种产品的生产费用采用一定标准进行分配，最后再采用成本计算方法，如品种法、分批法、分步法等，计算出完工产品的成本。

（三）委托外单位加工的存货的入账价值

委托外单位加工的存货，应以实际耗用的原材料或半成品以及往返加工费、运输费、装卸费和保险费等费用以及按规定应计入成本的税金作为实际成本。

三、存货的后续计量

存货的后续计量是指发出存货成本的确定，通常包括实际成本法和毛利率法。

（一）实际成本法

存货准则规定的实际成本法计价方法有先进先出法、加权平均法、个别计价法等。加权平均法又分为月末一次加权平均法和移动加权平均法。

1. 先进先出法

先进先出法是假定“先入库的存货先发出”，并根据这种假定的成本流转次序确定发出存货成本的一种方法。采用这种方法，在收入有关存货时，应在存货明细账中逐笔登记每一批存货的数量、单位和金额；在发出存货时，按照先进先出的原则计价，逐笔登记存货的发出和结存金额。

【任务互动4－1】顺通公司2014年10月份A材料的收、发、存相关资料如表4－1所示。

表4－1 材料收发资料表

材料名称：A材料　　　　计量单位：元/件

2014年		摘 要	入 库		发 出	结存数量
月	日		数 量	单 价		
10	1	期初结存				500
	5	购进	800	50		1 300
	10	发出			600	700
	12	购进	1 000	70		1 700
	15	发出			1 200	500
	20	购进	800	60		1 300
	26	发出			700	600
	31	合计	2 600		2 500	600

根据上表，采用先进先出法计算发出存货和期末结存存货的成本，如表4－2所示。

表 4-2　原材料明细分类账

名称：A 材料　　　　　　　　　规格：　　　　　　　　　计量单位：元/件

存货编号：　　　　　　　　　最高存量：　　　　　　　　最低存量：

2014 年		摘　要	收　入			发　出			结　存		
月	日		数　量	单　价	金　额	数　量	单　价	金　额	数　量	单　价	金　额
10	1	期初结存							500	60	30 000
	5	购进	800	50	40 000				1 300		70 000
	10	发出				600		35 000	700		35 000
	12	购进	1 000	70	70 000				1 700		105 000
	15	发出				1 200		70 000	500		35 000
	20	购进	800	60	48 000				1 300		83 000
	26	发出				700		47 000	600		36 000
	31	合计	2 600			2 500			600		36 000

采用先进先出法，优点是企业期末存货成本按最近购货的成本确定，比较接近现行的市场价格，企业不能随意挑选存货计价以调整当期利润。缺点是工作比较烦琐，特别对于存货进出量频繁的企业更是如此。而且当物价上涨时，会高估企业的当期利润和库存存货价值；反之，会低估企业的存货价值和当期利润。在通货膨胀的情况下，先进先出法会虚增利润，增加企业的税收负担，不利于企业资本保全。而且，先进先出法对发出的材料要逐笔进行计价并登记发出与结存的明细账，核算手续比较烦琐。

2. 月末一次加权平均法

存货的加权平均单位成本 = [本月月初库存存货的实际成本 + ∑（本月各批进货的实际单位成本 × 本月各批进货的数量）] /（月初库存存货数量 + ∑本月各批进货数量）

本月发出存货的成本 = 本月发出存货的数量 × 加权平均单位成本

本月月末库存存货的成本 = 月末库存存货的数量 × 加权平均单位成本

【任务互动 4-2】 接上题，根据表 4-1，采用月末一次加权平均法计算发出存货和期末结存存货成本，如表 4-3 所示。

表 4-3　原材料明细分类账

名称：A 材料　　　　　　　　　规格：　　　　　　　　　计量单位：元/件

存货编号：　　　　　　　　　最高存量：　　　　　　　　最低存量：

2014 年		摘　要	收　入			发　出			结　存		
月	日		数　量	单　价	金　额	数　量	单　价	金　额	数　量	单　价	金　额
10	1	期初结存							500	60	30 000
	5	购进	800	50	40 000				1 300		

（续上表）

2014年 月	日	摘要	收入 数量	收入 单价	收入 金额	发出 数量	发出 单价	发出 金额	结存 数量	结存 单价	结存 金额
	10	发出				600			700		
	12	购进	1 000	70	70 000				1 700		
	15	发出				1 200			500		
	20	购进	800	60	48 000				1 300		
	26	发出				700			600		
	31	合计	2 600		158 000	2 500	60.65	151 613	600	60.65	36 390

采用月末一次加权平均法，只在月末一次计算加权平均单价，比较简单，而且在物价上涨或下跌时所计算出来的存货单位成本平均化，对存货成本的分摊较为折中。但是，这种方法平时无法从账面上提供每次发出和结存存货的单位及金额，不利于加强对存货的价值管理。月末一次加权平均法适用于价格比较稳定的存货成本的计价。

3. 移动加权平均法

移动加权平均法是指在每次收货以后，立即根据库存存货数量和总成本，计算出新的平均单位成本的一种方法。不过，采用这种方法计算比较麻烦。

存货的移动平均单位成本 =（本次进货之前库存存货的实际成本 + 本次进货的实际成本）/（本次进货之前库存存货数量 + 本次进货的数量）

发出存货的成本 = 本次发出存货的数量 × 移动平均单位成本

月末库存存货的成本 = 月末库存存货的数量 × 月末存货的移动平均单位成本

4. 个别计价法

个别计价法是指对库存和发出的每一件特定存货或每一批特定存货的个别成本或每批成本加以认定的一种方法。其计算公式为：

每次（批）存货发出成本 = 该次（批）存货发出数量 × 该次（批）存货收入的单位成本

【任务互动4－3】 仍接上题，根据表4－1，采用个别计价法计算发出存货和期末结存存货成本，如表4－4所示。

表4－4 原材料明细分类账

名称：A材料　　规格：　　计量单位：元/件

存货编号：　　最高存量：　　最低存量：

2014年 月	日	摘要	收入 数量	收入 单价	收入 金额	发出 数量	发出 单价	发出 金额	结存 数量	结存 单价	结存 金额
10	1	期初结存							500	60	30 000
	5	购进	800	50	40 000				1 300		70 000

（续上表）

2014年		摘要	收入			发出			结存		
月	日		数量	单价	金额	数量	单价	金额	数量	单价	金额
	10	发出				600			700		40 000
	12	购进	1 000	70	70 000				1 700		110 000
	15	发出				1 200			500		30 000
	20	购进	800	60	48 000				1 300		78 000
	26	发出				700			600		36 000
	31	合计	2 600		158 000	2 500			600	60	36 000

采用个别计价法是假设存货的成本流转与实物流转相一致，按照各种存货，逐一辨认各批发出存货和期末存货所属的购进批别或生产批别，分别按其购入或生产时所确定的单位成本作为计算各批发出存货和期末存货成本的方法，又称“个别认定法”、“具体辨认法”、“分批实际法”。其优点是计算发出存货的成本和期末存货的成本比较合理、准确；缺点是实务操作的工作量繁重，困难较大。因此，其适用于容易识别、品种数量不多、单位成本较高的存货计价。

采用个别计价法，一般需要具备两个条件：一是存货项目必须是可以辨别认定的；二是必须要有详细的记录，据以了解每一件个别存货或每批存货项目的具体情况。

以上各种存货发出的计价方法各有优缺点，企业应根据自身的具体情况，恰当地选择和运用，并且存货发出的计价方法一旦选定后，在一个会计年度内不得随意变更。

（二）毛利率法

毛利率法是指根据本期销售总金额乘以上期实际（或本期计划）毛利率匡算本期销售毛利，并据以计算发出存货和期末结存存货成本的一种方法。

具体计算方法如下：

（1）确定上期实际（或本期计划）毛利率，作为估价依据。

毛利率 = 销售毛利/销售净额 ×100%

（2）从本期销售净额中减去估计销售毛利，估算本期销售成本。

销售毛利 = 销售净额 − 销售成本 = 销售净额 × 毛利率

销售净额 = 商品销售收入 − 销售退回与折让

销售成本 = 销售净额 − 销售毛利　或 = 本期销售净额 ×（1 − 毛利率）

（3）估算期末结存存货成本。

期末结存存货成本 = 期初结存存货成本 + 本期购货成本 − 本期销售成本

【任务互动 4－4】 某批发公司 2014 年 4 月初 A 类商品库存 50 000 元，本月购进 50 000 元，本月销售收入 111 000 元，发生的销售退回和销售折让为 1 000 元，上月该类商品的毛利率为 20%，本月已销售商品和库存商品的成本计算如下：

本月销售净额 = 111 000 − 1 000 = 110 000（元）

销售毛利 = 110 000 × 20% = 22 000（元）

本月销售成本 = 110 000 - 22 000 = 88 000（元）

库存商品成本 = 50 000 + 50 000 - 88 000 = 12 000（元）

采用毛利率法估计本期销售成本和期末存货时，关键在于所使用的估计毛利率是否可靠。这就是说，用毛利率法估计存货所得结果的正确程度，取决于使用的估计毛利率的可靠程度。通常可以根据上一会计年度的销售毛利率，参考企业目前的实际经营环境和条件来估计。

毛利率法在商业企业较为常见，特别是商业批发企业，若按每种商品计算并结转销售成本，工作较为繁重，而且商业企业的同类商品毛利率大致相同，采用这种存货计价方法也比较接近于实际。采用这种方法，商品销售成本按商品大类销售额计算，在大类商品账上结转成本，计算手续简便。商品明细账平时只记数量，不记金额，每季末的最后一个月再根据月末结存数量，按照最后进价法等计价方法，先计算月末存货成本，再计算该季度的商品销售成本，用该季度的商品销售成本减去前两个月已结转的成本，计算第三个月应结转的销售成本，从而对前两个月用毛利率计算的成本进行调整。

【技能实训】甲公司 2014 年 3 月份 B 商品的相关收、发、存情况如下：

（1）3 月 1 日结存 300 件，单位成本为 2 万元。

（2）3 月 8 日购入 200 件，单位成本为 2.2 万元。

（3）3 月 10 日发出 400 件。

（4）3 月 20 日购入 300 件，单位成本为 2.3 万元。

（5）3 月 28 日发出 200 件。

（6）3 月 31 日购入 200 件，单位成本为 2.5 万元。

要求：分别用先进先出法、移动加权平均法、月末一次加权平均法计算 B 商品 2014 年 3 月份发出存货的成本和 3 月 31 日结存存货的成本。

项目二　原材料的核算

在我国的会计实务中，根据“原材料”账户记录的价格不同，原材料的核算方法可以分为两种：一是按实际成本计量；二是按计划成本计量。企业可以根据自身的生产经营特点及管理要求，对原材料采用不同的方法进行核算。

一、原材料按实际成本计量

（一）实际成本法的概念

实际成本法是指原材料按实际成本计量。原材料按实际成本计量是指企业对库存各种材料的收、发、存的核算均按实际成本计价。其特点是从原材料的收发凭证到明细账和总账的登记，均按实际成本反映。该方法一般适用于规模较小、存货品种简单、采购业务不多的小型企业。

（二）账户设置

为反映企业材料所处的状态和增减变动以及变动后的结果，会计核算上，一般设置

“在途物资”、“原材料”、“应交税费” 等账户，并按材料种类设置明细账户。

(1)“在途物资”账户。该账户核算企业购入尚未到达或已到达但尚未验收入库的各种材料物资的实际成本，包括买价加上运杂费、装卸费、包装费、保险费和按规定应计入成本的税金及其他费用等，属于资产类账户。借方登记企业购入的在途物资的实际成本，贷方登记验收入库的在途物资的实际成本；期末余额在借方，反映企业在途物资的采购成本。

(2)“原材料” 账户。该账户核算企业库存材料实际成本的增减变动及其结存情况，属于资产类账户。借方登记入库材料的实际成本的增加数，贷方登记出库材料的实际成本的减少数；期末余额在借方，表示期末库存材料的实际成本。

(3)“应交税费” 账户。该账户核算企业按税法规定计算应交纳的各种税费，包括增值税、消费税、营业税、所得税、城市维护建设税及教育费附加等。该账户的贷方登记各种应交未交的税费，借方登记已交或尚可抵扣的税费。期末余额在贷方，表示期末应交未交的各种税费；余额在借方，表示多交或留待下期可以抵扣的各种税费。

(三) 按实际成本法核算时的账务处理

企业外购材料时，由于结算方式和采购地点的不同，材料入库和货款的支付在时间上不一定完全同步，相应地，其账务处理方式也有所不同。

1. 在途原材料的核算

企业应设置“在途物资” 科目，核算企业购入的、尚未到达或尚未验收入库的各种原材料的采购成本。

借：在途物资

　　应交税费——应交增值税（进项税额）

　贷：银行存款等

2. 原材料的收发核算

(1) 企业购入的已验收入库的原材料，分为下列几种情况进行处理：

发票、账单已到，并已支付款项的：

借：原材料

　贷：在途物资、预付账款等

发票、账单与原材料同时到达，物资验收入库，但尚未支付货款和运杂费或尚未开出承兑商业汇票的：

借：原材料

　　应交税费——应交增值税（进项税额）

　贷：应付账款等

发票、账单与原材料同时到达，物资验收入库，同时支付货款和运杂费或开出承兑商业汇票的：

借：原材料

　　应交税费——应交增值税（进项税额）

　贷：银行存款、应付票据等

尚未收到发票、账单的，按暂估价值入账：

借：原材料等

　贷：应付账款——暂估应付账款

下月初作相反的会计记录，予以冲回，以便下月付款或开出承兑商业汇票后，按正常程序处理。

【任务互动 4－5】顺通公司为增值税一般纳税人。2014 年 11 月 5 日从外地购入 A 材料一批，取得增值税专用发票，价款为 20 000 元，增值税为 3 400 元，销售单位垫付运费 2 000 元，并取得运输发票，全部款项以银行存款支付，材料尚未到达企业。请根据发生的经济业务编制会计分录。

借：在途物资——A 材料　　　　　　21 860

　　应交税费——应交增值税（进项税额）　　3 540

　贷：银行存款　　　　　　　　　　25 400

收到材料并验收入库：

借：原材料——A 材料　　　　　　21 860

　贷：在途物资——顺通公司（A 材料）　　21 860

如果顺通公司为小规模纳税人，则其账务处理为：

借：原材料——A 材料　　　　25 400

　贷：银行存款　　　　　　　25 400

【知识链接】

根据我国《增值税暂行条例》的相关规定，一般纳税人外购货物或销售货物所支付的运输费用，根据有关运费结算单据（普通发票）所列运费金额，依 7% 扣除率计算的进项税额准予抵扣销项税额，但随同运费支付的装卸费、保险费等其他杂费不得计算扣除进项税额。

（2）自制或委托外单位加工完成并已验收入库的原材料：

借：原材料

　贷：生产成本（或委托加工物资）

（3）投资者投入的原材料：

借：原材料

　　应交税费——应交增值税（进项税额）

　贷：实收资本（或股本）等

　　　资本公积（差额）

（4）企业接受的债务人以非现金资产抵偿债务方式取得的原材料，或以应收债权换入的原材料：

借：原材料

　　应交税费——应交增值税（进项税额）

　　坏账准备

　　营业外支出（借方差额）

　贷：应收账款

　　　银行存款

资产减值损失（贷方差额）

（5）企业以非货币性资产交换换入的原材料：

借：原材料

应交税费——应交增值税（进项税额）

银行存款（或贷记）

贷：有关科目

（6）企业生产经营领用的原材料：

借：生产成本（基本生产成本、辅助生产成本）、制造费用、销售费用、管理费用等

贷：原材料

企业发出委托外单位加工的原材料：

借：委托加工物资

贷：原材料

基建工程等部门领用的原材料：

借：在建工程

贷：原材料

应交税费——应交增值税（进项税额转出）

（7）出售原材料：

借：银行存款等

贷：其他业务收入

应交税费——应交增值税（销项税额）

借：其他业务成本

贷：原材料

同时按已计提的存货跌价准备：

借：存货跌价准备

贷：其他业务成本

（8）将原材料用于非货币性资产交换、抵偿债务：

借：其他业务成本

贷：原材料

结转已计提的存货跌价准备：

借：存货跌价准备

贷：其他业务成本

【小贴士】

在进行原材料收入的核算时，如原材料属于已税消费品且所含消费税税额按规定准予抵扣的，应将这部分消费税税额从实际成本中分离出来，记入“应交税费——应交消费税”科目的借方；同样，当这类原材料用于除“连续生产应税消费品”外的项目时，原按规定准予抵扣的消费税税额应转入对应项目的成本，借记有关科目，贷记“应交税费——应交消费税”科目。

3. 原材料采购过程中短缺和毁损的处理

采购材料在途中发生短缺和毁损，应及时查明原因，分清经济责任，按不同情况分别

进行处理，不能全部计入外购材料的采购成本。

（1）定额内合理的途中损耗，计入材料的采购成本。

（2）能确定由供应单位、运输单位、保险公司或其他过失人赔偿的，应向有关单位或责任人索赔，自“在途物资”科目转入“应付账款”或“其他应收款”科目。

（3）凡尚待查明原因和需要报经批准才能转销处理的损失，应将其从“在途物资”科目转入“待处理财产损溢”科目，查明原因后再分别处理：①属于应由供货单位、运输单位、保险公司或其他过失人负责赔偿的，将其损失从“待处理财产损溢”科目转入“其他应收款”科目；②属于自然灾害造成的损失，应按扣除残料价值和保险公司赔偿后的净损失，从“待处理财产损溢”科目转入“营业外支出——非常损失”科目；③属于无法收回的其他损失，报经批准后，将其从“待处理财产损溢”科目转入“管理费用”科目。

（4）在上述（2）和（3）两种情况下，短缺和毁损的材料所负担的增值税税额和准予抵扣的消费税税额应自“应交税费——应交增值税（进项税额）”和“应交税费——应交消费税”科目随同“在途物资”科目转入相对应科目。

【任务互动4-6】2014年11月28日，顺通公司从荣昌公司购入A材料1 000千克，单价为每千克40元，增值税税率为17%，全部款项已转账支付。12月5日，原材料到达，验收入库的合格品为950千克。

11月28日，顺通公司付款时：

借：在途物资——荣昌公司（A材料）　　40 000
　　应交税费——应交增值税（进项税额）　　6 800
　贷：银行存款　　46 800

12月5日，材料验收入库时：

假设短缺的材料属自然损耗，则账务处理为：

借：原材料——A材料　　40 000
　贷：在途物资——荣昌公司（A材料）　　40 000

假设该材料短缺是因运输部门造成的，应由其赔偿，则账务处理为：

借：原材料——A材料　　38 000
　　其他应收款——某运输公司　　2 340
　贷：在途物资——荣昌公司（A材料）　　40 000
　　　应交税费——应交增值税（进项税额转出）　　340

假设材料短缺的原因暂未查明，则账务处理为：

借：原材料——A材料　　38 000
　　待处理财产损溢——待处理流动资产损溢　　2 000
　贷：在途物资——荣昌公司（A材料）　　40 000

企业购入存货发生溢余的情况很少，如果购入材料出现了溢余，可以先通过“待处理财产损溢”账户核算，待查明原因后再做处理：如属于自然升溢和计量仪器误差造成的溢余，则相应降低购入材料的单位成本；如属于供应单位多发货造成的溢余，若是企业需要的物资，则与供应部门联系补付货款，补做购进，若不是本企业需要的物资，则应退回供货方。

4．原材料发出的核算

企业发出的材料不论其用途如何，都要填制领用材料凭证，据以进行发出材料的核算。由于企业发出材料的业务比较频繁，次数多、数量大，为简化核算，平时一般只按发料凭证登记材料明细账，月末按当月发出材料的有关原始凭证（领料单等），按用途、领用部门归类汇总，编制“发料凭证汇总表”，据以进行发出材料的总分类核算。

“原材料”账户按实际成本记录时，由于不同批次购入或形成的原材料的单位成本不同，发出、领用原材料时，应按一定方法计算确定发出、领用原材料的实际成本。企业可根据实际情况，选择采用先进先出法、加权平均法或个别计价法等，对不同的原材料可采用不同的计价方法，但企业在同一会计年度内不能随意变更计价方法。

会计核算上，发出原材料时，应按其具体用途反映原材料的实际耗费情况，借记有关账户，贷记“原材料”账户。其中，直接用于产品生产的，应借记“生产成本”账户；用于车间一般耗用的，应借记“制造费用”账户；用于企业管理方面的，借记“管理费用”账户；为销售产品而消耗的，借记“销售费用”账户；对外销售的材料，借记“其他业务成本”账户；基建部门领用的材料，借记“在建工程”账户；福利部门领用的材料，借记“应付福利费”账户等。

企业发出的原材料，用于增值税的免税项目或非应税项目，如用于福利等，按增值税税法的规定，作为一般纳税企业，应将这部分材料应负担的增值税从“进项税额”中转出，记入“应交税金——应交增值税（进项税额转出）”账户，同时计入有关项目的成本费用。

【任务互动4－7】顺通公司采用加权平均法计算发出材料的成本。2014年10月根据当月发料凭证，按领料部门和材料用途，编制“发料凭证汇总表”，如表4－5所示。

表4－5　发料凭证汇总表

2014年10月　　　　单位：元

借方 贷方	生产成本		制造费用	管理费用	其他业务成本	销售费用	在建工程	合计
	基本生产	辅助生产						
原材料及主要材料	900 000	100 000					40 000	1 040 000
辅助材料	50 000	10 000	28 000	18 000		14 000	4 000	124 000
修理用备件			32 000	28 000	20 000		6 000	86 000
外购半成品	70 000							70 000
燃料		30 000						30 000
合计	1 020 000	140 000	60 000	46 000	20 000	14 000	50 000	1 350 000

根据发料凭证汇总表编制会计分录：

借：生产成本——基本生产成本　　1 020 000
　　　　　　——辅助生产成本　　140 000
　　制造费用　　60 000
　　管理费用　　46 000
　　其他业务成本　　20 000
　　销售费用　　14 000
　　在建工程——仓库　　58 500
　贷：原材料　　1 350 000
　　　应交税金——应交增值税（进项税额转出）　　8 500

5. 实际成本法的优缺点及适用范围

原材料按实际成本法核算，其优点是方法简单、账面数额反映的是实际成本。但是，对于收发频繁的企业，材料计价的工作量是极为繁重的，而且按实际成本计价核算，反映不出材料成本是节约还是超支，不利于反映和考核材料采购业务。因此，这种方法一般适用于原材料收发业务较少的企业。

二、原材料按计划成本计量

企业原材料日常核算可以按实际成本计价核算，也可以按计划成本计价核算。材料收发业务较多且计划成本资料较为健全、准确的企业，一般都采用计划成本法进行材料收发核算。

（一）计划成本法的概念

计划成本法是指企业存货的收入、发出和结余均按预先制订的计划成本计价，同时设置“材料成本差异”科目，作为计划成本和实际成本联系的纽带，用来登记实际成本和计划成本的差额，月末再通过对原材料成本差异的分摊，将发出材料的计划成本和结存存货的计划成本调整为实际成本进行反映的一种核算方法。

在计划成本法下，存货明细账可以只记收入、发出和结存存货的数量，将数量乘以单位计划成本，即可随时得到存货收、发、存的金额。同时，通过“材料成本差异”账户，计算和调整发出及结存存货的实际成本，简便易行；有了合理的计划成本后，将实际成本与计划成本进行对比，可以对采购部门进行考核，促使其降低采购成本，节约支出。

采用计划成本法进行原材料发、存核算，关键在于科学合理地制订计划单位成本，而计划成本法应用是否恰当，直接影响到企业财务核算的规范性、真实性以及所反映出的财务状况、经营成果、现金流量等是否真实。

（二）账户设置

1. “原材料”账户

用来核算企业库存的各种材料的计划成本。该账户的借方登记企业已验收入库的原材料的计划成本，贷方登记企业发出材料的计划成本，期末余额在借方，反映期末库存原材料的计划成本。该账户应按照材料的保管地点，材料的类别、品种和规格等设置明细账进行明细核算。

2. “物资采购”账户

用来核算企业购入材料、物资等的采购成本。其借方登记已经付款的外购材料等存货的实际成本和结转已经验收入库实际成本小于计划成本的节约差额，贷方登记已经付款并验收入库的材料等存货的计划成本和结转实际成本大于计划成本的超支差额；期末余额在借方，表示已经付款但尚未入库的材料等存货（即在途货物）的实际成本。“物资采购”账户应按供应单位和物资品种设置明细账，进行明细核算。

3. “材料成本差异”账户

用来核算企业各种材料的实际成本与计划成本的差异，以及调整发出材料应负担的成本差异。其借方登记验收入库材料成本的超支差异，贷方登记验收入库材料成本的节约差异以及发出材料应负担的成本差异（超支用蓝字，节约用红字）。期末余额在借方，反映企业库存材料拥有的超支差异；期末余额在贷方，反映企业库存材料拥有的节约差异。本账户应分别按“原材料”、“周转材料”等设置明细账进行明细核算。

企业根据具体情况，可以单独设置本账户，也可以不设置本账户，而在“原材料”、“包装物”、“低值易耗品”等账户内分别设置“成本差异”明细账户核算。

（三）核算程序和方法

会计实务中，“原材料”账户按计划成本计量，收发业务一般按以下程序和方法进行处理：

（1）采购原材料时，按发生的材料成本的价款和运杂费等借记“材料采购”，按应予以抵扣的进项税额借记“应交税费”，按实际付款额贷记“银行存款”、“库存现金”等。

（2）月末（或材料入库时），根据已经办理结算的入库外购材料的计划成本，借记“原材料”，贷记“材料采购”。同时，按入库材料的实际成本小于计划成本的差额，借记“材料采购”，贷记“材料成本差异”；或按入库材料的实际成本大于计划成本的差额，借记“材料成本差异”，贷记“材料采购”。

（3）月末，对尚未收到发票账单的收料凭证，应抄列清单，并按计划成本暂估入账，借记“原材料”，贷记“应付账款”，下月初用红字冲回。

（4）发出材料时，根据领用的部门和具体用途，按发出原材料的计划成本，借记“生产成本”、“制造费用”、“管理费用”、“销售费用”、“委托加工物资”等，贷记“原材料”账户。

（5）月末结转时，将材料成本差异总额在发出材料和期末库存材料之间分摊，按照发出原材料的计划成本分摊的成本差异额，分摊超支时借记“生产成本”、“制造费用”等，贷记“材料成本差异”；分摊节约时作相反的会计分录。

计算发出材料应负担的成本差异的方法有两种：一是按当月的成本差异率计算；二是按上月的成本差异率计算。为保持会计方法的一贯性，计算方法一经确定，不得随意变更。材料成本差异率的计算公式为：

材料成本差异率 =（月初结存材料成本差异 + 本月收入材料成本差异）/（月初结存材料计划成本 + 本月收入材料计划成本）×100%

本月发出材料应负担的成本差异额 = 发出材料的计划成本 × 材料成本差异率

发出材料的实际成本 = 发出材料计划成本 ± 发出材料应负担的成本差异

【小贴士】本月收入存货的计划成本中不包括暂估入账的存货的计划成本。

【任务互动4－8】顺通公司原材料日常收发及结存采用计划成本核算。月初结存原材料的计划成本为600 000元，实际成本为605 000元；本月入库材料成本为1 400 000元，实际成本为1 355 000元。当月发出材料（计划成本）的情况是：基本生产车间领用800 000元，在建工程领用200 000元，车间管理部门领用5 000元，企业行政管理部门领用15 000元。要求：

（1）计算当月材料成本差异。

（2）编制发出材料的会计分录。

（3）编制月末结转发出材料成本差异的会计分录。

顺通公司的相关业务处理：

（1）当月材料成本差异＝（605 000－600 000）＋（1 355 000－1 400 000）＝－40 000

（2）发出材料的会计分录：

借：生产成本　　800 000
　　在建工程　　200 000
　　制造费用　　5 000
　　管理费用　　15 000
　贷：原材料　　1 020 000

（3）月末结转发出材料成本差异的会计分录：

借：材料成本差异　　24 000
　贷：生产成本　　16 000
　　在建工程　　4 000
　　制造费用　　1 000
　　管理费用　　3 000

总之，对原材料计划成本核算要注意以下几点：

（1）对于购入的材料，只能在实际成本、计划成本已定并已验收入库的条件下计算购入材料的成本差异，材料成本差异可在入库时结转，也可以在月末汇总时结转。

（2）材料成本差异率的计算中，超支或借方余额用正号表示，节约或贷方余额用负号表示。

（3）发出材料承担的成本差异，始终记入材料成本差异的贷方，只不过超支差异用蓝字，节约用红字或×××表示，最终计入成本费用的材料还是实际成本。

【技能实训】

1. 某企业2014年7月初结存原材料的计划成本为50 000元，当月购入材料的计划成本为100 000元，当月发出材料的计划成本为80 000元，其中生产车间直接耗用50 000元，管理部门耗用30 000元。材料成本差异的月初数为1 000元（超支），本月收入材料成本差异为2 000元（超支）。

要求：（1）计算材料成本差异率。

（2）计算发出材料应负担的成本差异。

（3）计算发出材料的实际成本。

（4）计算结存材料的实际成本。

（5）作出材料领用的会计分录以及期末分摊材料成本差异的会计处理。

2. 某企业为增值税一般纳税人，原材料采用实际成本核算，2014 年 3 月份发生下列经济业务：

（1）购买甲材料，货款总额为 11 700 元，其中价款为 10 000 元，增值税为 1 700 元。购进货物支付保险费、包装费共 300 元，货款及保险费以银行存款支付。

（2）购进的甲材料全部验收入库。

（3）同时购进乙和丙两种材料，乙材料 300 吨，货款总额 35 100 元，丙材料 200 吨，货款总额 23 400 元，乙、丙两种材料的运费共 1 000 元（按重量付费且该运费按 7% 抵扣进项税）、保险费 1 500 元（按货款额付费）。材料款及运杂费用银行存款支付。

（4）乙、丙两种材料均如数到达入库。计算并结转乙、丙材料的实际成本。

（5）购入甲材料，货款总额 23 400 元，货款已支付，但材料未到。

（6）上月已付款的乙材料本月到达，材料全部入库，实际成本为 9 000 元。

（7）本月到达丁材料，月末尚未收到结算清单，未办理结算手续，估价金额为 30 000元。

（8）生产部门领用甲材料 20 000 元，管理部门领用甲材料 200 元，销售部门领用甲材料 2 000 元。

要求：根据以上经济业务，编制会计分录。

3. 某企业原材料按计划成本核算。2014 年 7 月初结存原材料的计划成本为 51 000 元，材料成本差异的月初数为 1 000 元（超支）：

（1）以银行存款支付购入原材料的实际成本 96 000 元，增值税进项税额 16 320 元，该批材料的计划成本为 100 000 元，原材料已入库。

（2）购入原材料的实际成本 50 000 元，增值税进项税额 8 500 元，该批材料的计划成本为 49 000 元，原材料已入库，款未付。

（3）以银行存款支付购入原材料的实际成本 8 000 元，增值税进项税额 1 360 元，该批材料的计划成本为 9 000 元，原材料未入库。

（4）结转入库原材料的计划成本及材料成本差异。

（5）本月发出材料的计划成本为 110 000 元，其中生产车间直接耗用 80 000 元，管理部门耗用 30 000 元。

要求：计算本月材料成本差异率，结转发出原材料应负担的材料成本差异。

项目三　其他存货的核算

一、周转材料

（一）周转材料概述

周转材料主要包括企业能够多次使用，逐渐转移其价值但仍保持原有形态，不确认为固定资产的包装物和低值易耗品等，以及建筑承包企业的钢模板、木模板、脚手架和其他周转使用的材料等。

周转材料不多的企业，一般通过“周转材料”账户核算，当包装物、低值易耗品较多时，可以分别通过“包装物”、“低值易耗品”科目核算，也可以通过分设“包装物”、“低值易耗品”二级科目进行核算。

（二）周转材料的核算

1. 取得周转材料

购入、自制、委托外单位加工完成并验收入库的周转材料，应当比照“原材料”科目的相关规定进行处理。

2. 周转材料的摊销及报废

周转材料从仓库入库直到报废以前，可以在生产过程中反复使用，其损耗的价值需要采用一定的摊销方法分别计入成本费用。企业可按其价值大小、使用期限长短等情况，采用一次转销法或五五摊销法进行核算。

一次转销法是将周转材料成本一次性全部计入当期成本、费用的一种方法。采用一次转销法核算手续简单，但不利于实物管理，容易导致周转材料的实际价值与其账面价值不符，一般适用于价值量较小、使用期限较短且各期领用比较均衡的管理用具等。

五五摊销法又称五成摊销法，是领用周转材料时摊销其成本的50%，报废时再摊销其成本的50%的方法。采用五五摊销法核算周转材料，在周转材料报废前，账面上一直保持其价值的一半，因此有利于实行会计监督，防止出现大量的账外物资。五五摊销法适用于使用期限较长，单位价值较高，每月领用数、报废数比较均衡的周转材料，以及能够按车间、部门进行数量和金额明细核算的企业。

此外，还可以采用分次摊销法，即根据周转材料的价值和预计使用期限求得每期摊销额，分次摊入各期成本费用的一种方法。主要适用于使用期限较长，单位价值较高，各月领用不均衡的低值易耗品。

（1）采用一次转销法摊销。

领用时按其账面价值登记：

借：生产成本、制造费用、管理费用、销售费用等

　贷：周转材料

周转材料报废时，应按报废周转材料的残料价值登记：

借：原材料

　贷：生产成本、制造费用、管理费用、销售费用等

（2）采用分次摊销法摊销。

领用时：

借：周转材料——在用

　贷：周转材料——在库

每次摊销时：

借：管理费用、生产成本、销售费用、工程施工等

　贷：周转材料——摊销

周转材料报废时应补提摊销额：

借：管理费用、生产成本、销售费用、工程施工等

　贷：周转材料——摊销

同时，按报废周转材料的残料价值登记，并转销全部已提摊销额：

借：原材料

　贷：管理费用、生产成本、销售费用、工程施工等

借：周转材料——摊销

　贷：周转材料——在用

【小贴士】周转材料采用计划成本进行日常核算的，领用等发出周转材料时，还应同时结转应分摊的成本差异；用于储存和保管产品、材料而不对外出售的包装物，应按其价值的大小和使用年限的长短，分别在“固定资产”或“周转材料”或单设的“低值易耗品”中核算；计划上单独列作企业商品、产品的自制包装物，应在“库存商品”中核算。

【任务互动4－9】2014年6月1日，顺通公司生产车间领用工具一批，实际成本为5 000元。2014年11月30日，该批工具报废，残料价值120元已入库。请分别采用一次转销法和五五摊销法进行账务处理。

（1）采用一次转销法。

6月1日领用工具时：

借：制造费用　　5 000

　贷：周转材料——低值易耗品　　5 000

11月30日工具报废时：

借：原材料　　120

　贷：制造费用　　120

（2）采用五五摊销法。

6月1日领用工具时：

借：周转材料——低值易耗品（在用）　　5 000

　贷：周转材料——低值易耗品（在库）　　5 000

同时摊销其成本的50%：

借：制造费用　　2 500

　贷：周转材料——低值易耗品（摊销）　　2 500

11月30日工具报废，摊销其成本的50%：

借：制造费用　　2 500

　贷：周转材料——低值易耗品（摊销）　　2 500

工具报废、残料入库时：

借：原材料　　120

　贷：制造费用　　120

同时冲销已报废周转材料的摊销数：

借：周转材料——低值易耗品（摊销）　　5 000

　贷：周转材料——低值易耗品（在用）　　5 000

【任务互动 4－10】顺通公司 2014 年 7 月领用随同产品出售单独计价包装袋一批，该批包装袋实际成本为 5 000 元，售价为 5 500 元，增值税税率为 17%，款项已收存银行。账务处理为：

出售包装物取得收入：

借：银行存款　　6 435

　贷：其他业务收入　　5 500

　　应交税费——应交增值税（销项税额）　　935

结转出售包装物成本：

借：其他业务成本　　5 000

　贷：周转材料——包装物　　5 000

【任务互动 4－11】2014 年 5 月 10 日，顺通公司出售商品时，出租给荣兴公司 400 个包装袋，每个包装袋的计划成本为 60 元，收取押金 80 元，每月租金 10 元，租期为 6 个月。当月材料成本差异率为 2%。该公司采用一次转销法结转包装物成本。有关账务处理如下：

收取押金时：

借：银行存款　　32 000

　贷：其他应付款——存入保证金（荣兴公司）　　32 000

领用包装物时：

借：其他业务成本　　24 000

　贷：周转材料——包装物　　24 000

同时结转领用包装物成本差异：

借：其他业务成本　　480

　贷：材料成本差异——包装物　　480

收取本月包装物租金：

借：银行存款　　4 000

　贷：其他业务收入　　3 418.8

　　应交税费——应交增值税（销项税额）　581.2

收回 200 个出租包装物，并退还相应押金。经检查，其中 50 个包装物已经不能继续使用，经批准予以报废，残料作价 1 200 元入库。有关账务处理为：

退还押金：

借：其他应付款——存入保证金（荣兴公司）　　16 000

　贷：银行存款　　16 000

收回 150 个可用的包装物重新入库，不需要作分录，只在备查簿中详细登记。报废 50 个包装物的残料入库：

借：原材料　　1 200

　贷：其他业务成本　　1 200

假设有 100 个包装物被荣兴公司损坏无法收回，没收押金 8 000 元，账务处理为：

借：其他应付款——荣兴公司　　8 000

贷：其他业务收入　　　　　　　　　　　6 840

应交税费——应交增值税（销项税额）1 160

【小贴士】出借包装物，实际上是企业向购买单位提供货物的免费包装，以便扩大商品的销量，其会计处理与出租包装物类似。不同之处是，在出借过程中没有租金收入，因此其成本应记入“销售费用”账户；出借的包装物回收后不能继续使用而报废时，应按其残料价值冲减企业的“销售费用”账户，其他处理与出租包装物的核算基本相同。

二、委托加工物资

（一）委托加工物资概述

委托加工物资是企业为满足生产经营需要，在自身无法加工或加工能力不足的情况下，由企业提供原料及主要材料，通过支付加工费，由受托加工单位按合同要求为企业加工其所需的原材料。

企业委托其他单位加工的物资的实际成本包括：①加工耗用物资的实际成本；②支付的加工费及往返的运杂费和保险费等；③支付的税金，包括委托加工物资应负担的增值税和消费税。

（二）委托加工物资的账务处理

会计实务中，对委托加工物资的处理有两种方法：一是企业加工业务较多，单独设置“委托加工物资”账户进行总分类核算，并按委托加工合同和受托加工单位设置明细账户，同时按加工原材料的成本构成项目进行明细核算；二是在企业加工业务较少且加工原材料的成本核算较简单的情况下，不单独设置“委托加工物资”账户，而是通过“原材料”、“外购商品”等账户进行核算，即在这些会计账户中设置“委托加工”明细账户对加工原材料的业务进行核算。

企业委托其他单位加工原材料，需要按合同规定的结算方式和结算办法支付加工费用；企业将材料拨付加工以及收回加工完成的原材料，还要支付往返的运费等。拨付加工材料的实际成本、支付的加工费用以及运输材料的运费等共同构成加工原材料的实际成本。待加工材料收回后，按一定方法计算加工完成的原材料实际成本。

（1）发给外单位加工的物资，按实际成本，借记“委托加工物资”，贷记“原材料”、“库存商品”等科目。按计划成本或售价核算的，还应同时结转材料成本差异或商品进销差价，借记“委托加工物资”科目，贷记“产品成本差异”或“商品进销差价”科目；实际成本小于计划成本差异的，作相反的会计分录。

（2）支付加工费、运杂费等，借记“委托加工物资”科目，贷记“银行存款”等科目；需要交纳消费税的委托加工物资，由受托方代收代交的消费税，借记“委托加工物资”科目（收回后用于直接销售的）或“应交税费——应交消费税”科目（收回后用于继续加工的），贷记“应付账款”、“银行存款”等科目。

（3）加工完成验收入库的物资和剩余的物资，按加工收回物资的实际成本和剩余物资的实际成本，借记“原材料”、“库存商品”等科目，贷记“委托加工物资”科目。采用计划成本或售价核算的，按计划成本或售价，借记“原材料”或“库存商品”科目，按实际成本贷记“委托加工物资”科目，实际成本与计划成本或售价之间的差额，借记或贷记

“材料成本差异”科目或贷记“商品进销差价”科目。

(4)“委托加工物资”科目的期末借方余额，反映企业委托外单位加工尚未完成物资的实际成本。

(三) 委托加工物资的核算方法

1. 发出委托加工物资

企业根据加工合同的规定，拨付给加工单位加工用原材料时，由供应部门根据加工合同，填制“委托加工物资发料单”，经审核后，由仓库据以发料。发出物资时，根据发出物资的实际成本借记“委托加工物资”账户，贷记“原材料”账户。如果采用计划成本法核算，还应结转材料成本差异，贷记“材料成本差异”账户。

借：委托加工物资

　贷：原材料

2. 支付加工费及税金

企业除按照加工费标准支付加工费外，还应按加工费的17%计算交纳增值税。如果按税法规定需要交纳消费税的，还应计算交纳消费税。

委托加工材料收回用于连续生产应税消费品：

借：委托加工物资

　　应交税费——应交增值税（进项税额）

　　应交税费——应交消费税

　贷：银行存款

委托加工应税消费品收回直接销售：

借：委托加工物资（应缴的消费税税额）

　贷：银行存款

3. 委托加工物资收回

委托加工物资收回时，应由供应部门填制“委托加工物资收料单”，通知仓库据以收料。

收回委托加工材料用于连续生产应税消费品：

借：应交税费——应交消费税

　贷：银行存款

收回委托加工应税消费品直接销售：

借：委托加工物资

　贷：银行存款

【小贴士】

1. 必须清楚“委托加工物资”账户的结构

该账户借方登记领用加工物资的实际成本、支付的加工费用、应负担的运杂费以及支付的税金（包括应负担的增值税），贷方登记加工完成验收入库的物资的实际成本；期末余额在借方，反映尚未完工的委托加工物资的实际成本和发出加工物资等。

关于增值税税金的说明：凡属于加工物资用于非纳增值税项目或免征增值税项目，以及未取得增值税专用发票的一般及小规模纳税企业的加工物资，应将这部分增值税计入加工物资成本。

2. 不同情况下发生的消费税在账务处理上有所不同

(1) 凡属于加工物资收回后直接用于销售的，其所负担的消费税计入加工物资成本。

借：委托加工物资（所负担的消费税）

　贷：银行存款或应付账款

(2) 凡属于加工物资收回后用于连续生产的，其所负担的消费税先记入“应交税费——应交消费税”科目的借方，按规定用以抵扣加工的产品销售后所负担的消费税。

借：应交税费——应交消费税（所负担的消费税）

　贷：银行存款或应付账款

须注意的是，受托单位是代扣代缴，则会计分录应为：

借：银行存款或应收账款

　贷：应交税费——应交消费税

【任务互动 4-12】 顺通公司将一批原材料委托外单位代加工 A 产品（属于应税消费品），发出原材料计划成本为 100 000 元，该月材料成本差异率为 1%，用银行存款支付加工费 10 000 元，支付应交纳的消费税 5 842 元，取得增值税发票上注明的增值税税额为 1 700 元。加工完毕，验收入库成本为 115 000 元。（A 产品收回后用于连续生产）

领用加工物资的会计分录：

借：委托加工物资（实际成本）　　101 000

　贷：原材料（计划成本）　　100 000

　　材料成本差异　　1 000

支付加工费的会计分录（委托加工应税消费品加工收回后用于连续生产）：

借：委托加工物资　　10 000

　应交税费——应交增值税（进项税额）　　1 700

　应交税费——应交消费税　　5 842

　贷：银行存款或应付账款　　17 542

加工完成后验收入库的会计分录：

借：库存商品　　115 000

　贷：委托加工物资　　111 000

　　材料成本差异　　4 000

三、库存商品

（一）库存商品概述

库存商品是指企业已完成全部生产过程并已验收入库，合乎标准规格和技术条件，可以按照合同规定的条件送交订货单位，或可以作为商品对外销售的产品，以及外购或委托加工完成验收入库用于销售的各种商品。

企业应设置“库存商品”科目，核算库存商品的增减变化及其结存情况。商品验收入库时，应由“生产成本”科目转入“库存商品”科目；对外销售库存商品时，根据不同的销售方式进行相应的账务处理；在建工程等领用库存商品，应按其成本结转。

库存商品明细账应按企业库存商品的种类和规格设置。如有存放在本企业所属门市部准备出售的商品、送交展览会展出的商品，以及已发出尚未办理托收手续的商品，都应单独设置明细账进行核算。库存商品明细账一般采用数量金额式。

实行售价金额核算的商品零售企业，库存商品明细账按实物负责人设置。其格式一般要用三栏式，只记售价金额不记数量。由于库存商品按售价记账，为随时了解库存商品的实际价值，同时也便于月末各实物负责人计算已销商品的进销差价，也可采用“库存商品”和“商品进销差价”明细分类账户相结合的方法，设置“库存商品及进销差价”明细账。

（二）库存商品的核算

1. 工业企业完工产品入库的核算

产成品一般应按实际成本进行核算。在这种情况下，产成品的收入、发出和销售，平时只登记数量不登记金额。月终计算入库产成品的实际成本，对发出和销售产成品，可以采用先进先出法、加权平均法、个别计价法等确定其实际成本。

如果工业企业产成品种类较多，也可以按计划成本进行产成品的日常核算，其实际成本与计划成本之间的差异，可以通过“产品成本差异”账户进行记录，产成品的收入、发出，可以用计划成本入账，月终计算入库产品的实际成本，并将实际成本与计划成本之间的差异记入“产品成本差异”账户，然后再将产品成本差异在发出、销售和结存的产成品之间进行分配。

【任务互动4－13】2014年5月，顺通公司完工验收入库A产品30 000件，实际单位生产成本50元；B产品10 000件，实际单位生产成本200元。

入库时，账务处理如下：

借：库存商品——A产品　　1 500 000
　　　　　　——B产品　　2 000 000
　贷：生产成本——A产品　　1 500 000
　　　　　　——B产品　　2 000 000

假设本月顺通公司出售A产品20 000件，B产品5 000件，则账务处理如下：

借：主营业务成本——A产品　　1 000 000
　　　　　　　　——B产品　　1 000 000
　贷：库存商品——A产品　　1 000 000
　　　　　　——B产品　　1 000 000

2. 商品流通企业商品购、销、存的核算

商品流通企业的库存商品，可以采用进价核算，也可以采用售价核算。企业应根据具体情况选择一种适合本企业的核算方法。

零售企业的库存商品，通常采用售价金额核算法核算。售价金额核算法，是指以售价金额反映库存商品增减变动及结存情况的方法。这种方法也被称为“售价记账，实物负责制”或“拨货计价，实物负责制”，是指将商品核算方法与商品管理制度相结合的核算制度。

零售企业的库存商品通过设置和登记“库存商品”账户和“商品进销差价”账户来

反映。

“库存商品”账户的借方、贷方和余额均反映商品的售价，这里的售价是指含税零售价（下同）。该账户可按实物负责人设置明细账。

“商品进销差价”账户的借方、贷方和余额均反映商品的含税零售价与进价之间的差额。该“商品进销差价”实质上包含了该商品未实现的毛利率和待结转的销项税额。该账户可按实物管理负责人设置明细账。

我国零售商业企业采用售价金额核算法时，主要特点有：

（1）购入商品时，按入库商品的零售价借记“库存商品”账户，按商品的成本贷记“在途物资”等账户，同时按入库商品零售价与入库商品成本的差额贷记（或借记）“商品进销差价”。商品采购过程中发生的采购费用一般记入“销售费用”账户。

（2）商品销售后，按含税销售价格借记“银行存款”等账户，贷记“主营业务收入”账户，并按含税销售价格结转已销售的商品成本，借记“主营业务成本”账户，贷记“库存商品”账户。

（3）月末计算出已销商品的增值税后，冲减主营业务收入，并反映企业当月实现的销项税额，借记“主营业务收入”账户，贷记“应交税费——应交增值税（销项税额）”账户。

（4）月末按一定方法计算已销商品的进销差价后，冲减按含税售价记录的“主营业务成本”账户，将其调整为已销商品的成本，并使“商品进销差价”账户的月末余额反映企业库存未售商品的售价所包含的进销差价，即借记“商品进销差价”账户，贷记“主营业务成本”账户。具体计算公式如下：

商品进销差价率＝期末分摊前“商品进销差价”账户余额/（期末结存商品售价＋本期已销商品售价）×100%

月末结存商品应分摊的进销差价＝期末结存商品售价×商品进销差价率

已销商品应分摊的进销差价＝期末分摊前“商品进销差价”账户余额－月末结存商品应分摊的进销差价

（5）对库存未售商品进行售价调整时，应相应地调整“库存商品”账户和“商品进销差价”账户的余额。

【任务互动4－14】某商场采用售价金额核算法对库存商品进行核算。本月月初库存商品进价成本总额为30万元，售价总额为46万元；本月购进商品进价成本总额为40万元，售价总额为54万元；本月销售商品售价总额为80万元。假设不考虑相关税费，该商场本月销售商品的实际成本为（　　）万元。

A. 46　　　　B. 56

C. 70　　　　D. 80

【任务分解】商品进销差价率＝［（46－30）＋（54－40）］÷（46＋54）×100%＝30%

销售商品应该结转的实际成本＝80×（1－30%）＝56（万元）

【技能实训】该商场期末商品的实际成本为（　　）万元。

方法一：30＋40－56＝14（万元）　　方法二：(46＋54－80)×(1－30%)＝14（万元）

【任务互动 4-15】某零售商店家电组 2014 年 5 月份购入空调一批，进价总额为 200 万元，增值税税额为 34 万元，运杂费为 2 万元，款项已通过银行存款支付，商品已验收入库。该批商品的总售价（含税）为 280 万元。当月实现销售收入（含税）187.2 万元，销售款项已收存银行。假设期初“库存商品——家电组”明细账的余额为 46.8 万元，“商品进销差价”账户余额为 29.6 万元。有关账务处理如下：

（1）购进付款时：

借：在途物资　　2 020 000

　　应交税费——应交增值税（进项税额）　　340 000

　贷：银行存款　　2 360 000

（2）验收入库时：

借：库存商品——家电组　　2 800 000

　贷：在途物资　　2 020 000

　　　商品进销差价——家电组　　780 000

（3）本月销售商品时：

借：银行存款　　1 872 000

　贷：主营业务收入——家电组　　1 872 000

同时结转成本：

借：主营业务成本——家电组　　1 872 000

　贷：库存商品——家电组　　1 872 000

（4）月末集中计算销项税额：

本月销售商品销项税额 $=187.2\div(1+17\%)\times17\%=27.2$（万元）

借：主营业务收入——家电组　　272 000

　贷：应交税费——应交增值税（销项税额）　　272 000

（5）月末计算与分摊商品进销差价：

商品进销差价率 $=(29.6+78)\div(46.8+280)\times100\%=32.93\%$

月末结存商品包含增值税的售价 $=46.8+280-187.2=139.6$（万元）

月末结存商品应分摊的进销差价 $=139.6\times32.93\%=45.97$（万元）

已销商品应分摊的进销差价 $=(29.6+143.64)-45.97=127.27$（万元）

应编制会计分录如下：

借：商品进销差价——家电组　　1 272 700

　贷：主营业务成本——家电组　　1 272 700

【技能实训】

1. 甲公司和乙公司均为增值税的一般纳税企业，增值税税率为 17%。本期甲公司委托乙公司将 A 原材料加工为某应税消费品（属于非金银首饰的应税消费品，消费税税率为 10%）。有关业务如下：

（1）发出 A 原材料一批，实际成本为 800 000 元；

（2）以银行存款支付乙公司委托加工费用 34 000 元；

（3）以银行存款支付受托方代扣代缴的消费税和增值税；

（4）开出现金支票支付委托加工物资的往返运杂费1 000元；

（5）加工后收回该委托加工物资的应税消费品10 000千克，已验收入库。

要求：

（1）根据资料，计算该项加工业务应交的消费税税额和增值税税额，要求列出计算过程。

（2）编制甲公司上述业务的相关会计分录。

注：委托加工收回物资准备直接对外销售。

2. 某工业企业为增值税一般纳税企业，增值税税率为17%。该企业低值易耗品采用“五五摊销法”摊销。2014年5月份第一生产车间领用低值易耗品一批，实际成本60 000元，预计使用4个月；另该车间在2014年2月份领用的一批低值易耗品在本月报废（与原预计使用期限一致），实际成本72 000元，残值200元作原材料入库。

要求：根据上述资料编制相关的会计分录，并说明上述业务对2014年5月份第一生产车间“制造费用”账户的影响额是多少。

项目四　存货清查

一、存货清查

（一）概述

1. 概念

存货清查是指通过对存货的实地盘点，确定存货的实有数量，并与账面结存数核对，从而确定存货实存数与账面结存数是否相符的一种方法。存货清查的方法主要是实地盘点法。存货清查按照清查对象和范围的不同，分为全面清查和局部清查；按清查时间的不同，分为定期清查与不定期清查。

2. 方法

存货清查主要采用实地盘点法，即通过点数等办法，确定存货实存数量。对大堆、廉价和笨重的存货，可以采用技术推算法或估算法确定其实存数量。清查后应及时填写盘存单，并填写“存货盘点盈亏报告表”，确定盘盈、盘亏情况及原因，并提出处理意见。

3. 存货清查应注意的几个问题

首先，在每年编制年度报表前，必须对存货进行一次全面清查。

其次，为了加强控制，还应在年内结合企业实际情况进行定期或不定期的轮流或重点清查。

最后，除了要进行实物盘点、账实核对外，还应注意存货的质量和储存情况。

（二）核算

发生盘盈、盘亏及毁损时，应及时查明原因，并进行账务处理，以保证账实一致。尚未查明原因或未经批准之前，应先将盘盈、盘亏或毁损的存货记入“待处理财产损溢”账户；待报经批准后，再按审批意见从该账户结转到有关账户中。

“待处理财产损溢”账户属于资产类账户，该账户的借方登记财产物资的盘亏、毁损数和经批准的盘盈转销数，贷方登记财产物资的盘盈数和经批准的盘亏、毁损转销数。期末余额如在借方，表示期末尚未批准处理财产物资的盘亏、毁损数；期末余额如在贷方，表示期末尚未批准处理财产物资的盘盈数。

1. *存货盘盈的核算*

发生存货盘盈时，应按规定的程序报经有关部门批准后才能作出处理。在批准处理前，一般先根据盘盈的存货，按同类或类存货的重置成本计价入账，调整存货账面记录，以使账实一致，即借记“原材料”、“库存商品”等账户，贷记“待处理财产损溢——待处理流动资产损溢”账户。

盘盈的存货查明原因后，应按不同的原因及处理决定分别入账，借记“待处理财产损溢——待处理流动资产损溢”账户，贷记有关账户。其中，对于无法确定具体原因的，应冲减企业的管理费用，借记“待处理财产损溢——待处理流动资产损溢”账户，贷记“管理费用”账户。

【任务互动4－16】顺通公司2014年5月31日进行财产清查，盘点原材料时，发现A材料溢余，按重置成本计算其成本为2 000元，后查明原因，盘盈材料系收发时计量误差所致，经批准冲销企业的管理费用。企业账务处理如下：

盘点盈余时：

借：原材料——A材料　　　　2 000

　贷：待处理财产损溢——待处理流动资产损溢　　　　2 000

经批准后冲销时：

借：待处理财产损溢——待处理流动资产损溢　　　　2 000

　贷：管理费用　　　　2 000

2. *存货盘亏、毁损的核算*

发生存货盘亏和毁损时，在批准处理前，应先通过“待处理财产损溢——待处理流动资产损溢”账户进行核算。盘亏和毁损时，一般以盘亏和毁损存货的实际成本（大多按盘亏、毁损的数量和该存货的期初结存单价计算确定）冲减存货的账面记录，借记“待处理财产损溢——待处理流动资产损溢”账户，贷记有关的存货账户。

需要指出的是，根据我国《增值税暂行条例》的规定，企业发生的非正常损失的购进货物以及非正常损失的在产品、产成品所耗用的购进货物或应税劳务的进项税额不得从销项税额中抵扣。因此，非正常损失的存货价值应包括其实际成本和应负担的进项税额两部分。非正常损失指因管理不善造成的被盗、丢失、霉烂变质等损失。发生非正常损失应按非正常损失的价值借记“待处理财产损溢——待处理流动资产损溢”账户，按非正常损失存货的实际成本贷记有关存货账户，按非正常损失存货应负担的进项税额贷记“应交税费——应交增值税（进项税额转出）”。

存货盘亏和毁损应按不同原因进行会计处理。其中，属于自然损耗产生的定额内合理损耗，一般作为管理费用列支；属于计量收发差错和管理不善等原因造成的存货短缺或毁损，扣除残料价值以及可以收回的保险赔偿和过失赔偿后的剩余净损失，经批准也可以作为管理费用；属于自然灾害损失、意外事故造成货物毁损以及其他非正常损失的，扣除可以收回的残料价值及保险赔偿后的净损失，作为企业的营业外支出处理。

【任务互动4－17】某增值税一般纳税企业因暴雨毁损库存原材料一批，该批原材料实际成本为20 000元，收回残料价值800元，保险公司赔偿11 600元。该企业购入材料的增值税税率为17%。

批准处理前：

借：待处理财产损溢——待处理流动资产损溢　　23 400

　贷：原材料　　20 000

　　　应交税费——应交增值税（进项税额转出）　　3 400

批准处理后：

借：原材料　　800

　贷：待处理财产损溢——待处理流动资产损溢　　800

借：其他应收款　　11 600

　贷：待处理财产损溢——待处理流动资产损溢　　11 600

借：营业外支出　　11 000

　贷：待处理财产损溢——待处理流动资产损溢　　11 000

一般情况下，企业清查各种存货及其他资产损溢，应于期末前查明原因，并根据企业的管理权限，经批准后在期末结账前处理完毕。如清查的各种财产损溢在期末结账前尚未批准，在对外提供财务报表时应先按上述处理原则进行处理，并在会计报表附注中说明，如果其后批准处理的金额与已处理的金额不一致，还应作为资产负债表日后事项调整会计报表相关项目的金额。

二、期末存货计价

企业存货会计的主要问题是要对存货进行正确计量，这取决于存货实物数量是否准确以及采用何种期末计价原则。

根据我国企业会计准则的有关规定，资产负债表日，企业存货应当按照成本与可变现净值孰低的方法计量。当存货成本低于其可变现净值时，存货按成本计量；当存货成本高于其可变现净值时，应当计提存货跌价准备，计入当期损益。

1. 可变现净值的确定

（1）企业确定存货的可变现净值时应考虑的因素：

企业确定存货的可变现净值，应当以取得的确凿证据为基础，并且考虑持有存货的目的、资产负债表日后事项的影响等因素。

在资产负债表日至财务报告批准报出日之间，存货售价发生波动的，如有确凿证据表明其对资产负债表日存货已经存在的情况提供了新的证据，应当作为调整事项进行处理；否则，作为非调整事项处理。

（2）不同情况下存货可变现净值的确定：

产成品、商品和用于出售的材料等直接用于出售的商品存货，没有销售合同约定的，其可变现净值为在正常生产经营过程中，该存货的估计售价减去估计的销售费用和相关税费后的金额。

需要经过加工的材料存货，其可变现净值为在正常生产经营过程中，以该材料所生产的产成品的估计售价减去至完工时估计将要发生的成本、销售费用和相关税费后的金额。

资产负债表日，同一项存货中一部分有合同价格约定，其他部分不存在合同价格的，企业应分别确定其可变现净值，并与其相对应的成本进行比较，分别确定存货跌价准备的计提或转回的金额。

2. 可变现净值中估计售价的确定方法

（1）为执行销售合同或者劳务合同而持有的存货，通常应以产成品或商品的合同价格作为其可变现净值的计量基础。如果企业与购买方签订了销售合同（或劳务合同，下同）并且销售合同订购的数量大于或等于企业持有的存货数量，在这种情况下，在确定与该项销售合同直接相关的存货的可变现净值时，应以销售合同价格作为其可变现净值的计量基础。即，如果企业就其产成品或商品签订了销售合同，则该批产成品或商品的可变现净值应以合同价格作为计量基础；如果企业销售合同所规定的标的物还没有生产出来，但持有专门用于该标的物生产的材料，其可变现净值也应以合同价格作为计量基础。

（2）如果企业持有存货的数量多于销售合同订购的数量，超出部分的存货的可变现净值应以产成品或商品的一般销售价格作为计量基础。

（3）没有销售合同约定的存货，但不包括用于出售的材料，其可变现净值应以产成品或商品的一般销售价格（即市场销售价格）作为计量基础。

（4）用于出售的材料等，应以市场价格作为其可变现净值的计量基础。这里的市场价格是指材料等的市场销售价格。

3. 成本与可变现净值的比较

按成本与可变现净值法计价，可以采用不同的方法对成本与可变现净值进行比较。比较的方法主要有三种：单项比较法、分类比较法和综合比较法。

单项比较法，也称逐项比较法或个别比较法，指对库存中每一存货的成本和可变现净值逐项进行比较，每项存货均取较低数确定存货的期末成本。

分类比较法，也称类比法，指按存货类别的成本与可变现净值进行比较，每类存货取其较低数确定存货的期末成本。

综合比较法，也称总额比较法，指按全部存货的总成本与可变现净值总额相比较，以较低数作为期末全部存货的成本。

单项比较法计算的期末成本总计最低，分类比较法次之，综合比较法最高。原因是单项比较法所确定的均为各项存货的最低价，据此计算的结果比较准确，但这种方法的工作量较大，存货品种繁多的企业更是如此。具体情况如表4－6所示。

表4－6 成本与可变现净值比较表

项 目	历史成本	可变现净值	单项比较法	分类比较法	总额比较法
A产品	2 000	1 800	1 800		
B产品	3 000	3 000	3 000		
甲类存货	5 000	4 800		4 800	

（续上表）

项 目	历史成本	可变现净值	单项比较法	分类比较法	总额比较法
C 产品	4 000	4 500	4 000		
D 产品	6 000	5 600	5 600		
乙类存货	10 000	10 100		10 000	
合 计	15 000	14 900	14 400	14 800	14 900

在会计实务中，为反映存货成本与市价比较的详细情况，一般按存货的项目进行成本与可变现净值的比较，如果存货项目过多，也可以按存货类别进行成本与可变现净值的比较。但不论企业根据具体情况使用哪一种方法，原则上应保持各期方法的一致性。

4．存货跌价准备的计量

（1）存货减值的迹象和处理。

当有迹象表明存货发生减值时，企业应于期末计算存货的可变现净值，计提存货跌价准备。

期末对存货进行计量时，如果同一类存货，其中一部分是有合同价格约定的，另一部分则不存在合同价格，在这种情况下，企业应区分有合同价格约定的和没有合同价格约定的存货，分别确定其期末可变现净值，并与其相对应的成本进行比较，从而分别确定是否需计提存货跌价准备。

对存货跌价准备的计量处理，一般采用备抵法。备抵法，是指在资产负债表日，先按存货可变现净值低于成本的差额确认存货跌价损失，提取存货跌价准备，计入减值损失；如果以后减记存货价值的影响因素已经消失，减记的金额应予以恢复并在原已计提的存货跌价准备金额内转回，转回的金额计入当期损益。

（2）存货跌价准备的确认和回转。

企业应在每一资产负债表日，比较存货成本与可变现净值，计算出应计提的存货跌价准备，再与已提数进行比较。若应提数大于已提数，应予补提。企业计提的存货跌价准备，应计入当期损益（资产减值损失）。

当以前减记存货价值的影响因素已经消失，减记的金额应当予以恢复，并在原已计提的存货跌价准备金额内转回，转回的金额计入当期损益（资产减值损失）。

（3）存货跌价准备的结转。

企业计提了存货跌价准备，如果其中有部分存货已经销售，则企业在结转销售成本时，应同时结转对其已计提的存货跌价准备。

借：主营业务成本

　贷：库存商品

借：存货跌价准备

　贷：主营业务成本

对于因债务重组、非货币性资产交换转出的存货，应同时结转已计提的存货跌价准备，但不冲减当期的资产减值损失，按债务重组和非货币性资产交换的原则进行会计处理。

按存货类别计提存货跌价准备的，也应按比例结转相应的存货跌价准备。

【任务互动 4－18】顺通公司 2011 年开始采用成本与可变现净值孰低的方法进行期末存货的计价，并运用备抵法进行相关账务处理。2011 年年末存货的账面成本为 100 000 元，预计可变现净值 90 000 元。则：

（1）2011 年年末应计提的存货跌价准备为 10 000 元。

借：资产减值损失——存货减值损失　　10 000

　贷：存货跌价准备　　　　　　　　　　10 000

（2）假设 2012 年年末该存货的预计可变现净值为 85 000 元，则应计提的跌价准备为 5 000 元。

借：资产减值损失——存货减值损失　　5 000

　贷：存货跌价准备　　　　　　　　　　5 000

（3）假设 2013 年年末该存货的可变现净值有所恢复，预计可变现净值为 97 000 元，则应冲减计提的存货跌价准备为 12 000 元。

借：存货跌价准备　　　　　　　　　　12 000

　贷：资产减值损失——存货减值损失　　12 000

（4）假设 2014 年年末该存货的可变现净值为 105 000 元，则应冲减计提的存货跌价准备为 3 000 元。

借：存货跌价准备　　　　　　　　　　3 000

　贷：资产减值损失——存货减值损失　　3 000

企业应在当期财务报告附注中披露与存货跌价准备有关的信息，主要包括存货可变现净值的确定依据、存货跌价准备的计提方法、当期计提的存货跌价准备金额、当期转回的存货跌价准备金额以及计提和转回的有关情况。

【技能实训】长江公司是一家生产电子产品的上市公司，为增值税一般纳税企业。2014 年 12 月 31 日，长江公司期末存货有关资料如下：

（1）2014 年 12 月 31 日，乙产品市场销售价格为每台 30 000 元。长江公司已经与某企业签订一份不可撤销的销售合同，约定在 2015 年 2 月 10 日向该企业销售乙产品 300 台，合同价格为每台 32 000 元。乙产品预计销售费用及税金为每台 2 000 元。

（2）2014 年 12 月 31 日，丙产品市场销售价格为每台 20 000 元，预计销售费用及税金为每台 1 500 元。

（3）2014 年 12 月 31 日，丁配件的市场销售价格为每件 12 000 元。现有丁配件可用于生产 400 台丙产品，用丁配件加工成丙产品后预计丙产品单位成本为 17 500 元。

（4）2013 年 12 月 31 日，甲产品和丙产品的存货跌价准备余额分别为 8 000 000 元和 1 500 000 元，对其他存货未计提存货跌价准备；2012 年销售甲产品和丙产品分别结转存货跌价准备 2 000 000 元和 1 000 000 元。长江公司按单项存货，按年计提跌价准备。

要求：计算长江公司 2014 年 12 月 31 日应计提或转销的存货跌价准备，并编制相关的会计分录。

【模块小结】

存货是企业为销售或耗用而储存的物品，包括：①以备出售或为生产和服务所耗用的各种物品，如库存商品、库存原材料等；②处于生产加工过程中的物品，如在产品等；③尚在运输途中的各种物品，如在途商品、材料等；④委托其他单位加工或代销的物品；⑤出租给外单位使用的物品。

存货计价是指对存货购进、生产和销售的入账价、发出价及库存价的确定。一般按实际成本计价，但存货品种繁多的企业可采用计划成本或其他方法进行日常核算。

企业发出及库存存货的计价方法有先进先出法、加权平均法、移动平均法、个别计价法、后进先出法、成本与市价孰低法、计划（定额）成本法和售价法。

【思考与练习】

一、单项选择题

1. 下列各项中，其科目余额不列入资产负债表“存货”项目的是（　　）。

A. 委托加工物资　　B. 在途物资

C. 工程物资　　D. 生产成本

2. 甲企业为增值税一般纳税人，增值税税率为17%，现采购一批原材料用于应税产品的生产。销售方列示的名义销售价格为300 000元，但根据甲企业的采购批量应享有商业折扣10%，且在规定现金折扣期限内支付价款享有现金折扣2%（总价法），假设不考虑相关运费及其他损耗，该批原材料的采购成本应为（　　）元。

A. 351 000　　B. 300 000

C. 270 000　　D. 264 600

3. 存货的可变现净值是指（　　）。

A. 存货取得的历史成本与销售价格之间的差额

B. 存货合同价格或在市场中的售价

C. 存货合同价格减去至完工时估计将发生的成本、估计的销售费用以及相关税费后的金额

D. 存货的账面余额减去其存货跌价准备后的金额

4. 甲公司2014年12月31日库存配件100套，每套配件的账面成本为12万元，市场价格为10万元。该批配件可用于加工100件A产品，将每套配件加工成A产品尚需投入17万元。A产品2014年12月31日的市场价格为每件28.7万元，估计销售过程中每件将发生销售费用及相关税费1.2万元。该配件此前未计提存货跌价准备，则2014年12月31日该配件应计提的存货跌价准备为（　　）万元。

A. 200　　B. 150

C. 30　　D. 0

5. 下列项目中，从理论上均应属于存货的采购成本，但在实务中应当列入存货采购成本的是（　　）。

A. 采购机构的经费以及供应部门的经费

B. 市内零星运杂费和采购人员的差旅费

C. 运输途中的合理损耗和入库前的挑选费用

D. 一般纳税企业采购存货支付给销售方，但可从销项税额中抵扣的增值税

6. 下列存货发出的计价方法中，不能够在月份内及时反映某项存货价值量动态信息的是（　　）。

A. 先进先出法　　B. 月末一次加权平均法

C. 移动加权平均法　　D. 个别计价法

7. 企业对期末存货计价采用成本与可变现净值孰低法时，下列表述中正确的是(　　)。

A. 若本期末存货成本高于其可变现净值时应当提取存货跌价准备

B. 存货成本与其可变现净值的比较只能采用单项存货比较以体现谨慎

C. 存货的可变现净值是指该项存货在资产负债表日的现金净流量

D. 计提的存货跌价准备的损失一经确认，在以后会计期间不得转回

8. 对于归属于周转材料的低值易耗品，下列表述中不正确的是（　　）。

A. 其性质是劳动对象而非劳动资料，所以应纳入存货进行核算与管理

B. 其价值摊销的主要方法包括一次转销法和五五摊销法

C. 其报废时可能具有残值，应冲减报废当期的成本或费用

D. 若采用五五摊销法需设置“在库”、“在用” 和 “摊销” 三个明细科目

9. 甲公司本月赊购原材料一批，增值税专用发票列明价款为200 000元，增值税税额为34 000元（列为进项税额），运输单位普通运费发票列明运费为2 000元，而后由于在规定期限内付款享有现金折扣2%（总价法，且不考虑增值税），上述款项均以银行存款付讫。假设不再考虑其他因素，该原材料的入账成本应为（　　）元。

A. 236 000　　B. 202 000

C. 201 860　　D. 197 860

10. 某企业上期末存货中的库存商品A成本为80万元，可变现净值为74万元，该企业采用单项计提存货跌价准备，则计提后该库存商品A跌价准备的贷方余额为6万元。本期该库存商品A又增加了240万元，本期末该库存商品的成本为50万元，可变现净值为40万元（假设库存商品的本期减少均为对外实现销售）。该企业采用先进先出法对存货发出计价。假设不考虑其他因素，上述业务对当期利润表的影响金额是（　　）万元。

A. 280　　B. 274

C. 270　　D. 264

11. 某企业3月1日存货结存数量为200件，单价为4元；3月2日发出存货150件；3月5日购进存货200件，单价为4.4元；3月7日发出存货100件。在对存货发出采用移动加权平均法的情况下，3月7日结存存货的实际成本为（　　）元。

A. 628　　B. 432

C. 1 080　　D. 1 032

12. 在物价不断上涨时期，一个企业可以选用的存货计价方法中，若要使会计报表中的净收益最高，可以采用的计价方法是（　　）。

A. 加权平均法　　B. 先进先出法

C. 移动加权平均法　　D. 个别计价法

二、多项选择题

1. 下列项目中，应计入材料采购成本的有（　　）。

A. 制造费用　　B. 进口关税

C. 运输途中的合理损耗　　D. 一般纳税人购入材料支付的可以抵扣的增值税

2. 企业对发出存货的实际成本进行计价的方法有（　　）。

A. 个别计价法　　B. 加权平均法

C. 先进先出法　　D. 后进先出法

3. 下列各项与存货相关的费用中，应计入存货成本的有（　　）。

A. 材料采购过程中发生的保险费

B. 材料入库前发生的挑选整理费

C. 在生产过程中为达到下一个生产阶段所必需的仓储费用

D. 非正常消耗的直接材料

4. 下列各项中，增值税一般纳税企业应计入收回委托加工物资成本的有（　　）。

A. 支付的加工费

B. 随同加工费支付的增值税

C. 支付的收回后继续加工的委托加工物资的消费税

D. 支付的收回后直接销售的委托加工物资的消费税

5. 下列关于存货会计处理的表述中，正确的有（　　）。

A. 存货采购过程中发生的合理损耗计入存货采购成本

B. 存货跌价准备通常应当按照单个存货项目计提，也可分类计提

C. 债务人因债务重组转出存货时不结转已计提的相关存货跌价准备

D. 发出原材料采用计划成本核算的应于资产负债表日调整为实际成本

6. 下列有关可变现净值的表述中，正确的有（　　）。

A. 无销售合同的库存商品以该库存商品的估计售价为基础

B. 有销售合同的库存商品以该库存商品的合同价格为基础

C. 用于出售的无销售合同的材料以该材料的市场价格为基础

D. 用于生产有销售合同产品的材料以该材料的市场价格为基础

7. 下列应计入“销售费用”的有（　　）。

A. 支付的广告费

B. 出借包装物的成本

C. 随同产品出售不单独计价的包装物的成本

D. 随同产品出售单独计价的包装物的成本

三、判断题

1. 商品流通企业在采购商品过程中发生的采购费用，不计入商品成本。

2. 购入材料在运输途中发生的合理损耗不需单独进行账务处理。

3. 存货计价方法的选择，不仅影响着资产负债表中资产总额的多少，而且也影响着利润表中的净利润。

4. 先进先出法、移动平均法在实地盘存制与永续盘存制下均可以使用。

5. 入库原材料形成的超支差异在“材料成本差异”账户的贷方予以登记。

6. 基本生产车间一般性领用的原材料，记入期间费用“制造费用”账户。

7. 企业对存货无论采用实际成本法核算，还是采用计划成本法核算，在编制资产负债表时，资产负债表上的存货项目反映的都是存货的实际成本。

8. 发出原材料应负担的成本差异必须按月分摊。

9. 属于非正常损失造成的存货毁损，应按该存货的实际成本计入营业外支出。

10. 销售产品结转的存货跌价准备应冲减资产减值损失。

11. 若材料用于生产产品，且所生产的产品没有减值，则材料期末按成本计量。

四、计算分析题

1. 某一般纳税企业月初“原材料”账户余额为610 000元，“材料成本差异”贷方余额为3 000元，本月购入原材料一批，价款为200 000元，增值税为34 000元，运杂费为3 000元，已入库，计划成本为190 000元，本月发出材料计划成本为600 000元。

要求：计算发出材料实际成本和结存材料实际成本。（材料成本差异率采用本期差异率）

2. 甲企业为增值税一般纳税人，增值税税率为17%，原材料采用实际成本法核算，原材料发出采用月末一次加权平均法计价。运输费不考虑增值税。2014年4月，与A材料相关的资料如下：

（1）1日，“原材料——A材料”科目余额20 000元（共2 000千克，其中含3月末验收入库但因发票账单未到而以2 000元暂估入账的A材料200千克）。

（2）5日，收到3月末以暂估价入库A材料的发票账单，货款为1 800元，增值税税额为306元，对方代垫运输费400元，全部款项已用转账支票付讫。

（3）8日，以汇兑结算方式购入A材料3 000千克，发票账单已收到，货款为36 000元，增值税税额为6 120元，运输费用为1 000元。材料尚未到达，款项已由银行存款支付。

（4）11日，收到8日采购的A材料，验收时发现只有2 950千克。经检查，短缺的50千克确定为运输途中的合理损耗，A材料验收入库。

（5）18日，持银行汇票80 000元购入A材料5 000千克，增值税专用发票上注明的货款为49 500元，增值税税额为8 415元，另支付运输费用2 000元，材料已验收入库，剩余票款退回并存入银行。

（6）21日，基本生产车间自制A材料50千克验收入库，总成本为600元。

（7）30日，根据“发料凭证汇总表”的记录，4月份基本生产车间为生产产品领用A材料6 000千克，车间管理部门领用A材料1 000千克，企业管理部门领用A材料1 000千克。

要求：

（1）计算甲企业4月份发出A材料的单位成本。

（2）根据上述资料，编制甲企业4月份与A材料有关的会计分录。

3. 某企业为增值税一般纳税企业，材料按计划成本法核算。甲材料计划单位成本为10元。该企业2014年4月份有关资料如下：

（1）“原材料”账户月初余额40 000元，“材料成本差异”账户月初贷方余额548元，“材料采购”账户月初借方余额10 600元。（上述账户核算的均为甲材料）

（2）4月5日，上月已付款的甲材料1 000千克如数收到，已验收入库。

（3）4月15日，从外地A公司购入甲材料6 000千克，增值税专用发票注明价款为59 000元，增值税为10 030元，企业已用银行存款支付上述款项，材料尚未到达。

（4）4月20日，从A公司购入的甲材料到达，验收入库时发现短缺40千克，属于定额内自然损耗。按实收数量验收入库。

（5）4月30日，汇总本月发料凭证，本月共发出甲材料7 000千克，全部用于生产产品。

要求：

（1）编制会计分录。

（2）计算本月材料成本差异率、本月发出材料应负担的成本差异及月末库存材料的实际成本。

4. 2014年12月31日，甲公司存货的账面价值为1 390万元，其具体情况如下：

（1）A产品100件，每件成本10万元，账面总成本1 000万元。其中，40件已与乙公司签订不可撤销的销售合同，销售价格为每件11万元，其余未签订销售合同。A产品2014年12月31日的市场价格为每件10.2万元，预计销售每件A产品需要发生的销售费用及相关税金为0.5万元。

（2）B配件50套，每套成本为8万元，账面总成本400万元。B配件是专门为组装A产品而购进的。50套B配件可以组装成50件A产品。B配件2014年12月31日的市场价格为每套9万元。将B配件组装成A产品，预计每件还需发生加工成本2万元。

2014年1月1日，存货跌价准备余额为30万元（均为对A产品计提的存货跌价准备），2014年对外销售A产品转销存货跌价准备20万元。

要求：

（1）分别计算2014年12月31日A产品、B配件应计提的跌价准备。

（2）编制计提存货跌价准备的会计分录。

5. 甲企业为增值税一般纳税人，委托乙企业加工应交消费税材料一批，发出原材料成本300 000元，支付加工费175 500元（含增值税），支付消费税5 000元，材料加工完成后已验收入库。甲企业采用实际成本法核算原材料。

要求：分别作出甲企业收回加工材料继续生产应税消费品和直接用于出售两种情况下的账务处理。

模块五　固定资产

【知识目标】

1. 掌握固定资产的概念、分类和确认条件。
2. 掌握固定资产增减的核算方法。
3. 掌握固定资产折旧的计算及核算方法。
4. 掌握固定资产后续支出的核算方法。

【技能目标】

1. 能正确进行固定资产增加、折旧和减少业务的账务处理。
2. 能正确运用“固定资产”、“累计折旧”、“固定资产清理”等账户进行账务处理。
3. 能采用平均年限法计算固定资产折旧。

项目一　固定资产概述

【情景导入】

蓝天贸易有限公司向广州仪器厂购进仪器一台，专用发票上列明买价50 000元，增值税8 500元，并产生运输费450元。全部款项一并从银行汇付给对方，仪器也已达到预定可使用状态，并验收使用。

思考：该仪器的入账价值应该是多少？

一、固定资产的概念和特点

（一）固定资产的概念

固定资产，是指使用期限较长，单位价值较高，并且在使用过程中始终保持原有实物形态的资产，包括企业使用的房屋、建筑物、设备、运输工具等。

（二）固定资产的特点

（1）实物形态的不变性。固定资产是有形资产，能够连续在若干个生产经营周期中发挥作用，直到报废前，不改变其本身的实物形态。

（2）使用期限的有限性。固定资产的使用期限比较长，可以在超过1年或长于1年的生产经营周期中为企业服务，但它的使用寿命必定是有限的（土地除外）。

（3）价值存在的双重性。固定资产在全部使用年限内，束缚在实物形态上的价值，会因有形或无形磨损而逐渐减少，这部分减少的价值以折旧的形式体现出来，转化为企业的货币资金，并同时形成固定资产实物更新的货币准备金。

二、固定资产的确认标准

企业的固定资产属于企业的劳动资料，但并非所有的劳动资料都可作为企业的固定资产。判断劳动资料能否作为固定资产的具体标准有两个方面，一是时间标准，二是价值标准。现行企业会计制度规定：①企业使用期限超过 1 年的房屋、建筑物、机器、机械、运输工具以及其他与生产、经营有关的设备、器具、工具等资产，均应作为固定资产；②不属于生产、经营主要设备的物品，单位价值在 2 000 元以上，并且使用期限超过 2 年的，也应当作为固定资产。

凡不符合以上两个具体标准的劳动资料，企业应将其列为低值易耗品。

三、固定资产的分类

企业的固定资产种类繁多，规格和用途不一，为了加强对固定资产的管理，必须对固定资产进行科学的分类。

（一）按经济用途分类

固定资产按其经济用途，可分为生产经营用固定资产和非生产经营用固定资产。

生产经营用固定资产，是指直接参加到生产经营过程中或直接为生产经营过程服务的各种固定资产，如房屋、建筑物、机械、器具、动力设备、传导设备、运输设备等。

非生产经营用固定资产，是指不直接参加或不直接服务于生产经营过程的固定资产，如职工宿舍、招待所、学校、幼儿园、俱乐部、食堂、理发室、医院、疗养院以及专设的科学研究试验机构使用的房屋、设备等。

（二）按使用情况分类

固定资产按其使用情况，可分为使用中的固定资产、未使用的固定资产和不需用的固定资产。

使用中的固定资产，是指正处于使用中的生产经营用固定资产和非生产经营用固定资产。由于季节性生产经营或大修理等原因暂时停止使用的固定资产，仍属于企业使用中的固定资产。企业出租（指经营性租赁）给其他单位使用的固定资产、存放在生产经营场所备用的机器设备等固定资产，也属于使用中的固定资产。

未使用的固定资产，是指已完工或已购建但尚未交付使用的新增固定资产，购入尚未安装的固定资产，进行改建、扩建的固定资产以及经批准停止使用的固定资产。

不需用的固定资产，是指不适合本企业生产经营需要或多余的固定资产。

（三）按产权关系分类

固定资产按其产权关系，可分为自有固定资产和融资租入固定资产。

自有固定资产，是指产权属于本企业所有，归本企业管理和使用的固定资产。

融资租入固定资产，是指企业按合同或协议以融资租赁方式租入的固定资产。在融资租赁期间，融资租赁的固定资产应视同企业自有固定资产管理。

（四）按综合分类

固定资产按经济用途、使用情况和产权关系的综合分类，可分为七大类：生产经营用固定资产、非生产经营用固定资产、租出固定资产、不需用固定资产、未使用固定资产、融资租入固定资产、土地。

四、固定资产的计价

（一）固定资产的计价基础

固定资产计价，是指企业按货币量度对固定资产价值进行的计算。固定资产的计价基础有三种。

1. 按历史成本计价

即按固定资产原始价值计价，简称原值或原价，是指企业在取得某项固定资产时，应按取得时的成本作为入账价值。取得时的成本包括买价、进口关税、运输和保险等相关费用，以及为使固定资产达到预定可使用状态所发生的必要的支出。

2. 按重置完全价值计价

重置完全价值即现时重置成本，又称现值，是指在当前生产技术条件下，重新购置该项固定资产所需的全部支出。

3. 按折余价值计价

折余价值又称固定资产的净值，是指固定资产原始价值扣除使用中由于磨损而已提取的累计折旧后的剩余价值。

（二）固定资产入账价值的确定

固定资产入账价值，是指固定资产入账时价值构成的具体内容。由于固定资产的取得渠道、途径不同，其价值构成的具体内容也不一样。现行企业会计制度对固定资产的入账价值作了明确的规定：

（1）企业购置的不需要经过建造过程即可使用的固定资产，按实际支付的买价、包装费、运输费、安装成本、交纳的有关税金等，作为入账价值。

（2）企业自行建造的固定资产，按建造该项资产达到预定可使用状态前所发生的全部支出，作为入账价值。

（3）投资者投入的固定资产，按投资各方确认的价值，作为入账价值。

（4）融资租入的固定资产，按租赁开始日租赁资产的原账面价值与最低租赁付款额的现值相较较低者，作为入账价值。如果融资租赁资产占企业资产比等于或小于30%，那么，从租赁开始日，企业也可按最低租赁付款额，作为固定资产的入账价值。

（5）在原有固定资产的基础上进行改建、扩建的，按原有固定资产的账面价值，加上由于改建、扩建使该项资产达到预定可使用状态前发生的支出，减去改建、扩建过程中发生的变价收入，作为入账价值。

（6）企业通过债务人以非现金资产抵偿债务的方式取得的固定资产，或以应收债权换入的固定资产，按应收债权的账面价值加上应支付的相关税费，作为入账价值。涉及补价的，按以下规定确定受让的固定资产的入账价值：①收到补价的，按应收债权的账面价值减去补价，加上应支付的相关税费，作为入账价值；②支付补价的，按应收债权的账面价值加上支付的补价和应支付的相关税费，作为入账价值。

（7）以非货币性交易换入的固定资产，按换出资产的账面价值加上应支付的相关税费，作为入账价值。涉及补价的，按以下规定确定换入固定资产的入账价值：①收到补价的，按换出资产的账面价值加上应确认的收益和应支付的相关税费减去补价后的余额，作为入账价值；②支付补价的，按换出资产的账面价值加上应支付的相关税费和补价，作为入账价值。

（8）接受捐赠的固定资产，若捐赠方提供了有关凭据，则按凭据上标明的金额加上应支付的相关税费，作为入账价值。若捐赠方没有提供有关凭据，则按如下顺序确定其入账价值：①同类或类似固定资产存在活跃市场的，按同类或类似固定资产的市场价格估计的金额，加上应支付的相关税费，作为入账价值；②同类或类似固定资产不存在活跃市场的，按该接受捐赠的固定资产的预计未来现金流量现值，作为入账价值。

如受赠的系旧的固定资产，则以按照上述方法确定的价值，减去按该项资产的新旧程度估计的价值损耗后的余额，作为入账价值。

（9）盘盈的固定资产，按同类或类似固定资产的市场价格，减去按该项资产的新旧程度估计的价值损耗后的余额，作为入账价值。

（10）经批准无偿调入的固定资产，按调出单位的账面价值加上发生的运输费、安装费等相关费用，作为入账价值。

固定资产的入账价值中，还应当包括企业为取得固定资产而交纳的契税、耕地占用税、车辆购置税等相关税费。

企业购置计算机硬件所附带的、未单独计价的软件，与所购置的计算机硬件一并作为固定资产管理。

项目二　固定资产的账务处理

【情景导入】

蓝天贸易有限公司购入生产用设备一套，发票价格为价税合计585 000元，支付的运费、保险费等共计6 000元，支付安装调试费10 000元，款项已通过银行付讫。

思考：上述业务该怎样进行账务处理呢？

一、固定资产增加的主要账务处理

1. 购入不需要安装的固定资产

在这种情况下，企业应根据购入时实际支付的价款（包括买价、包装费、运输费等），借记“固定资产”账户，按支付的税金，借记“应交税费——应交增值税（进项税额）”，贷记“银行存款”等账户。

【任务互动5-1】2014年9月10日，蓝天贸易有限公司以银行存款购入不需要安装的A设备一台，价款为10 000元，支付增值税税款1 700元，另支付运输费100元，包装费200元。蓝天贸易有限公司据此应编制会计分录如下：

借：固定资产——A 设备　　　　　　　　10 300
　　应交税费——应交增值税（进项税额） 1 700
　贷：银行存款　　　　　　　　　　　　12 000

2. 购入需要安装的固定资产

在这种情况下，企业购入的固定资产以及为此发生的安装费等，均应先通过“在建工程”账户核算，待安装完毕交付使用时，再由“在建工程”账户转入“固定资产”账户。企业购入固定资产时，按实际支付的价款（包括买价、包装费、运输费等）借记“在建工程”账户，按支付的税金，借记“应交税费——应交增值税（进项税额）”账户，贷记“银行存款”账户；发生的安装费用等，借记“在建工程”账户，贷记“银行存款”账户；安装完毕交付验收使用时，按其实际成本作为固定资产的原值，借记“固定资产”账户，贷记“在建工程”账户。

【任务互动 5-2】蓝天贸易有限公司以银行存款购入一台需要安装的 A 设备，买价为 30 000 元，支付增值税税款 5 100 元，包装费 500 元。该设备由供货商负责安装，以银行存款支付安装费 1 500 元。蓝天贸易有限公司在进行会计处理时，应编制会计分录如下：

支付设备价、税、费款时：

借：在建工程——安装工程（A 设备）　　30 500
　　应交税费——应交增值税（进项税额）　5 100
　贷：银行存款　　　　　　　　　　　　　35 600

支付安装费时：

借：在建工程——安装工程（A 设备）　　1 500
　贷：银行存款　　　　　　　　　　　　　1 500

设备安装完毕交付验收使用时：

借：固定资产——A 设备　　　　　　　　32 000
　贷：在建工程——安装工程（A 设备）　32 000

3. 投资者投入的固定资产

在这种情况下，接受投资方应按投资各方确认的价值，借记“固定资产”账户，按专用发票上注明的增值税税额，借记“应交税费——应交增值税（进项税额）”，贷记“实收资本”（或“股本”）账户。

【任务互动 5-3】蓝天贸易有限公司收到红星公司投入的 A 设备一台，经资产评估师评估后，投资各方确认的价值为 30 000 元，增值税税率为 17%。蓝天贸易有限公司在进行会计处理时，应编制会计分录如下：

借：固定资产——A 设备　　　　　　　　　30 000
　　应交税费——应交增值税（进项税额）　　5 100
　贷：实收资本（股本）　　　　　　　　　　35 100

4. 接受捐赠的固定资产

在这种情况下，接受捐赠方应按捐赠方提供的有关凭据（发票、合同、账单等）上标明的金额（增值税除外），作为确定的入账价值，借记“固定资产”账户，按专用发票上注明的增值税税额，借记“应交税费——应交增值税（进项税额）”，贷记“营业外收入”

等账户。捐赠方未提供有关凭据的固定资产的入账价值，应按制度规定办理。

【任务互动5-4】蓝天贸易有限公司接受新星公司捐赠管理用电子设备一台，新星公司提供的发票上标明的设备价款为30 000元，增值税税率为17%，蓝天贸易有限公司又以银行存款支付安装调试费等共计2 000元。蓝天贸易有限公司应作如下会计处理：

借：固定资产——电子设备　32 000
　　应交税费——应交增值税（进项税额）　5 100
　贷：银行存款　2 000
　　　营业外收入　35 100

5. 盘盈的固定资产

在这种情况下，企业固定资产就"成为"了与存货相同的资产。盘盈的固定资产，企业并没有支付相应的价款，或者说这是企业资产管理所发生的内部经济业务，而非外部经济业务，因此，不会产生增值税的相关问题。当发生固定资产盘盈时，应通过"以前年度损益调整"科目进行账务处理。

【任务互动5-5】蓝天贸易有限公司在固定资产清查中，发现账外电机一台，同类电机的市场价格为10 000元（公司所得税税率为25%）。蓝天贸易有限公司据此应作如下会计处理：

盘盈固定资产时：

借：固定资产——电机　10 000
　贷：以前年度损益调整　10 000

调整应交所得税时：

借：以前年度损益调整　2 500
　贷：应交税费——应交所得税　2 500

将"以前年度损益调整"科目余额转入"利润分配"科目时：

借：以前年度损益调整　7 500
　贷：利润分配——未分配利润　7 500

调整利润分配有关数字时：

借：利润分配——未分配利润　7 500
　贷：盈余公积　7 500

二、固定资产减少的主要账务处理

1. 投资转出的固定资产

在这种情况下，企业应将转出的固定资产视同销售货物处理，计交增值税。借记"长期股权投资——其他股权投资（投资成本）"账户，按公允价值，贷记"主营业务收入"等账户，按售价及税率计算的增值税，贷记"应交税费——应交增值税（销项税额）"账户，同时结转相应成本。

【任务互动5-6】蓝天贸易有限公司将一台设备用于对卫华公司的投资。该设备的账面原值为100 000元，已提折旧38 000元。取得该设备时已计增值税税额17 000元，该设备转出时以银行存款支付运杂费400元、包装费500元。蓝天贸易有限公司据此应作如下会计处理：

转出该设备时（由于转出时没有明确的销售额，依税法规定，对已使用过的固定资产无法确定销售额的，则以固定资产净值为销售额，确认销售收入）：

借：长期股权投资——其他股权投资（投资成本）　　72 540

　贷：主营业务收入　　62 000

　　　应交税费——应交增值税（销项税额）　　10 540

支付包装及运杂费时：

借：销售费用　　900

　贷：银行存款　　900

结转成本时：

借：主营业务成本　　62 000

　　累计折旧　　38 000

　贷：固定资产　　100 000

2. 盘亏的固定资产

在这种情况下，企业应按盘亏固定资产的账面价值，借记“待处理财产损溢——待处理固定资产损溢”账户，按已提折旧，借记“累计折旧”账户，按固定资产原值，贷记“固定资产”账户，按原已抵扣的税额，贷记“应交税费——应交增值税（进项税额转出）”账户。盘亏固定资产的账面价值经批准转作企业损失时，借记“营业外支出——固定资产盘亏”账户，贷记“待处理财产损溢——待处理固定资产损溢”账户。

【小贴士】虽然盘亏的固定资产也是企业的内部经济业务，但由于该固定资产的进项税额在购置时已经抵扣，而盘亏后其使用价值及价值都不再存在，不能再为企业增加价值，所以，盘亏的固定资产要将原已抵扣的税额从进项税额中转出，其会计处理与存货的进项税额处理方式相同。

【任务互动5－7】蓝天贸易有限公司在固定资产清查时，发现长期未用的电脑少了一台。该电脑的账面原值为5 000元，已提折旧3 000元，原已抵扣的增值税税额为850元。盘亏电脑后经批准转作企业损失。蓝天贸易有限公司在进行会计处理时，应编制以下会计分录：

盘亏固定资产时：

借：待处理财产损溢——待处理固定资产损溢　　2 850

　　累计折旧　　3 000

　贷：固定资产——电脑　　5 000

　　　应交税费——应交增值税（进项税额转出）　　850

盘亏固定资产经批准转作企业损失时：

借：营业外支出——固定资产盘亏损失　　2 850

　贷：待处理财产损溢——待处理固定资产损溢　　2 850

三、固定资产处置的账务处理

企业出售、转让、报废固定资产或发生固定资产毁损，应当将处置收入扣除账面价值和相关税费后的金额计入当期损益。固定资产处置一般通过“固定资产清理”账户进行核算。

企业因出售、转让、报废或毁损、对外投资、非货币性交换、债务重组等原因处置固定资产，会计处理一般经过以下几个步骤：

1．固定资产转入清理

固定资产转入清理时，按固定资产的账面价值，借记“固定资产清理”账户，按已提折旧，借记“累计折旧”账户，按已计提的减值准备，借记“固定资产减值准备”账户，按固定资产的原值，贷记“固定资产”账户。

2．发生的清理费用

固定资产在清理过程中发生的相关费用以及应支付的相关税费，借记“固定资产清理”账户，贷记“银行存款”、“应交税费”等账户。

3．出售收入和残料等的处理

企业收回出售固定资产的价款、残料价值和变价收入等，应冲减清理支出。按实际收到的出售价款及残料变价收入款，借记“银行存款”、“原材料”等账户，贷记“固定资产清理”账户。

4．保险赔偿的处理

企业计算或收到的应由保险公司或过失人赔偿的损失款，应冲减清理支出，借记“其他应收款”、“银行存款”等账户，贷记“固定资产清理”账户。

5．清理净损益的处理

固定资产清理完成后的净收益，借记“固定资产清理”账户，贷记“营业外收入——处置非流动资产净收益”账户。

固定资产清理后的净损失，应区别不同情况进行处理：

（1）属于生产经营期间由于自然灾害等非正常原因造成的损失，计入营业外支出，借记“营业外支出——非常损失”账户，贷记“固定资产清理”账户。

（2）属于生产经营期间正常处理的损失，借记“营业外支出——处置非流动资产净损失”账户，贷记“固定资产清理”账户。

【小贴士】当固定资产出现报废、毁损时，除非正常损失外，原已抵扣的进项税额不需转出。

【任务互动5－8】蓝天贸易有限公司将富余的A仓库出售，原值为400 000元，已提折旧220 000元，实际出售价格为260 000元，价款已收存银行。蓝天贸易有限公司在进行会计处理时，应编制以下会计分录：

固定资产转入清理时：

借：固定资产清理　　180 000
　　累计折旧　　220 000
　贷：固定资产——A仓库　　400 000

出售固定资产的价款存入银行时：

借：银行存款　　260 000
　贷：固定资产清理　　260 000

结转出售固定资产实现的净收益时：

借：固定资产清理　　80 000

　贷：营业外收入——处置固定资产净收益　　80 000

【任务互动 5－9】蓝天贸易有限公司现将一台被新技术淘汰的甲设备提前报废，该设备的账面原值为 50 000 元，已提折旧 40 000 元。报废时残料变价收入 1 800 元收存银行，另以银行存款支付报废清理费用 400 元。蓝天贸易有限公司在进行会计处理时，应编制以下会计分录：

将报废设备转入清理时：

借：固定资产清理　　10 000

　　累计折旧　　40 000

　贷：固定资产——甲设备　　50 000

收到残料变价收入款时：

借：银行存款　　1 800

　贷：固定资产清理　　1 800

支付清理费用时：

借：固定资产清理　　400

　贷：银行存款　　400

结转报废固定资产发生的净损失时：

借：营业外支出——处置固定资产净损失　　8 600

　贷：固定资产清理　　8 600

【任务互动 5－10】蓝天贸易有限公司的 A 仓库因遭遇洪水而被毁损，原值为 200 000 元，已提折旧 80 000 元，已入库的残料变价收入估计为 15 000 元，由银行存款支付清理费用5 000元，经保险公司核定应赔偿的损失为 75 000 元，赔款尚未收到。蓝天贸易有限公司在进行会计处理时，应编制以下会计分录：

将被毁损的仓库转入清理时：

借：固定资产清理　　120 000

　　累计折旧　　80 000

　贷：固定资产——A 仓库　　200 000

残料估价入库时：

借：原材料　　15 000

　贷：固定资产清理　　15 000

支付清理费用时：

借：固定资产清理　　5 000

　贷：银行存款　　5 000

确认应收保险公司的赔偿款时：

借：其他应收款　　75 000

　贷：固定资产清理　　75 000

结转毁损仓库的净损失时：

借：营业外支出——非常损失　　35 000
　贷：固定资产清理　　　　　　　35 000

项目三　固定资产的折旧

【情景导入】

蓝天贸易有限公司有一幢厂房，原价为8 000 000元，预计可使用20年，预计报废时的净残值率为3%。

思考：公司每个月应当提取多少折旧？

一、固定资产折旧的概念

固定资产折旧，简称折旧，是指固定资产在其使用过程中，由于不断损耗而逐渐转移到产品成本中或构成企业费用的那部分价值。

固定资产的损耗，分为有形损耗和无形损耗两种形式。固定资产的有形损耗，是指固定资产在其使用过程中，由于使用和自然力作用而逐渐丧失其物理性能；固定资产的无形损耗，是指由于劳动生产率提高和科学技术进步所引起的固定资产价值损耗。计提固定资产的折旧，既要考虑固定资产的有形损耗，又要考虑固定资产的无形损耗，从而使其所提取的折旧额更合理，更能反映固定资产的损耗程度。

二、影响固定资产折旧的因素

1. 固定资产原值

它是决定固定资产折旧数额提取多少的基本因素，企业提取固定资产折旧额的基本依据也是固定资产原值。

2. 固定资产的净残值

它是固定资产报废时预计可以收回的残余价值扣除预计清理费用后的净额。固定资产的残值收入一般大于清理费用，因而净残值一般为正数。然而，固定资产的净残值究竟为多少，这在固定资产报废前是不得而知的，只能靠人为判断和估计。

【知识链接】为了避免人们随意估计净残值以调整折旧额，所得税暂行条例及实施细则规定：内资企业的固定资产净残值比在其原值的5%以内，由企业自行确定；外商投资企业和外国企业的固定资产净残值比应当不低于原值的10%。

3. 固定资产的使用年限

固定资产使用年限的长短直接影响各期应提的折旧额。在考虑了固定资产的有形损耗和无形损耗的基础上，国家对有关固定资产的折旧年限作出了规定，企业可据此结合自身的具体情况合理地确定固定资产的折旧年限。

4. 固定资产减值准备

固定资产减值，是指固定资产的可回收金额低于其账面价值。如果出现这种情况，企业应当按可回收金额低于其账面价值的差额计提固定资产减值准备，并计入当期损益。固定资产减值损失一经确认，在以后会计期间不得转回。

【知识链接】可回收金额，是指资产的销售净价与预期从该资产的持续使用和使用寿命结束时的处置中形成的现金流量的现值两者之中的较高者。其中，销售净价指销售价格减去处置资产所发生的相关税费后的余额。

三、计提固定资产折旧的范围

（1）按现行企业会计制度的规定：企业一般应按月提取折旧。当月增加的固定资产，当月不提折旧，从下月起计提折旧；当月减少的固定资产，当月照提折旧，从下月起不提折旧。固定资产提足折旧后，不管其能否继续使用，均不再计提折旧；提前报废的固定资产，也不管其折旧是否提足，均不再补提折旧。

（2）根据现行企业会计制度的规定，企业的下列固定资产应计提折旧：房屋和建筑物，在用的机器设备、仪器仪表、运输工具、工具器具，季节性停用、大修理停用的固定资产，融资租入和以经营租赁方式租出的固定资产。

已达到预定可使用状态的固定资产，如果尚未办理竣工决算的，应按估计价值暂估入账，并计提折旧，待办理了竣工决算手续后，再按照实际成本调整原来的暂估价值，同时调整原已计提的折旧额。

（3）下列固定资产不应计提折旧：房屋、建筑物以外的未使用、不需用固定资产，以经营租赁方式租入的固定资产，已提足折旧继续使用的固定资产，按规定单独估价作为固定资产入账的土地。

【小贴士】上述（1）是从时间的角度规定了计提折旧的范围，（2）、（3）是从空间的角度来规范计提折旧的范围，总结（2）、（3）可概括为：除了已提足折旧仍继续使用的固定资产和按规定单独计价作为固定资产入账的土地这两种情况以外的所有固定资产均应计提折旧。

四、计提固定资产折旧的方法

固定资产折旧的计算方法有多种，如直线法、工作量法、双倍余额递减法和年数总和法等。由于固定资产折旧方法的选用直接关系到企业成本、费用和损益的计算，进而影响到国家的所得税征收，国家对此有比较严格的规定。因此，企业应在国家允许的范围内选用一种方法，且折旧方法一经确定，不得随意变更；如需变更，应按有关程序，经批准后报送有关方面备案，并应在会计报表附注中予以说明。目前，企业最常用的折旧方法是直线法。

五、固定资产折旧的基本账务处理

为了核算固定资产的折旧业务，企业应设置“累计折旧”账户。企业按月计提固定资产折旧时，应根据固定资产的使用地点和用途，借记有关成本费用账户，贷记“累计折旧”账户。具体地说，对于生产车间固定资产计提的折旧，借记“制造费用”账户；对于企业销售部门固定资产计提的折旧，借记“销售费用”账户；对于行政管理部门固定资产计提的折旧，借记“管理费用”账户；对于经营租出固定资产计提的折旧，借记“其他业务支出”账户，贷记“累计折旧”账户。

【任务互动5-11】蓝天贸易有限公司采用直线法提取固定资产折旧，2014年10月的固定资产折旧计算表列出：生产车间64 000元，销售部24 000元，企划部2 000元。账务处理如下：

借：制造费用　　64 000
　　销售费用　　24 000
　　管理费用　　 2 000
　贷：累计折旧　　　90 000

【知识链接】“累计折旧”账户只进行总分类核算，不进行明细分类核算。需要查明该项固定资产的已提折旧，可以根据固定资产卡片上所记载的该项固定资产原值、折旧率和实际使用年数等资料进行计算。本账户期末贷方余额，反映企业提取的固定资产折旧累计数。

六、直线法下固定资产折旧的计算

直线法又称平均年限法，是根据固定资产的原值、预计净残值或净残值率和规定的预计使用年限，平均计算固定资产折旧额的一种方法。

这种方法最大的特点是：每期计算的折旧额是相等的、不变的，在坐标中折旧额表现为一条直线。该方法由此而得名。

直线法的计算公式为：

年折旧率＝（1－预计净残值率）/预计使用年限×100%

年折旧额＝固定资产原值×年折旧率

或者：

年折旧额＝［固定资产原值×（1－预计净残值率）］/预计使用年限

月折旧率＝年折旧率/12

月折旧额＝固定资产原值×月折旧率

【任务互动5-12】蓝天贸易有限公司采用直线法提取固定资产折旧。公司有一栋建筑物，原值为1 000 000元，预计可使用20年，预计净残值率为4%，计算该建筑物的折旧额和折旧率。

年折旧率＝（1－4%）/20×100%＝4.8%

年折旧额＝1 000 000×4.8%＝48 000（元）

月折旧率＝4.8%/12＝0.4%

月折旧额＝1 000 000×0.4%＝4 000（元）

七、工作量法下固定资产折旧的计算

工作量法是指根据固定资产预计完成的工作总量平均计提折旧的方法。这种方法的特点是固定资产单位工作量计提的折旧额是相等的，但在各个使用期内计提的折旧额，会因各期实际工作量的不同而不同。这种方法适用于运输设备和价值高但不经常使用的大型专用设备的折旧额的计算。其计算公式为：

单位工作量折旧额 = ［固定资产原值×（1－预计净残值率）］/预计总工作量

某项固定资产月折旧额 = 该项固定资产当月工作量×单位工作量折旧额

【任务互动5－13】 假设某汽车原值为200 000元，预计净残值率为5%，预计总行驶里程为500 000公里，本月实际行驶20 000公里，请计算该汽车本月应计提的折旧额。

单位里程折旧额 =［200 000×（1－5%）］/500 000 = 0.38（元/公里）

该汽车本月折旧额 = 20 000×0.38 = 7 600（元）

八、双倍余额递减法下固定资产折旧的计算

双倍余额递减法，是指在不考虑固定资产净残值的情况下，以双倍直线折旧率乘以每年年初固定资产折余价值来计算每期折旧额的一种方法。其计算公式为：

年折旧率 = （2/预计使用年限）×100%

月折旧额 = 年初固定资产折余价值×年折旧率/12

【任务互动5－14】 蓝天贸易有限公司有一台设备，原值为300 000元，预计使用5年，预计净残值率为2%，则用双倍余额递减法计算出的各年折旧额如表5－1所示。

表5－1　折旧额计算表

年次	年初账面净值	年折旧率	年折旧额	累计折旧额	年末账面净值
1	300 000	40%	120 000	120 000	180 000
2	180 000	40%	72 000	192 000	108 000
3	108 000	40%	43 200	235 200	64 800
4	64 800	——	29 400	264 600	35 400
5	35 400	——	29 400	294 000	6 000

注：年折旧率 = （2/5）×100% = 40%

最后两年平均折旧额 = （64 800－300 000×2%）/2 = 29 400（元）

【小贴士】 由于双倍余额递减法不考虑固定资产净残值，因此在应用该方法时应注意：为了使固定资产的账面折余价值降低到它的预计净残值以下，应当在其固定资产折旧年限到期前两年内，将固定资产账面折余价值扣除预计净残值后的剩余价值平均摊销。

九、年数总和法下固定资产折旧的计算

年数总和法又称合计年限法或者总和年限法，是以逐年递减的折旧率乘以一个固定的折旧基数来计算每期折旧额的一种方法。其中：

固定的折旧基数 = 固定资产原值－预计净残值

逐年递减的年折旧率 = （预计使用年限－已使用年限）/［预计使用年限×（1＋预计使用年限）/2］×100%

【小贴士】 年折旧率的分子代表固定资产尚可使用的年限，分母代表使用年数的逐年

数字加总之和，该方法因此而得名。

年数总和法的计算公式为：

月折旧额 =（固定资产原值 - 预计净残值）×逐年递减的年折旧率 ÷12

【任务互动 5 - 15】按上题中的资料，以年数总和法计算的折旧额如表 5 - 2 所示。

表 5 - 2 折旧额计算表

年次	折旧基数	尚可使用年限	年数总和	年折旧率	年折旧额	累计折旧额	年末账面净值
1	294 000	5	15	5/15	98 000	98 000	202 000
2	294 000	4	15	4/15	78 400	176 400	123 600
3	294 000	3	15	3/15	58 800	235 200	64 800
4	294 000	2	15	2/15	39 200	274 400	25 600
5	294 000	1	15	1/15	19 600	294 000	6 000

注：折旧基数 = 300 000 ×（1 - 2%）= 294 000（元）

【知识链接】固定资产加速折旧的原理

企业的固定资产是指能够在较长期限内为企业生产经营过程提供服务的劳动资料，但这种劳动资料并不是永久可供使用的，它的服务能力会随着其使用年数的增加或科学技术的进步而逐渐减弱以至衰竭。这样就会形成固定资产在投入使用的早期，因其服务效能高而给企业带来较高的收入，在投入使用的后期，因其服务效能低而给企业带来较少的收入的情况。根据会计核算的配比原则，固定资产在投入使用的早期应多提折旧，随后递减，以使固定资产在较短的使用期限内，将逐渐损耗的价值加快得到补偿。这就是固定资产加速折旧的基本原理。目前，在我国国民经济中占据重要地位的技术进步快的电子生产企业、船舶工业企业、生产“母机”的机械企业、飞机制造企业、化工生产企业和医药生产企业以及其他经财政部门批准的特殊行业的企业，机器设备均可加速折旧。固定资产加速折旧的方法有多种，如余额递减法、双倍余额递减法、年数总和法、递减折旧率法等。但现行企业会计制度允许使用的加速折旧方法主要是年数总和法和双倍余额递减法。

项目四　固定资产后续支出的核算

【情景导入】

蓝天贸易有限公司对现有的一套机器设备进行修理，修理过程中产生材料费 100 000 元，维修人员的工资为 20 000 元。

思考：在修理过程中产生的这些费用，该如何处理？

一、固定资产后续支出的含义

固定资产的后续支出属于固定资产后续计量的范畴，是指企业为了维护或提高固定资产的使用效能，而对固定资产进行维护、改建、扩建或者改良所产生的开支，如生产设备的日常维修、定期大修，房屋装修等。

【知识链接】《企业会计准则第4号——固定资产》规定："与固定资产有关的后续支出，符合本准则第四条规定的确认条件的，应当计入固定资产成本；不符合本准则第四条规定的确认条件的，应当在发生时计入当期损益"。

二、固定资产后续支出的核算要求

固定资产后续支出的处理原则是：后续支出满足固定资产确认条件的，按资本化的后续支出处理；后续支出不能满足固定资产确认条件的，按费用化的后续支出处理。在具体实施中，对于各项后续支出，通常的核算要求是：

（1）固定资产修理支出。经常性的维修，通常不满足固定资产的确认条件，按费用化的后续支出处理，应在发生时直接计入当期费用，不得采用预提或待摊方式处理。

（2）固定资产改良支出。改良固定资产通常能满足固定资产的确认条件，按资本化的后续支出处理，应在发生时计入固定资产的账面价值。

（3）混合型维修改造支出。如果后续支出不能区分是固定资产修理还是固定资产改良，或固定资产修理和固定资产改良结合在一起，则企业应当判断该后续支出是否满足固定资产的确认条件。如果满足了固定资产的确认条件，后续支出应当计入固定资产账面价值。否则，后续支出应当确认为当期费用。

（4）固定资产装修支出。如果满足固定资产的确认条件，装修费用应当计入固定资产账面价值，并在"固定资产"科目下单设"固定资产装修"明细科目进行核算，在两次装修间隔期与固定资产尚可使用年限两者中较短的期间内，采用合理的方法单独计提折旧。如果在下次装修时，与该项固定资产相关的"固定资产装修"明细科目仍有账面价值，应将该账面价值一次性全部计入当期营业外支出。

三、资本化的后续支出

资本化的后续支出是指"与固定资产的更新改造等有关、符合固定资产确认条件的，应当计入固定资产成本，同时将被替换部分的账面价值扣除"，以避免将替换部分的成本和被替换部分的账面价值同时计入固定资产成本。如果企业不能确定被替换部分的账面价值，可将替换部分的成本视为被替换部分的账面价值。

企业固定资产发生资本化的后续支出时，首先应将相关固定资产的原价、已计提的累计折旧和减值准备转销，将固定资产的账面价值转入在建工程，并停止计提折旧，发生的支出通过"在建工程"科目核算，待工程完工并达到预定可使用状态时，再从在建工程转为固定资产，并按重新确定的使用寿命、预计净残值和折旧方法计提折旧。

【任务互动5-16】某公司2011年12月自建了一条流水线，建造成本为600 000元，采用直线法计提折旧，预计净残值率为固定资产原价的3%，预计使用年限为6年。2014年1月1日，由于现有流水线的生产能力已难以满足公司生产发展的需要，但若新建流水线则成本过高，周期过长，于是公司决定对现有流水线进行改扩建，以提高其生产能力。2014年1月1日至3月31日，经过三个月的改扩建，完成了对这条流水线的改扩建工程，共发生支出280 000元，全部以银行存款支付。该流水线达到预定的使用状态后，大大提高了企业的生产能力，预计其使用年限将延长4年，即预计使用年限为10年。假定流水线改扩建之后预计净残值率为改建之后固定资产的账面价值的3%，折旧方法仍为直线法。（为了简化计算，不考虑相关税费，公司按年度计提固定资产折旧。）

【小贴士】流水线改扩建之后生产能力大大提高，能够为企业带来更多的经济效益，改扩建的支出金额同样可以可靠计量。因此，该后续支出符合固定资产的确认条件，应该计入固定资产的成本，按资本化的后续支出进行账务处理。

公司有关会计处理如下：

2013年12月31日，该公司有关账户的余额：

流水线的年折旧额 = 600 000 ×（1 − 3%）÷ 6 = 97 000（元）

累计折旧的账面价值 = 97 000 × 2 = 194 000（元）

固定资产的账面净值 = 600 000 − 194 000 = 406 000（元）

2014年1月1日，固定资产转入改扩建时：

借：在建工程 406 000
　　累计折旧 194 000
　贷：固定资产 600 000

2014年1月1日至3月31日，发生改扩建工程支出时：

借：在建工程 280 000
　贷：银行存款 280 000

2014年3月31日，流水线改扩建工程达到预定可使用状态时：

固定资产的入账价值 = 406 000 + 280 000 = 686 000（元）

借：固定资产 686 000
　贷：在建工程 686 000

2014年3月31日，重新转为固定资产后，应按重新确定的使用寿命、预计净残值和折旧方法计提折旧：

应计提折旧额 = 686 000 ×（1 − 3%）= 665 420（元）

月折旧额 = 665 420 ÷（7 × 12 + 9）= 7 155.05（元）

年折旧额 = 7 155.05 × 12 = 85 860.60（元）

2014年应计提的折旧额 = 7 155.05 × 9 = 64 395.45（元）

借：制造费用 64 395.45
　贷：累计折旧 64 395.45

四、费用化的后续支出

费用化的后续支出是指与固定资产有关的修理费用等后续支出，不符合固定资产确认条件的，应当根据不同情况分别在发生时计入当期管理费用或销售费用。

固定资产修理是指固定资产投入使用后，由于磨损及各组成部分耐用程度不同，所导致的固定资产局部损坏。为了维护固定资产的正常运转和使用，充分发挥其使用效能，企业将对固定资产进行必要的维护和修理。固定资产的日常修理、大修理等只是确保固定资产的正常工作状况，这类维修一般范围较小、间隔时间较短、一次修理费用较少，不能改变固定资产的性能，不能增加固定资产的未来经济利益，不符合固定资产的确认条件，在发生时应直接计入当期损益。

企业生产车间发生的固定资产修理费用等后续支出计入“制造费用”，行政管理部门发生的固定资产修理费用等后续支出计入“管理费用”，企业专设销售机构的、与专设销售机构相关的固定资产修理费用等后续支出计入“销售费用”。

【任务互动 5－17】某企业对现有的一台生产用设备进行修理维护，修理过程中发生如下支出：领用库存原材料一批，价值为10 000元，为购买该原材料支付的增值税进项税额为1 700元，维修人员工资3 000元。不考虑其他因素，会计处理如下：

借：制造费用　　　　　　　13 000

　贷：原材料　　　　　　　　　10 000

　　　应付职工薪酬——工资　　3 000

【小贴士】2009年1月1日起，在全国所有地区、所有行业推行增值税转型改革之规定。根据此规定，企业购买该原材料支付的增值税进项税额1 700元不转入固定资产成本，原材料所含税金允许抵扣，这有利于企业进行设备更新改造。

【模块小结】

固定资产，是指使用期限较长、单位价值较高，并且在使用过程中始终保持原有实物形态的资产，包括企业使用的房屋、建筑物、设备、运输工具等。

企业的固定资产属于企业的劳动资料，但并非所有的劳动资料都可作为企业的固定资产。判断劳动资料能否作为固定资产的标准有两个，一是时间，二是价值。

固定资产入账价值，是指固定资产入账时价值构成的具体内容。由于固定资产的取得渠道、途径不同，其价值构成的具体内容也不一样。现行企业会计制度对固定资产的入账价值作了明确的规定，在学习过程中同学们要予以重视，正确区分。

固定资产折旧，是指固定资产在其使用过程中，由于不断损耗而逐渐转移到产品成本中或构成企业费用的那部分价值。固定资产折旧的计算方法有多种，如直线法、工作量法、双倍余额递减法和年数总和法等。企业应在国家允许的范围内选用一种方法，且折旧方法一经确定，不得随意变更。

在固定资产的后续支出中应注意区分资本化的后续支出和费用化的后续支出。

【思考与练习】

一、单项选择题

1. 企业发生的下列税费中，能计入固定资产入账价值的是（　　）。

A. 房产税　　　　B. 车船使用税

C. 土地使用税　　D. 车辆购置税

2. 某企业购入旧设备一台，实际支付价款10 000元，增值税为1 700元，支付运杂费500元，安装费600元。则该设备入账的原值为（　　）元。

A. 11 000　　B. 11 100

C. 12 800　　D. 10 000

3. 企业购入需要安装的固定资产，需先通过（　　）账户核算。

A. 固定资产　　B. 在建工程

C. 工程物资　　D. 固定资产清理

4. 一笔款项购入多项没有单独标价的固定资产，如果这些资产均符合固定资产的定义，并满足固定资产的确认条件，则应将各项资产单独确认为固定资产，并按（　　）对总成本进行分配。

A. 公允价值比例　　B. 历史成本比例

C. 重置成本比例　　D. 可变现净值比例

5. 投资者投入的固定资产应按（　　）作为其成本。

A. 市场价格　　B. 投资各方确认的价值

C. 原始价值　　D. 折余价值

6. 下列设备中，不应计提固定资产折旧的是（　　）。

A. 季节性停用的大型设备　　B. 已提足折旧仍在使用的大型设备

C. 以融资租赁方式租入的大型设备　　D. 以经营租赁方式租出的大型设备

7. 某固定资产使用年限为 5 年，在采用年数总和法计提折旧的情况下，第一年的年折旧率为（　　）。

A. 20%　　B. 33%

C. 40%　　D. 50%

8. 某固定资产原值为 250 000 元，预计净残值为 6 000 元，预计可以使用 8 年，按照双倍余额递减法计算，第二年应计提的折旧为（　　）元。

A. 46 875　　B. 45 750

C. 61 000　　D. 30 500

9. 某项固定资产原值为 40 000 元，预计净残值为 2 000 元，折旧年限为 4 年，采用年数总和法计提折旧，则第三年折旧额为（　　）元。

A. 7 600　　B. 8 000

C. 3 800　　D. 12 000

10. 一台机器设备原值为 80 000 元，预计净残值为 8 000 元，预计可使用 12 年，按直线法计提折旧，则第二年应计提折旧为（　　）元。

A. 6 600　　B. 6 000

C. 7 000　　D. 8 000

11. 下列各因素中，计提固定资产折旧时通常不考虑的是（　　）。

A. 固定资产原值　　B. 固定资产预计净残值

C. 固定资产使用年限　　D. 固定资产实际净残值

12. 某企业 2014 年 5 月期初固定资产原值为 1 000 万元，5 月增加了一项固定资产，入账价值为 500 万元；同时，5 月份减少了固定资产原值 600 万元。那么，5 月份该企业应计提折旧的固定资产原值为（　　）万元。

A. 1 000　　B. 1 500
C. 900　　D. 1 100

13. 以下固定资产折旧方法中，初期不需要考虑固定资产净残值的方法是（　　）。
A. 工作量法　　B. 平均年限法
C. 双倍余额递减法　　D. 年数总和法

14. 出售固定资产收取的价款应贷记（　　）科目。
A. 营业外支出　　B. 营业外收入
C. 资本公积　　D. 固定资产清理

15. 某企业出售闲置的设备，账面原价为 21 000 元，已经使用两年，已经计提折旧 2 100元，出售的时候发生清理费用 400 元，出售价格为 18 000 元，则该企业出售此设备发生的净损益为（　　）。
A. -500 元　　B. -1 300 元
C. -900 元　　D. 1 300 元

16. 因自然灾害报废的固定资产，结转报废净损失时应借记（　　）账户核算。
A. 固定资产　　B. 固定资产清理
C. 营业外支出　　D. 待处理财产损溢

二、多项选择题

1. 企业购入的固定资产，其入账价值应是买价加上与购置固定资产有关的（　　）。
A. 运输费　　B. 安装费
C. 增值税　　D. 包装费

2. 下列各项构成一般纳税企业固定资产价值的有（　　）。
A. 支付的车辆购置税　　B. 建造期间发生的资本化借款利息
C. 支付的增值税　　D. 耕地占用税

3. 下列项目中，应当列入“资产负债表”中的“固定资产”项目的有（　　）。
A. 融资租入生产设备的原价　　B. 经营性租入生产设备的原价
C. 经营性租出生产设备的原价　　D. 转入清理的生产设备的原价

4. 下列关于投资者投入固定资产的核算表述正确的有（　　）。
A. 按照投资合同或协议确认的价值借记“固定资产”
B. 按照投资方固定资产账面价值借记“固定资产”
C. 按照投资合同确认或协议确认的价值贷记“实收资本”
D. 按照投资方固定资产账面价值贷记“实收资本”

5. 下列关于固定资产的特征表述正确的有（　　）。
A. 固定资产是为生产商品、提供劳务、出租或经营管理而持有的
B. 固定资产的使用寿命超过 2 个会计年度
C. 固定资产的使用寿命超过 1 个会计年度
D. 固定资产是单位价值超过 2 000 元的有形资产

6. 下列应当计入外购固定资产成本的是（　　）。

A．场地整理费　　B．包装费
C．安装费　　D．增值税

7．下列可以计提折旧的固定资产是（　　）。
A．季节性停用的　　B．大修理停用的
C．已提足折旧继续使用的　　D．房屋建筑物

8．能使企业在较短时间内收回大部分固定资产投资的折旧方法是（　　）。
A．平均年限法　　B．双倍余额递减法
C．工作量法　　D．年数总和法

9．下列属于加速折旧法的是（　　）。
A．平均年限法　　B．工作量法
C．双倍余额递减法　　D．年数总和法

10．企业计提固定资产折旧时，与“累计折旧”账户相对应的账户可能是（　　）。
A．制造费用　　B．管理费用
C．投资收益　　D．银行存款

11．下列固定资产中应计提折旧的有（　　）。
A．融资租赁方式租入的固定资产
B．按规定单独估价作为固定资产入账的土地
C．以经营租赁方式租出的固定资产
D．以经营租赁方式租入的固定资产

12．企业计算固定资产折旧的主要依据有（　　）。
A．固定资产的使用年限　　B．固定资产的原值
C．固定资产的净残值　　D．固定资产的使用部门

13．按照现行会计制度的规定，企业可以采用的固定资产折旧方法有（　　）。
A．工作量法　　B．平均年限法
C．年数总和法　　D．双倍余额递减法

14．固定资产报废会计处理中，最终的损益应作为（　　）处理。
A．资本公积　　B．营业外收入
C．其他业务收入　　D．营业外支出

15．企业对固定资产清理进行核算时，可能涉及的会计科目有（　　）。
A．累计折旧　　B．固定资产
C．营业外收入　　D．营业外支出

16．下列各项，应通过“固定资产清理”科目核算的有（　　）。
A．固定资产报废　　B．固定资产出售
C．固定资产改良　　D．固定资产修理

17．确定固定资产处置损益时，应考虑的因素有（　　）。
A．固定资产账面价值　　B．应交营业税
C．应收保险赔偿　　D．清理人工费用

三、判断题

1. 写字楼中的电梯或中央空调，既可以和大楼一起作为固定资产，也可单列为一项固定资产。

2. 民用航空运输企业的高价周转件等，应当确认为固定资产。

3. 在我国会计实务中，固定资产的计价均应采用公允价值。

4. 固定资产报废清理费应按照现值计入固定资产的成本。

5. “固定资产”账户的期末借方余额反映固定资产的账面价值。

6. 投资者投入的固定资产，按投资双方确认的价值入账。

7. 企业大修理停用的固定资产也应计提折旧。

8. 实行双倍余额递减法计提折旧的固定资产，应当在该固定资产折旧年限到期以前两年内，将该固定资产净值（扣除净残值）平均摊销。

9. 加速折旧法与平均使用年限法相比，并非缩短使用寿命，只是前期折旧多，后期折旧少，体现了谨慎性要求。

10. 某设备原价为 90 000 元，预计净残值为 2 700 元，预计可以使用 15 000 小时，实际使用 12 000 小时，其中第 5 年实际使用 3 000 小时，采用工作量法第 5 年应提折旧为 17 460 元。

11. 已达到预定可使用状态尚未办理竣工决算的固定资产，应当按照估计价值确定其成本，并计提折旧；待办理竣工决算后，再按实际成本调整原来的暂估价值，同时需要调整原已计提的折旧额。

12. 固定资产清理净收益，属于生产经营期间的，贷记“其他业务收入”。

13. 购入固定资产的入账价值应包括为该固定资产支付的增值税。

14. 企业根据准则的规定，将发生的固定资产后续支出计入固定资产成本的，如果有被替换的部分，应当终止确认被替换部分的账面价值。

15. 固定资产的大修理支出应计入固定资产的成本，而中小支出通常在发生时直接计入当期损益。

四、分录题

1. 某企业 2015 年 1 月份各部门的折旧额为：生产经营部门 8 321 元，管理部门 4 150 元。请编制相关会计分录。

2. 某企业购入收款机 3 台，每台进价为 2 775 元，进项税为 471. 75 元，价款以银行存款支付 40%，其余待付。请编制相关会计分录。

3. 企业购入一台需要安装的设备，增值税专用发票上注明的设备买价为 180 000 元，增值税税额为 30 600 元，支付的运输费为 2 250 元。以银行存款支付安装费 5 800 元。设备安装完毕，交付使用。请编制相关会计分录。

4. 企业将不需用的设备一台出售，账面原值为 140 000 元，已提折旧 105 000 元，协议售价 30 000 元，价款已存入银行。编制出售、收到款项、结转损益的会计分录。

5. 企业购入不需要安装的设备一台，价款为 35 000 元，支付的增值税为 5 950 元，支付的运杂费为 1 820 元，支付的包装费为 680 元。款项以银行存款支付。请编制相关会计分录。

6. 企业购入需要安装的设备一台，设备买价为 80 000 元，增值税为 13 600 元，支付的运杂费为 2 000 元，支付包装费 400 元，安装费 1 150 元。款项均以银行存款支付，设备安装完毕交付使用。编制支付设备款、税金、运杂费、包装费、安装费和交付使用的会计分录。

五、综合题

某企业有一固定资产，该固定资产原值为 100 000 元，预计使用年限为 5 年，预计净残值为 2 000 元。

要求：（1）计算采用双倍余额递减法计提折旧时各年的折旧率和折旧额。

（2）计算采用年数总和法计提折旧时各年的折旧率和折旧额。

模块六　无形资产及其他资产

【知识目标】

1. 掌握无形资产的概念、特点、确认条件和内容。
2. 掌握无形资产增加、摊销及处置的核算方法。
3. 掌握长期待摊费用的主要内容。

【技能目标】

1. 能正确进行无形资产增加、摊销及处置的账务处理。
2. 能正确进行长期待摊费用的账务处理。

项目一　无形资产

【情景导入】

2014 年，南华机械厂经董事会批准研发某新产品专利技术。在研发过程中发生材料费 5 000 000 元、人工工资 200 000 元、其他费用 400 000 元，总计 5 600 000 元。其中，符合资本化的支出为 3 000 000 元。年底，该项专利技术已达到预定用途。

思考：该厂应该如何进行账务处理？

一、无形资产的概念及特征

无形资产是指企业拥有或控制的没有实物形态的可辨认非货币性资产，包括专利权、商标权、著作权、非专利技术、土地使用权、特许权这六种。无形资产一般具有以下特征：

（1）不具有实物形态。无形资产不具有物质实体，看不见，摸不着，不像固定资产、存货那样人们可以直接触摸到；却具有价值，或能使企业获得高于同行业一般水平的盈利能力。不具有实物形态是无形资产区别于其他资产的显著标志。

（2）具有可辨认性。无形资产能够从企业中分离或划分出来，并能单独或与相关合同、资产或负债一起，用于转移、出售、授予许可、租赁或交换。

（3）属于非货币性资产。无形资产能够在多个会计期间为企业带来经济利益，其使用年限都在一年以上，它的价值将在各个受益期间逐渐摊销。

二、无形资产的内容

无形资产包括专利权、商标权、著作权、非专利技术、土地使用权、特许权。

1. 专利权

专利权，指国家专利主管机关依法授予发明创造专利申请人对其发明创造在法定期限内所享有的专有权利，包括发明专利权、实用新型专利权和外观设计专利权。发明专利权的期限为20年，实用新型专利权和外观设计专利权的期限为10年，均自申请日起计算，到期可继续申请延长有效期。

2. 商标权

商标是用来辨认特定的商品或劳务项目的专有标记。商标权指商标注册人在商品或产品上使用特定的名称或图案的权利。注册商标的有效期限为10年，到期可继续申请延长有效期。

3. 著作权

著作权又称版权，指自然人、法人或其他组织对其创作的文学、科学和艺术作品依法享有的某些特殊权利。著作权包括两方面的权利，即精神权利（人身权利）和经济权利（财产权利）。前者指作品署名、发表作品、确认作者身份、保护作品的完整性、修改已经发表的作品等权利，即发表权、署名权、修改权和保护作品完整权；后者指以出版、表演、广播、展览、录制唱片、摄制影片等方式使用作品以及因授权他人使用作品而获得经济利益的权利。

4. 非专利技术

非专利技术，也称专有技术或技术秘密、技术诀窍，是指不为外界所知、在生产经营活动中已采用了的、不享有法律保护的各种技术和经验。非专利技术一般包括工业专有技术、商业贸易专有技术、管理专有技术等。

5. 土地使用权

土地使用权，指国家准许某企业或单位在一定期间内对国有土地享有开发、利用、经营的权利。企业取得土地使用权的方式大致有行政划拨取得、外购取得、投资者投入取得等。

6. 特许权

特许权，又称经营特许权、专营权，指企业在某一地区经营或销售某种特定商品或是一家企业接受另一家企业使用其商标、商号（企业名称）、技术秘密等的权利。前者一般是由政府机构授权，准许企业使用或在一定地区享有经营某种业务的特权，如水、电、邮政、通信等专营权，烟草专卖权等；后者指企业间依照签订的合同，有限期或无限期使用另一家企业的某些权利，如连锁店、分店使用总店的名称等。

【知识链接】商誉是现代企业的一种重要资产。在当今企业不断拓宽生产经营渠道、开拓新市场的形势之下，作为企业实现迅速发展壮大途径之一的合并活动在经济发展中发挥着举足轻重的作用。对大多数企业而言，商誉是一种越来越重要的经济资源，在企业全部资产中所占比重不断加大，发挥的作用也在不断加强，越来越为企业内外部关系人所瞩目。但由于商誉所具有的特殊性质，其会计处理一直是会计理论与实务中研究的热点。

2006年2月15日颁布的《企业会计准则》对于不可辨认的资产——商誉的会计处理有了明确的规范和重大变化：由于商誉的不可辨认性，不能将其作为企业的无形资产核算。

三、无形资产确认的条件

无形资产应当在符合定义的前提下，同时满足下列两个条件，才能予以确认：

（1）该无形资产产生的经济利益很可能流入企业。

（2）该无形资产的成本能够可靠地计量。

四、无形资产的核算

为了核算无形资产的取得、摊销和处置等情况，企业应当设置“无形资产”、“累计摊销”等科目。企业无形资产发生减值的，还应当设置“无形资产减值准备”科目进行核算。

1. 无形资产的取得

无形资产应当按照成本进行初始计量。企业取得无形资产的主要方式有外购、自行研究开发、投资者投入等。

（1）外购无形资产。外购无形资产的成本包括购买价款、相关税费以及直接归属于使该项资产达到预定用途所发生的其他支出。购入时，按实际支付的价款作为实际成本，借记“无形资产”账户，贷记“银行存款”等账户。

【任务互动6-1】甲公司以500 000元的价格购入一项非专利技术，款项通过银行存款支付。会计处理如下：

借：无形资产——非专利技术　　　500 000

　贷：银行存款　　　　　　　　　　　500 000

（2）自行研究开发无形资产。企业内部研究开发项目所发生的支出应区分研究阶段支出和开发阶段支出。研究阶段是指为获得科技知识并理解它们而进行的计划调查，此阶段所发生的支出应当于发生时计入当期损益，即记入“管理费用”账户；开发阶段所发生的支出，不满足资本化条件的，记入“研发支出——费用化支出”账户，满足资本化条件的，记入“研发支出——资本化支出”账户。研究开发项目达到预定用途形成无形资产的，转入无形资产，借记“无形资产”账户，贷记“研发支出——资本化支出”账户。

【任务互动6-2】甲公司自行研制、开发一项技术，截至2013年12月31日，发生研发支出合计2 000 000元。经测试，该项研发活动已完成了研究阶段，从2014年1月1日起进入开发阶段。2014年发生开发支出300 000元，假定符合资本化的条件。2014年6月30日，该项研发活动结束，最终开发出一项非专利技术。甲公司应进行如下账务处理：

2013年发生的研发支出，全部属于研究阶段的支出，应记入“管理费用”账户：

借：管理费用　　　　2 000 000

　贷：银行存款等　　　　2 000 000

2014年发生开发支出，并满足资本化条件：

借：研发支出——资本化支出　　300 000

　贷：银行存款等　　　　　　　　300 000

2014 年 6 月 30 日，该技术研发完成并形成无形资产：

借：无形资产　　　　　　　　　300 000

　贷：研发支出——资本化支出　　　　300 000

2. 无形资产的摊销

（1）无形资产摊销的范围。

企业应当于取得无形资产时分析判断其使用寿命。使用寿命有限的无形资产应进行摊销，使用寿命不确定的无形资产不应摊销。

（2）无形资产的摊销。

使用寿命有限的无形资产，其残值应当视为零。对于使用寿命有限的无形资产，应当自供使用（即其达到预定用途）当月起开始摊销，处置当月不再摊销。无形资产摊销的方法包括直线法、生产总量法等。

企业应当按月对无形资产进行摊销。无形资产的摊销额一般应计入当期损益。企业自用的无形资产，其摊销金额计入管理费用；出租的无形资产，其摊销金额计入其他业务成本；某项无形资产包含的经济利益通过所生产的产品或其他资产实现的，其摊销金额应计入相关资产成本。

【任务互动 6-3】 A 公司购入了一项专利权，成本为 2 400 000 元，规定受益年限为 10 年，则 A 公司每月摊销时账务处理如下：

借：管理费用　　20 000（2 400 000/10/12）

　贷：累计摊销　　20 000

【任务互动 6-4】 A 公司将自行研发完成的非专利技术出租给甲公司，该非专利技术成本为 1 800 000 元，双方约定租赁期为 10 年，则 A 公司每月摊销时账务处理如下：

借：其他业务成本　　　　15 000（1 800 000/10/12）

　贷：累计摊销　　　　　　15 000

3. 无形资产的处置

企业处置无形资产，应当将取得的价款扣除该无形资产账面价值以及出售相关税费后的差额计入营业外收入或营业外支出。

【任务互动 6-5】 A 公司将一项专利权转让给 B 公司，该专利权的成本为 600 000 元，已摊销 200 000 元，应交税费 25 000 元，实际取得的转入收入为 520 000 元，款项已存入银行。A 公司账务处理如下：

借：银行存款　　　520 000

　　累计摊销　　　200 000

　贷：无形资产　　　600 000

　　　应交税费　　　　25 000

　　　营业外收入　　　95 000

4. 无形资产的减值

无形资产在资产负债表日存在可能发生减值的迹象时，其可回收金额低于账面价值的，企业应当将该无形资产的账面价值减记至可回收金额，减记的金额确认为减值损失，计入当期损益，同时计提相应的资产减值准备。无形资产减值损失一经确认，在以后的会计期间不得转回。

【任务互动 6－6】2014 年 12 月 31 日，某新技术生产的产品销售势头较好，已对 A 公司产品的销售产生重大不利影响。A 公司外购的类似专利技术账面价值为 800 000 元，剩余摊销年限为 4 年，经减值测试，该专利技术的可回收金额为 740 000 元。由于 A 公司该专利技术在资产负债表日的账面价值为 800 000 元，可回收金额为 740 000 元，可回收金额低于其账面价值，故应按其差额计提减值准备。账务处理如下：

借：资产减值损失——计提的无形资产减值准备　60 000

　贷：无形资产减值准备　60 000

项目二　其他资产

【情景导入】

2014 年 4 月 1 日，蓝天贸易有限公司对其以经营租赁方式新租入的办公楼进行装修，发生以下有关支出：领用生产材料 500 000 元，此批材料的增值税税率为 17%；辅助生产车间提供的劳务支出为 18 000 元；有关人员工资 20 000 元。2014 年 12 月 1 日，该办公楼装修完工后交付使用，并按租赁期 10 年开始摊销。

思考：公司应如何进行账务处理？

一、其他资产概述

其他资产是指不能包括在流动资产、长期投资、固定资产、无形资产等之内的资产，如长期待摊费用等。长期待摊费用，是指企业已经支出，但摊销期限在 1 年以上（不含 1 年）的各项费用，包括固定资产的大修理支出、租入固定资产的改良支出等。

二、长期待摊费用的核算

长期待摊费用应当单独核算，在费用项目的受益期限内分期平均摊销。企业发生的长期待摊费用单独设置“长期待摊费用”科目核算，摊销时，计入相关的制造费用、营业费用、管理费用等。长期待摊费用主要包括以下内容：

1. 租入固定资产改良支出

企业从其他单位租入的固定资产，所有权属于出租人，承租企业依合同享有使用权。如果企业对租入的固定资产进行改良，由于租入的固定资产的所有权不属于企业，因此，发生的改良支出只能作为待摊销的费用处理。摊销期限在租赁期或改良工程的有效使用期两者孰短的期限内摊销。如果摊销期限超过 1 年的，作为长期待摊费用处理。

2. 固定资产大修理支出

对固定资产大修理发生的费用采取待摊方式核算的，应当将发生的大修理费用在下一次大修理前平均摊销。如果摊销期限超过 1 年的，作为长期待摊费用处理。

3. 发行股票的手续费和佣金等相关费用

股份有限公司委托其他单位发行股票而支付的手续费或佣金等各项费用，减去发行股票期间冻结的利息收入后的余额，从发行股票的溢价收入中不够抵销的，或者无溢价的，若金额较小的，可直接计入当期损益；若金额较大的，可作为长期待摊费用核算，并在不超过2年的期限内平均摊销，计入管理费用。

4. 开办费

开办费是指企业在筹建期间，除应计入有关财产物资价值以外所发生的各项费用，包括人员工资、办公费、培训费、差旅费、注册登记费以及不计入固定资产价值的借款费用等。企业发生的开办费应当在开始生产经营，取得营业收入时停止归集，并应当在开始生产经营的当月起一次性计入生产经营当月的损益。

如果长期待摊的费用项目不能使以后会计期间受益的，应当将尚未摊销的该项目的摊余价值全部转入当期损益。

【任务互动6-7】2014年4月1日，A公司对其以经营租赁方式租入的办公楼进行装修，发生如下支出：领用生产材料500 000元，购进这批材料时的进项税额为85 000元，辅助生产车间为该装修工程提供劳务支出180 000元，有关人员工资等职工薪酬435 000元。2014年11月30日，该办公楼装修完工，达到预计可使用状态并交付使用，按租赁期10年开始进行摊销。假定不考虑其他因素，A公司账务处理如下：

装修领用材料时：

借：长期待摊费用　　585 000

　贷：原材料　　500 000

　　应交税费——应交增值税（进项税额转出）　　85 000

辅助生产车间提供劳务时：

借：长期待摊费用　　180 000

　贷：生产成本——辅助生产成本　　180 000

确认职工薪酬时：

借：长期待摊费用　　435 000

　贷：应付职工薪酬　　435 000

2014年12月摊销装修支出时：

借：管理费用　　10 000

　贷：长期待摊费用　　10 000

【模块小结】

无形资产是指企业拥有或控制的没有实物形态的可辨认非货币性资产，包括专利权、商标权、著作权、非专利技术、土地使用权及特许权。

购入无形资产时，按实际支付的价款作为实际成本，借记“无形资产”账户，贷记“银行存款”等账户。

企业内部研究开发项目所发生的支出应区分研究阶段支出和开发阶段支出。研究阶段是指为获得科技知识并理解它们而进行的计划调查，此阶段所发生的支出应当于发生时计入当期损益，即记入“管理费用”账户；开发阶段所发生的支出，不满足资本化条件的，记入“研发支出——费用化支出”账户，满足资本化条件的，记入“研发支出——资本化支出”账户。

企业应当按月对无形资产进行摊销，无形资产的摊销额一般应当计入当期损益，无形资产摊销的方法包括直线法、生产总量法等。

企业处置无形资产，应当将取得的价款扣除该无形资产账面价值以及出售相关税费后的差额计入营业外收入或营业外支出。

【思考与练习】

一、单项选择题

1. 如果合同没有规定受益年限，且法律也没有规定有效年限的，无形资产的摊销期限为（　　）。

A. 按不短于 5 年摊销　　B. 按不超过 5 年摊销

C. 按不超过 10 年摊销　　D. 按不短于 10 年摊销

2. 下列项目不属于开办费核算的内容的是（　　）。

A. 筹建期间发生的注册登记费　　B. 筹建期间发生的差旅费支出

C. 筹建期间发生的办公费支出　　D. 筹建期间发生的购建无形资产的支出

3. 甲企业兼并乙企业，甲企业实际支付 800 万元，乙企业的资产总额为 1 500 万元，负债总额为 900 万元，乙企业的商誉价值为（　　）万元。

A. 800　　B. 700

C. 100　　D. 200

4. 企业出租无形资产取得的收入，应当计入（　　）。

A. 主营业务收入　　B. 其他业务收入

C. 投资收益　　D. 营业外收入

5. 接受投资者投入的无形资产，应按（　　）入账。

A. 同类无形资产的价格

B. 该无形资产可能带来的未来现金流量之和

C. 投资各方确认的价值

D. 投资者无形资产账面价值

6. 企业出售无形资产取得的净收入，应当计入（　　）。

A. 主营业务收入　　B. 其他业务收入

C. 投资收益　　D. 营业外收入

7. 转让无形资产的所有权时，其核算与（　　）账户无关。

A. 其他业务收入　　B. 营业外收入

C. 无形资产减值准备　　D. 无形资产

8. 某公司 2014 年成立，发生如下开办成本：登记注册费 6 000 元，有关人员工资支出 4 000元，其他费用 2 000 元。则 2015 年年初开始营业的该公司，当年应摊销(　　)元。

A. 12 000　　B. 0

C. 2 400　　D. 6 000

9. 某企业研制一项新技术，开始并无成功把握，该企业在研究过程中花费材料费

60 000元，支付人工费 10 000 元。研究成功后申请获得专利权，在申请专利的过程中发生专利登记费 40 000 元，律师费 8 000 元。该项专利权的入账价值为（　　）元。

A. 58 000　　B. 130 000

C. 118 000　　D. 48 000

10. 无形资产在进行摊销时，如果受益年限短于有效年限，则该项无形资产的摊销（　　）。

A. 按不超过规定有效年限摊销

B. 企业可自主决定

C. 按不超过 10 年的期限摊销

D. 按不超过受益年限摊销

11. 自创并经法律程序申请取得的无形资产，其申请登记费应列入（　　）。

A. 管理费用　　B. 无形资产

C. 其他业务支出　　D. 营业费用

12. 某企业出售一项三年前取得的专利权，该专利取得时的成本为 40 万元，按 10 年摊销，出售时取得收入 40 万元，营业税税率为 5%。不考虑城市维护建设税和教育费附加，则出售该项专利时影响当期的损益为（　　）万元。

A. 10　　B. 12

C. 30　　D. 32

二、多项选择题

1. 当存在下列哪些情况时，应当计提无形资产的减值准备（　　）。

A. 某项无形资产已被其他新技术等所替代，使其为企业创造经济利益的能力受到重大不利影响

B. 某项无形资产市价在当期大幅下跌，在剩余摊销年限内预期不会恢复

C. 某项无形资产已超过法律保护期限，但仍然具有部分使用价值

D. 某项无形资产已超过法律保护期限，并且已不能为企业带来经济利益

2. 下列说法中正确的有（　　）。

A. 投资者投入的无形资产，按投资各方确认的价值作为实际成本

B. 自行开发并按法律程序申请取得的无形资产，将依法取得时发生的注册费、聘请律师费等费用，直接计入当期费用

C. 为首次发行股票而接受投资者投入的无形资产，应按该无形资产在投资方的账面价值作为实际成本

D. 为首次发行股票而接受投资者投入的无形资产，应按该无形资产评估价作为实际成本

3. 出售无形资产时发生的成本费用包括（　　）。

A. 出售无形资产的洽谈费用和差旅费

B. 出售无形资产取得的收入

C. 出售无形资产的摊余价值

D. 出售无形资产时应交纳的税金

4. 下列各项中，企业应确认为无形资产的有（　　）。

A. 吸收投资取得的土地使用权

B. 因转让土地使用权补交的土地出让金

C. 由于技术先进掌握了生产诀窍而形成的商誉

D. 无偿划拨取得的土地使用权

5. 关于长期待摊费用的摊销期限，下列说法中正确的有（　　）。

A. 应在费用项目的受益期限内分期平均摊销

B. 在不超过5年的期限内平均摊销，计入损益

C. 所有长期待摊费用应在企业开始生产经营当月起一次性计入开始生产经营当月的损益

D. 如果长期待摊的费用项目不能使以后会计期间受益的，应当将尚未摊销的该项目的摊余价值全部转入当期损益

6. 下列哪些情况下企业应当将该项无形资产的账面价值全部转入当期损益（　　）。

A. 某项无形资产已被其他新技术等所替代，并且该项无形资产已无使用价值和转让价值

B. 某项无形资产已超过法律保护期限，并且已不能为企业带来经济利益

C. 其他足以证明某项无形资产已经丧失了使用价值和转让价值的情形

D. 某项无形资产已被其他新技术等所替代，使其为企业创造经济利益的能力受到重大不利影响

7. 下列项目中，可在“长期待摊费用”科目核算的有（　　）。

A. 摊销期限在1年以上（不含1年）的固定资产大修理支出

B. 摊销期限在1年以上（不含1年）的租入固定资产的改良支出

C. 应当由本期负担的长期借款利息

D. 按面值发行股票，支付的金额较大的手续费或佣金等相关费用

8. 对土地使用权，下列说法中正确的有（　　）。

A. 企业以支付土地出让金方式取得的土地使用权，在尚未开发或建造自用项目前，作为无形资产核算

B. 通过行政划拨方式取得的土地使用权作为无形资产核算

C. 房地产开发企业开发商品房时，应将土地使用权的账面价值全部转入开发成本

D. 企业利用土地建造自用某项目时，应将土地使用权的账面价值全部转入在建工程成本

三、判断题

1. 无形资产是指企业为生产商品或者提供劳务而出租给他人，或以管理为目的而持有的、没有实物形态的非货币性长期资产。

2. 广告的目的在于维持、提高商标的价值，广告费用一般应当计入商标权成本。

3. 企业自创的商誉应当按评估确认的价值入账。

4. 企业原先通过行政划拨而获得的土地使用权，在将其出租时，按规定应将补交的土地出让价款作为当期损益处理。

5．企业自创并依法取得的专利权、商标权等无形资产的成本，应根据依法取得时发生的注册费、聘请律师费以及其他相关支出入账。

6．按照我国现行会计制度的规定，企业通过无偿划拨方式取得的土地使用权和有偿方式取得的土地使用权，都应当作为无形资产核算。

7．对自创的无形资产，为了稳健和简化核算，一般将自创过程中发生的费用作为技术研究费用，计入当期费用。

8．当某项无形资产已被其他新技术等所替代，使其为企业创造经济利益的能力受到重大不利影响时，应当对其计提减值准备。

9．企业出售无形资产，应将所得价款与该项无形资产的账面价值之间的差额，计入当期其他业务利润。

10．无形资产的后续支出应视支出性质将其计入无形资产成本或当期损益。

四、综合题

1．A 企业 2013 年 1 月 1 日从 B 企业购入一项专利的所有权，以银行存款支付买价和有关费用共计 60 000 元。该专利的法定有效期限为 10 年，合同规定的法定有效期限为 8 年，假定 A 企业于每年年末计提全年无形资产摊销额。2015 年 1 月 1 日，A 企业将上项专利权出售给 C 企业，取得收入 50 000 元存入银行，该项收入适用的营业税税率为 5%。(不考虑其他税费)

要求：

（1）编制 A 企业购入专利权的会计分录。

（2）计算该项专利权的年摊销额并编制有关会计分录。

（3）编制与该项专利权转让有关的会计分录并计算转让该项专利权的净损益。

2．A 公司 2014 年发生下列经济业务：

（1）出租一项专利权，取得税金收入 100 000 元，收到款项存入银行，应交营业税 5 000元。

（2）对一项无形资产计提减值准备 60 000 元。

要求：编制上述业务的会计分录。

3．2011 年 1 月 1 日，甲企业外购无形资产 A，实际支付的价款为 1 000 000 元。根据相关法律，无形资产 A 的有效年限为 10 年，已使用 1 年。甲企业估计无形资产 A 的使用年限为 5 年。2012 年 12 月 31 日，由于与无形资产 A 相关的经济因素发生不利变化，致使无形资产 A 发生价值减值。甲企业估计其可回收金额为 180 000 元。2014 年 12 月 31 日，甲企业发现，导致无形资产 A 在 2012 年发生减值损失的不利经济因素已全部消失，且此时估计无形资产 A 的可回收金额为 200 000 元。假定不考虑所得税及其他相关税费的影响。

要求：编制从无形资产购入到无形资产使用期满的相关业务的会计分录。

模块七　负　债

【知识目标】

1. 了解负债的定义和分类。
2. 了解流动负债的定义。
3. 了解非流动负债的定义。

【技能目标】

1. 能对负债进行正确的计量。
2. 能对各种负债进行熟练的账务处理。

项目一　负债概述

一、负债的定义

负债是指企业过去的交易或者事项形成的、预期会导致经济利益流出企业的现时义务。负债具有以下特征：

（1）是企业承担的现时义务。

（2）负债的清偿预期会导致经济利益流出企业。

（3）是由过去的交易或事项形成的。

二、负债的分类

负债一般按其偿还时间的长短划分为流动负债和非流动负债两类。

流动负债是指将在1年（含1年）或超过1年的一个营业周期以内偿还的债务，主要包括短期借款、应付票据、应付账款、应付职工薪酬等。

非流动负债是指偿还期在1年以上或超过1年的一个营业周期以上的债务，包括长期借款、长期应付款等。

项目二　短期借款

【情景导入】

李强是创世纪公司的财务总监，最近比较烦恼。因为他所在的公司A产品销量突增，而对应的原材料却面临短缺，急需1 000 000元周转资金采购原材料，否则公司将面临断产危机，给企业造成重大损失。

思考：李强该如何度过这次资金缺口的危机呢？

一、短期借款的定义

企业为维持正常的生产经营临时所需的资金或为抵偿某项债务而向银行或其他金融机构等外单位借入的、还款期限在1年以下（含1年）的各种借款。

二、短期借款的分类

短期借款主要有经营周转借款、临时借款、结算借款、票据贴现借款、卖方信贷、预购定金借款和专项储备借款等。

三、短期借款的核算

企业发生的短期借款，应借记“银行存款”科目，贷记“短期借款”科目；对于短期借款的利息，企业应当按照应计的金额，借记“财务费用”等科目，贷记“应付利息”等科目；到期偿还时，借记“财务费用”、“应付利息”、“短期借款”等科目，贷记“银行存款”科目。

【任务互动7－1】创世纪公司2014年7月1日向银行借入资金1 000 000元，期限是3个月，年利率为6%，到期还本，每月末计提利息，按季付息。

借入短期借款：

7月1日贷款时的业务处理，应编制会计分录如下：

借：银行存款　　　1 000 000

　贷：短期借款　　　1 000 000

短期借款的每月预提利息：

计算每月利息为1 000 000×6%÷12＝5 000元，则7、8、9月末计提利息应编制会计分录如下：

借：财务费用　　　5 000

　贷：应付利息　　　5 000

短期借款及利息偿还：

7、8、9月利息之和为5 000×3＝15 000元，则应编制会计分录如下：

借：应付利息　　　　15 000
　　短期借款　　　1 000 000
　贷：银行存款　　　　1 015 000

【知识链接】利息计算的基本常识

人民币业务的利率换算公式为（存贷通用）：

日利率 = 年利率 ÷360 = 月利率 ÷30

月利率 = 年利率 ÷12

中国人民银行颁发的《人民币利率管理规定》中，短期贷款（期限在一年以下，含一年）按贷款合同签订日的相应档次的法定贷款利率计息。贷款合同期内，遇利率调整不分段计息。

短期贷款按季结息的，每季度末月的二十日为结息日；按月结息的，每月的二十日为结息日。具体结息方式由借贷双方协商确定。对贷款期内不能按期支付的利息按贷款合同利率按季或按月计收复利，贷款逾期后改按罚息利率计收复利。最后一笔贷款清偿时，利随本清。

项目三　应付账款

【情景导入】

20 世纪 80 年代初，美国汽车业处在一片萧条之中，福特的最高管理层仔细研究了应付账款部以及其他许多部门，希望找到削减成本的办法。仅在北美地区，应付账款部就雇用了 500 多人。管理层认为，通过实现流程合理化和安装新的计算机系统，可以减少大约 20% 的人员。福特对自己加强应付账款控制的计划满怀热情——直到它开始留意马自达公司（Mazda）。一个 400 人的部门已经让福特感到十分振奋，而马自达的应付账款部总共才 5 个人。数字上的绝对差异让大家感到非常震惊。于是，福特管理层一步步提高了他们的目标：应付账款部不只是要减少 100 名员工，而是要减少几百名员工。后来，福特实行了新的应付账款管理流程，使该部门减少了 75% 的员工，而不是保守计划下的 20%。而且，因为财务记录和实物记录之间没有任何出入，材料控制变得更简单，财务信息也变得更准确。

一、应付账款的定义

应付账款是指企业因购买材料、商品或接受劳务供应等经营活动而应支付的款项。

二、应付账款的确认与核算

应付账款一般按应付金额入账，而不按到期应付金额的现值入账。如果购入的资产在形成一笔应付账款时是带有现金折扣的，应付账款的入账金额按发票上记载的应付金额的总值确定。在这种方法下，应按发票上记载的全部应付金额，借记有关科目，贷记“应付账款”科目，获得的现金折扣，冲减财务费用。接受供应单位提供劳务而发生的应付未付款项，根据供应单位的发票，借记“生产成本”、“管理费用”等科目，贷记“应付账款”科目。“应付账款”科目一般按照应付单位名称开设明细账。

（1）货物与发票同时到达，待货物验收入库后，按发票登记入账。

借：原材料/库存商品（采购成本）

应交税费——应交增值税（进项税额）（专用发票列示的增值税）

贷：应付账款（发票所列示的总金额及对方代垫款项）

【任务互动7-2】创世纪公司为增值税一般纳税企业。2014年3月1日，从A公司购入一批材料，价款1 000 000元，增值税为170 000元，对方代垫运杂费10 000元，进项税1 100元。原材料已验收入库，款项尚未支付。会计处理如下：

借：原材料　　1 010 000

应交税费——应交增值税（进项税额）　　171 100

贷：应付账款　　1 181 100

（2）发票到达，货物尚未到达，按发票登记入账。

借：在途物资（采购成本）

应交税费——应交增值税（进项税额）（专用发票列示的增值税）

贷：应付账款——A公司（发票所列示总金额及对方代垫款项）

【任务互动7-3】创世纪公司为增值税一般纳税企业。2014年3月1日，从A公司购入一批材料，价款为1 000 000元，增值税为170 000元，对方代垫运杂费10 000元。货物尚未到达，款项尚未支付。会计处理如下：

借：在途物资　　1 010 000

应交税费——应交增值税（进项税额）　　170 000

贷：应付账款——A公司　　1 180 000

（3）货物到达，发票未到达，货物到达时暂不做账，待月份终了时因为没有收到发票，不能确定采购成本，先暂估入账，下月初红字冲销。

借：原材料（暂估成本）

贷：应付账款——暂估应付账款　　（同上）

【任务互动7-4】蓝天公司3月25日购进A材料一批，货物已运达企业并入库，至3月31日发票尚未到达，材料暂估价格为20 000元。

3月25日因发票尚未到达，暂时不作会计分录处理。

3月31日暂估入账：

借：原材料　　20 000

贷：应付账款——暂估应付账款　　20 000

4月1日红字冲回上月暂估入账的分录：

借：原材料　　20 000

贷：应付账款——暂估应付账款　　20 000

（4）偿付应付账款处理。

正常偿付的业务：

借：应付账款

贷：银行存款

偿付时，享受现金折扣的处理（计算现金折扣时一般不考虑增值税）：

借：应付账款（应付账款总价）

　贷：财务费用（货物买价 × 现金折扣率）

　　　银行存款（实际支付的金额或应付账款与折扣额之差）

【任务互动 7 - 5】 接【任务互动 7 - 2】，假设偿还上述应付账款时享受对方提供的 1% 的现金折扣（不考虑增值税），应编制以下会计分录：

折扣额：1 000 000 × 1% = 10 000（元）

借：应付账款——A 公司　1 180 000

　贷：财务费用　　　　　　　10 000

　　　银行存款　　　　　　1 170 000

最后，企业转销确实无法支付的应付账款，比如因债权人撤销等原因而产生无法支付的应付账款，应按其账面余额计入营业外收入，借记“应付账款”科目，贷记“营业外收入”科目。

项目四　应付职工薪酬的核算

【情景导入】

21CN 新闻曾有一则标题为“如此‘年终奖’”的报道，内容是：终于要发年终奖了，可有网友爆料，期盼已久的年终奖居然是 20 个馒头！年终奖怎么发、发多少，这本来是企业自己的事，可是发 20 个馒头，这也未免“太有才”了。

一、应付职工薪酬的组成

本科目核算企业根据有关规定应付给职工的各种薪酬。企业应当通过“应付职工薪酬”科目，核算应付职工薪酬的提取、结算、使用等情况。该科目的贷方登记已分配计入有关成本费用项目的职工薪酬的数额，借方登记实际发放职工薪酬的数额，包括扣还的款项等；期末贷方余额，反映企业应付未付的职工薪酬。“应付职工薪酬”科目应当按照“工资”、“职工福利”、“社会保险费”、“住房公积金”、“工会经费”、“职工教育经费”、“非货币性福利”等应付职工薪酬项目设置明细科目，进行明细核算。

职工薪酬是企业为获得职工提供的服务而给予的各种形式的报酬以及其他相关支出。具体包括：

（1）职工工资、奖金、津贴和补贴，是指按照国家统计局的规定构成工资总额的计时工资、计件工资、支付给职工的超额劳动报酬和增收节支的劳动报酬，以及为了补偿职工特殊或额外的劳动消耗和因其他特殊原因支付给职工的津贴，还包括为了保证职工工资水平不受物价影响而支付给职工的物价补贴等。

（2）职工福利费，主要是尚未实行分离办社会职能或主辅分离、辅业改制的企业，内设医务室、职工浴室、理发室、托儿所等集体福利机构人员的工资、医务经费，职工因公负伤赴外地就医路费、职工生活困难补助，以及按照国家规定开支的其他职工福利支出。

（3）社会保险费，是指企业按照国务院、各地方政府或企业年金计划规定的基准和比例计算，向社会保险经办机构缴纳的医疗保险费、养老保险费、失业保险费、工伤保险费和生育保险费等。

（4）住房公积金，是指企业按照国务院《住房公积金管理条例》规定的基准和比例计算，向住房公积金管理机构缴存的住房公积金。

（5）工会经费和职工教育经费，是指企业为了改善职工文化生活，为职工学习先进技术和提高文化水平与业务素质而开展的工会活动和职工教育及职业技能培训等的相关支出。

（6）非货币性福利，是指企业以自己的产品或外购商品发放给职工作为福利，企业提供给职工无偿使用自己拥有的资产或租赁资产供职工无偿使用，比如提供给企业高级管理人员使用的住房等，免费为职工提供诸如医疗保健服务或向职工提供企业支付了一定补贴的商品或服务等，比如以低于成本的价格向职工出售住房等。

（7）因解除与职工的劳动关系给予的补偿，是指由于分离办社会职能，实施主辅分离、辅业改制分流安置富余人员，实施重组、改组计划，职工不能胜任等原因，企业在职工劳动合同尚未到期之前解除与职工的劳动关系，或者为鼓励职工自愿接受裁减而提出补偿建议的计划中给予职工的经济补偿，即国际财务报告准则中所指的辞退福利。

（8）其他与获得职工提供的服务相关的支出，是指除上述七种薪酬以外的其他为获得职工提供的服务而给予的薪酬，比如企业提供给职工以权益形式结算的认股权、以现金形式结算但以权益工具公允价值为基础确定的现金股票增值权等。

二、货币性职工薪酬的计提与发放

企业应当在职工为其提供服务的会计期间，根据职工提供服务的受益对象，将应确认的职工薪酬（包括货币性薪酬和非货币性福利）计入相关资产成本或当期损益，同时确认为应付职工薪酬。

1. 计提应付职工薪酬

借：生产成本（生产工人的职工薪酬）
　　制造费用（车间管理人员的职工薪酬）
　　管理费用（行政管理人员、福利人员的职工薪酬）
　　销售费用（销售人员的职工薪酬）
　　在建工程（在建工程负担的职工薪酬）
　　研发支出（研发支出负担的职工薪酬）
　　应付职工薪酬——职工福利（生活福利部门的职工薪酬）
　贷：应付职工薪酬——职工工资

2. 发放职工薪酬

借：应付职工薪酬
　贷：银行存款（或库存现金）
　　　其他应收款（核算代垫的费用等）

其他应付款（核算代扣的费用）

应交税费——应交个人所得税（代缴的个人所得税）

【任务互动7-6】蓝天公司2014年7月应付工资总额为582 000元，工资费用分配汇总表中列示的产品生产人员工资为330 000元，车间管理人员工资为80 000元，企业行政管理人员工资为70 400元，销售人员工资为101 600元。该企业有关会计分录如下：

借：生产成本——基本生产成本　330 000
　　制造费用　80 000
　　管理费用　70 400
　　销售费用　101 600
　贷：应付职工薪酬——工资　582 000

假如由银行转账发放上述所提工资，则应编制会计分录为：

借：应付职工薪酬——工资　582 000
　贷：银行存款　582 000

3. 职工福利费的计提

借：生产成本（生产工人的职工福利）
　　制造费用（车间管理人员的职工福利）
　　管理费用（行政管理人员、福利人员的职工福利）
　　销售费用（销售人员的职工福利）
　　在建工程（在建工程负担的职工福利）
　　研发支出（研发支出负担的职工福利）
　贷：应付职工薪酬——职工福利

【任务互动7-7】根据现行税法关于福利费列支限额的规定，福利费的计提金额为工资总额的14%。接上题，企业按14%的比例计提福利费，则会计处理如下：

借：生产成本　46 200
　　制造费用　11 200
　　管理费用　9 856
　　销售费用　14 224
　贷：应付职工薪酬——职工福利　81 480

4. 社会保险及住房公积金（五险一金）的计提

企业应按缴费基数的一定比例计提五险；住房公积金则按照国务院《住房公积金管理条例》规定的基准和比例计算，向住房公积金管理机构缴存。

借：生产成本（生产工人的社会保险及住房公积金）
　　制造费用（车间管理人员的社会保险及住房公积金）
　　管理费用（行政管理人员、福利人员的社会保险及住房公积金）
　　销售费用（销售人员的社会保险及住房公积金）
　　在建工程（在建工程负担的社会保险及住房公积金）
　　研发支出（研发支出负担的社会保险及住房公积金）
　贷：应付职工薪酬——社会保险费
　　　　　　　　　——住房公积金

【任务互动7-8】根据国家固定的计提标准计算，甲企业本月应向社会保险经办机构缴纳职工基本养老保险费共76 800元。其中，应计入基本生产车间生产成本的金额为45 000元，应计入制造费用的金额为7 900元，应计入管理费用的金额为23 900元。该企业的有关会计分录如下：

借：生产成本——基本生产成本　　　　45 000
　　制造费用　　　　　　　　　　　　7 900
　　管理费用　　　　　　　　　　　　23 900
　贷：应付职工薪酬——社会保险费　　　　76 800

【小贴士】上述计提的五险一金为单位承担的缴费比例部分。个人承担部分，由企业在发放工资时代为扣缴。具体业务操作方式见发放职工薪酬的业务处理。

【知识链接】

1. 缴费比例

以2014年广州市社保缴费比例为例，可分单位部分和个人部分：

养老保险：外资单位20%，省属单位18%，私企单位12%，个人8%。

医疗保险：单位8%，个人2%。

失业保险：单位1.5%，个人0.5%。

工伤保险：单位0.5%，个人不用缴费。

生育保险：单位0.85%，个人不用缴费。

2. 缴费基数

每年，社保局都会在固定的时间（3月或者7月，各地不同）核定基数，并发布最新的最低基数和最高基数。一般而言，企业帮员工缴纳的都是最低社保基数的社保，当然也有些公司会以上一年度岗位的平均工资为基数为员工缴纳社保。可以根据最新的发布时间，从当地的社保局查询最新的社保基数。

5. 工会经费（计提比例为工资总额的2%）与职工教育经费（计提比例为工资总额的1.5%或2.5%）的计提

借：管理费用——工会经费
　　　　　　——职工教育经费
　贷：应付职工薪酬

【小贴士】对于对从业人员技术要求高、培训任务重且经济效益好的企业，可根据国家相关规定，按照职工工资总额的2.5%计量职工教育经费。

三、非货币性福利的核算

1. 企业将自产产品发给职工

企业以其自产产品作为非货币性福利发放给职工的，应当根据受益对象，按照该产品的公允价值，计入相关资产成本或当期损益，同时确认应付职工薪酬，借记“管理费用”、“生产成本”、“制造费用”等科目，贷记“应付职工薪酬——非货币性福利”科目。

借：生产成本
　　制造费用

管理费用

……

贷：应付职工薪酬——非货币性福利

同时，结转产品的成本：

借：主营业务成本

贷：库存商品

2. 将企业拥有的房屋、车辆等资产无偿提供给职工使用

每期应提折旧计入相关资产成本或当期损益，同时确认应付职工薪酬：

借：制造费用

管理费用等

贷：应付职工薪酬——非货币性福利

同时：

借：应付职工薪酬——非货币性福利

贷：累计折旧

3. 租赁住房等资产供职工无偿使用

应当根据受益对象，将每期应付的租金计入相关资产成本或当期损益，并确认应付社会保险及住房公积金：

借：制造费用

管理费用

销售费用等

贷：应付社会保险及住房公积金——非货币性福利

支付租金时：

借：应付社会保险及住房公积金——非货币性福利

贷：银行存款/库存现金

【任务互动 7 -9】 蓝天公司为各部门经理级别以上职工提供轿车免费使用，同时为副总经理以上高级管理人员每人租赁一套住房。蓝天公司总部共有部门经理以上职工 12 名，每人提供一辆轿车免费使用，假定每辆轿车每月计提折旧 1 200 元；该公司共有副总经理以上高级管理人员 3 名，公司为其每人租赁一套面积为 180 平方米带有家具和电器的公寓，月租金为每套 7 000 元。蓝天公司的有关会计处理如下：

应确认的应付职工薪酬 = 12 ×1 200 + 3 ×7 000 = 35 400（元）；其中，提供企业拥有的汽车供职工使用的非货币性福利 = 12 ×1 200 = 14 400（元），租赁住房供职工使用的非货币性福利 = 3 ×7 000 = 21 000（元）。

分配非货币性福利时：

借：管理费用　　35 400

贷：应付职工薪酬——非货币性福利　　35 400

为免费提供给职工的轿车计提折旧时：

借：应付职工薪酬——非货币性福利　　14 400

贷：累计折旧　　14 400

为职工支付租金时：

借：应付职工薪酬——非货币性福利　　21 000

　贷：银行存款　　21 000

项目五　应交税费的核算

【情景导入】

早在夏代，我国就已经出现了国家凭借其政权力量进行强制课征的形式——贡。一般认为，贡是夏代王室对其所属部落或平民根据若干年土地收获的平均数按一定比例征收的农产物。到商代，贡逐渐演变为助法。助法是指借助农户的力役共同耕种公田，公田的收获全部归王室所有，实际上是一种力役之征。到周代，助法又演变为彻法。所谓彻法，就是每个农户耕种的土地要将一定数量的收成交纳给王室，即"民耗百亩者，彻取十亩以为赋"。夏、商、周三代的贡、助、彻，都是对土地收获的原始强制课征形式，在当时的土地所有制下，具有了地租和赋税的某些特征，从税收起源的角度看，它们是税收的原始形式，是税收的雏形。

税法规定应交纳的各种税费包括：增值税、消费税、营业税、城市维护建设税、资源税、所得税、土地增值税、房产税、车船税、土地使用税、教育费附加、矿产资源补偿费、印花税、耕地占用税等。其中，企业交纳的印花税、耕地占用税不需要预计，应交纳的税金不通过"应交税费"科目核算；企业应交纳的房产税、土地使用税、车船税、矿产资源补偿费等应记入"管理费用"科目。

企业应通过"应交税费"科目总括反映各种税费的交纳情况，并按照应交税费的种类进行明细核算。

一、应交增值税

（一）增值税的概念及纳税人

增值税纳税人是指税法规定负有缴纳增值税义务的单位和个人。在我国境内销售货物或者提供应税劳务以及进口货物的单位和个人为增值税纳税人。按照经营规模的大小和会计核算健全与否等标准，增值税纳税人可分为一般纳税人和小规模纳税人。

（二）增值税一般纳税人的业务核算

为了核算企业应交增值税的发生、抵扣、交纳、退税及转出等情况，应在"应交税费"科目下设置"应交增值税"明细科目，并在"应交增值税"明细账内设置"进项税额"、"已交税金"、"销项税额"、"出口退税"、"进项税额转出"等专栏，如表 7 - 1 所示。

表 7－1

借方						贷方					余额
合计	进项税额	已交税金	减免税款	出口抵减内销产品应纳税额	转出未交增值税	合计	销项税额	出口退税	进项税额转出	转出多交增值税	

1. 采购商品和接受应税劳务

借：材料采购
　　原材料
　　固定资产等
　　应交税费——应交增值税（进项税额）
　贷：银行存款等

【**任务互动 7－10**】2014 年 2 月，蓝天公司购入原材料一批，增值税专用发票上注明货款为 100 000 元，增值税税额为 17 000 元，货物尚未到达，货款和进项税款已用银行存款支付。该企业的有关会计分录如下：

借：在途物资　　100 000
　　应交税费——应交增值税（进项税额）　17 000
　贷：银行存款　　117 000

【**任务互动 7－11**】蓝天公司生产车间委托外单位修理机器设备，增值税专用发票上注明修理费用为 2 000 元，增值税税额为 340 元，款项已用银行存款支付。该企业的有关会计分录如下：

借：制造费用　　2 000
　　应交税费——应交增值税（进项税额）　340
　贷：银行存款　　2 340

2. 销售货物或者提供应税劳务

企业销售货物或者提供应税劳务，按照营业收入和应收取的增值税税额，借记“应收账款”、“应收票据”、“银行存款”等科目，按专用发票上注明的增值税税额，贷记“应交税费——应交增值税（销项税额）”科目，按照实现的营业收入，贷记“主营业务收入”、“其他业务收入”等科目。发生的销售退回，做相反的会计分录。

【**任务互动 7－12**】蓝天公司销售产品一批，价款为 200 000 元，按规定应收取增值税税额 34 000 元，提货单和增值税专用发票已交付买方，收到买方开出的转账支票。该企业的有关会计分录如下：

借：银行存款　　234 000
　贷：主营业务收入　　200 000
　　　应交税费——应交增值税（销项税额）　34 000

3. 进项税额转出

企业购进的货物发生非常损失（不含自然灾害造成的）以及将购进货物改变用途

（如用于非应税项目、集体福利或个人消费等），其进项税额应通过“应交税费——应交增值税（进项税额转出）”科目转入有关科目，借记“待处理财产损溢”、“在建工程”、“应付职工薪酬”等科目，贷记“应交税费——应交增值税（进项税额转出）”科目；属于转作待处理财产损失的进项税额，应与遭受非常损失的购进货物、在产品或库存商品的成本一并处理。

【任务互动 7－13】 蓝天公司库存原材料因意外火灾（不属于自然灾害）毁损一批，有关增值税专用发票确认的成本为 12 000 元，增值税税额为 2 040 元。该企业的有关会计分录如下：

借：待处理财产损溢——待处理流动资产损溢　　14 040
　贷：原材料　　12 000
　　应交税费——应交增值税（进项税额转出）　　2 040

【任务互动 7－14】 蓝天公司自行建造的车间领用原材料 6 000 元，其购入时支付的增值税为 850 元。该企业的有关会计分录如下：

借：在建工程　　7 020
　贷：原材料　　6 000
　　应交税费——应交增值税（进项税额转出）　　1 020

4. 视同销售行为

企业的有些交易和事项从会计角度看不属于销售行为，不能确认销售收入，但是按照税法规定，应视同对外销售处理，计算应交增值税。

【任务互动 7－15】 蓝天公司将自己生产的产品用于自行建造办公楼。该批产品的成本为 60 000 元，计税价格为 100 000 元，增值税税率为 17%。该企业的有关会计分录如下：

借：在建工程　　77 000
　贷：库存商品　　60 000
　　应交税费——应交增值税（销项税额）　　17 000

企业在建工程领用自己生产的产品的销项税额 = 100 000 × 17% = 17 000（元）

【想一想】 视同销售与进项税额转出处理的不同之处是什么？为什么不同？

【知识链接】《中华人民共和国增值税暂行条例实施细则》规定，以下 8 种行为视同销售：①将货物交付他人代销；②销售代销货物；③设有两个以上机构并实行统一核算的纳税人，将货物从一个机构移送至其他机构用于销售，但相关机构设在同一县（市）的除外；④将自产、委托加工的货物用于非应税项目；⑤将自产、委托加工或购买的货物作为投资，提供给其他单位或个体经营者；⑥将自产、委托加工或购买的货物用于分配给股东或投资者；⑦将自产、委托加工的货物用于集体福利或个人消费；⑧将自产、委托加工或购买的货物无偿赠送他人。

5. 缴纳本月税金

企业当月缴纳当月的增值税，通过“应交税费——应交增值税（已交税金）”科目核算，借记“应交税费——应交增值税（已交税金）”账户，贷记“银行存款”账户。

【任务互动 7－16】 蓝天公司缴纳本月进口货物增值税 18 000 元。会计处理如下：

借：应交税费——应交增值税（已交税金） 18 000

贷：银行存款 18 000

6. 转出多交增值税和未交增值税

企业应在“应交税费”科目下设置“未交增值税”明细科目，核算企业月份终了从“应交税费——应交增值税”科目转入的当月未交或多交的增值税；同时，在“应交税费——应交增值税”科目下设置“转出未交增值税”和“转出多交增值税”专栏。月份终了，企业计算出当月应交未交的增值税，借记“应交税费——应交增值税（转出未交增值税）”科目，贷记“应交税费——未交增值税”科目；当月多交的增值税，借记“应交税费——未交增值税”科目，贷记“应交税费——应交增值税（转出多交增值税）”科目。经过结转后，月份终了，“应交税费——应交增值税”科目的余额，反映企业尚未抵扣的增值税。

【任务互动7－17】请根据【任务互动7－10】至【任务互动7－16】计算本月应交增值税。会计处理如下：

34 000＋17 000－（17 000＋340）＋2 040＋1 020－18 000＝18 720

借：应交税费——应交增值税（转出未交增值税） 18 720

贷：应交税费——未交增值税 18 720

【技能实训】请登记“应交税费——应交增值税”的“T”型账，计算本月应交增值税税额。

【小贴士】企业当月缴纳当月的增值税，通过“应交税费——应交增值税（已交税金）”科目核算；当月缴纳以前各月未交的增值税，通过“应交税费——未交增值税”科目核算，不通过“应交税费——应交增值税（已交税金）”科目核算。

【知识链接】在计算出销项税额和进项税额后就可以得出实际应纳税额。纳税人销售货物或提供应税劳务，其应纳税额为当期销项税额抵扣当期进项税额后的余额。基本计算公式为：

应纳税额＝当期销项税额－当期进项税额

增值税应纳税额计算公式直观地反映了增值税仅对商品流通环节产生的增值额征税的原理，同时，也简洁明了地解释了增值税的主要内容和计税方法。

7. 缴纳上期未交增值税

【任务互动7－18】缴纳上月的未交增值税税额18 720元。会计处理如下：

借：应交税费——未交增值税 18 720

贷：银行存款 18 720

【知识链接】根据《中华人民共和国增值税暂行条例》（中华人民共和国国务院令第538号）的规定：

（1）增值税的纳税期限分别为1日、3日、5日、10日、15日、1个月或者1个季度。纳税人的具体纳税期限，由主管税务机关根据纳税人应纳税额的大小分别核定；不能按照固定期限纳税的，可以按次纳税。纳税人以1个月或者1个季度为1个纳税期的，自期满之日起15日内申报纳税；以1日、3日、5日、10日或者15日为1个纳税期的，自期满之日起5日内预缴税款，于次月1日起15日内申报纳税并结清上月应纳税款。

(2）扣缴义务人解缴税款的期限，依照上述规定执行。

(3）纳税人进口货物，应当自海关填发海关进口增值税专用缴款书之日起15日内缴纳税款。

（三）增值税小规模纳税人的业务处理

小规模纳税企业应当按照不含税销售额和规定的增值税征收率计算缴纳增值税，销售货物或提供应税劳务时只能开具普通发票，不能开具增值税专用发票。

小规模纳税企业不享有进项税额的抵扣权，其购进货物或接受应税劳务支付的增值税直接计入有关货物或劳务的成本。因此，小规模纳税企业只需在“应交税费”科目下设置“应交增值税”明细科目，不需要在“应交增值税”明细科目中设置专栏，“应交税费——应交增值税”科目贷方登记应交纳的增值税，借方登记已交纳的增值税；期末贷方余额为尚未交纳的增值税，借方余额为多交纳的增值税。

小规模纳税企业购进货物和接受应税劳务时支付的增值税，直接计入有关货物或劳务的成本，借记“材料采购”、“在途物资”等科目，贷记“银行存款”科目。

企业购入材料，不能取得增值税专用发票的，比照小规模纳税企业进行处理，发生的增值税计入材料采购成本，借记“材料采购”、“在途物资”等科目，贷记“银行存款”科目。

【任务互动7-19】创新公司为小规模纳税企业，本月购入材料一批，取得的专用发票中注明货款为10 000元，增值税税额为1 700元，款项以银行存款支付，材料已验收入库（该企业按实际成本计价核算）。该企业的有关会计分录如下：

借：原材料　　　　11 700

　贷：银行存款　　　　11 700

【任务互动7-20】创新公司销售产品一批，所开出的普通发票中注明的货款（含税）为10 300元，增值税征收率为3%，款项已存入银行。该企业的有关会计分录如下：

借：银行存款　　　　10 300

　贷：主营业务收入　　　　10 000

　　应交税额——应交增值税　　　　300

不含税销售额=含税销售额÷（1+征收率）=10 300÷（1+3%）=10 000（元）

应纳增值税=不含税销售额×征收率=10 000×3%=300（元）

二、应交营业税

（一）营业税概述

营业税是对在我国境内提供应税劳务、转让无形资产或销售不动产的单位和个人征收的流转税。

（二）营业税的计算

1．营业税税率

营业税税率按照行业、类别的不同分别采用了不同的比例。

2．营业税的计税公式

应纳营业税额=计税营业额×营业税税率

（三）应交营业税的账务处理

企业应在“应交税费”科目下设置“应交营业税”明细科目，核算应交营业税的发生、交纳情况。该科目贷方登记应交纳的营业税，借方登记已交纳的营业税，期末贷方余额为尚未交纳的营业税。

企业按照营业额及其适用的税率，计算应交的营业税，借记“营业税金及附加”科目，贷记“应交税费——应交营业税”科目；企业出售不动产时，计算应交的营业税，借记“固定资产清理”等科目，贷记“应交税费——应交营业税”科目；实际交纳营业税时，借记“应交税费——应交营业税”科目，贷记“银行存款”科目。

【任务互动7－21】新创意建筑公司某月营业收入为800 000元，适用的营业税税率为3%。

应交营业税＝800 000×3%＝24 000（元）

借：营业税金及附加　　　　　　　24 000

　贷：应交税费——应交营业税　　　　24 000

【任务互动7－22】创世纪公司出售一栋办公楼，出售收入7 000 000元已存入银行。该办公楼的账面原价为4 000 000元，已提折旧1 000 000元，未计提减值准备；出售过程中用银行存款支付清理费用10 000元。销售该项固定资产适用的营业税税率为5%。应编制的会计分录如下：

应交营业税＝7 000 000×5%＝350 000（元）

转入清理：

借：固定资产清理　3 000 000

　　累计折旧　　　1 000 000

　贷：固定资产　　　　4 000 000

支付清理费用：

借：固定资产清理　　10 000

　贷：银行存款　　　　10 000

销售收入：

借：银行存款　　　7 000 000

　贷：固定资产清理　　7 000 000

计算应纳营业税：

借：固定资产清理　　　　　　　350 000

　贷：应交税费——应交营业税　　　　350 000

结转净损益：7 000 000－3 000 000－10 000－350 000＝3 640 000（元）

借：固定资产清理　3 640 000

　贷：营业外收入　　3 640 000

三、应交消费税

（一）消费税概述

消费税是指在我国境内生产、委托加工和进口应税消费品的单位和个人，按其流转额交纳的一种税。

（二）应交消费税的计算

（1）从价计税时：应纳税额 = 应税消费品销售额 × 适用税率

（2）从量计税时：应纳税额 = 应税消费品销售数量 × 适用税额标准

（3）自产自用应税消费品用于连续生产应税消费品的，不纳税；用于其他方面的，有同类消费品销售价格的，按照纳税人生产的同类消费品销售价格计算纳税，没有同类消费品销售价格的，采用组成计税价格。

组成计税价格 =（成本 + 利润）÷（1 - 消费税税率）

应纳税额 = 组成计税价格 × 适用税率

（4）委托加工应税消费品的，由受托方交货时代扣代缴消费税。按照受托方的同类消费品销售价格计算纳税，没有同类消费品销售价格的，采用组成计税价格。

组成计税价格 =（材料成本 + 加工费）÷（1 - 消费税税率）

应纳税额 = 组成计税价格 × 适用税率

（5）进口应税消费品，按照组成计税价格计算纳税。

组成计税价格 =（关税完税价格 + 关税）÷（1 - 消费税税率）

应纳税额 = 组成计税价格 × 消费税税率

（6）零售金银首饰的纳税人在计税时，应将含税的销售额换算为不含增值税税额的销售额。

金银首饰的应税销售额 = 含增值税的销售额 ÷（1 + 增值税税率或征收率）

对于生产、批发、零售单位将金银首饰用于馈赠、赞助、集资、广告、样品、职工福利、奖励等方面或未分别核算销售的按照组成计税价格计算纳税。

组成计税价格 = 购进原价 ×（1 + 利润率）÷（1 - 金银首饰消费税税率）

应纳税额 = 组成计税价格 × 金银首饰消费税税率

（三）应交消费税的账务处理

企业应在“应交税费”科目下设置“应交消费税”明细科目，核算应交消费税的发生、交纳情况。该科目贷方登记应交纳的消费税，借方登记已交纳的消费税，期末贷方余额为尚未交纳的消费税，借方余额为多交纳的消费税。

1. 销售应税消费品

企业销售应税消费品应交的消费税，应借记“营业税金及附加”科目，贷记“应交税费——应交消费税”科目。

【任务互动 7-23】华大公司销售其所生产的化妆品，价款为 1 000 000 元（不含增值税），适用的消费税税率为 30%。应编制会计分录如下：

借：营业税金及附加　　　　300 000

　贷：应交税费——应交消费税　　　　300 000

应交消费税税额 = 1 000 000 × 30% = 300 000（元）

2. 自产自用应税消费品

企业将生产的应税消费品用于在建工程等非生产机构时，按规定应交纳的消费税，借记“在建工程”等科目，贷记“应交税费——应交消费税”科目。

【**任务互动 7－24**】创世纪公司 2014 年 7 月领用自产产品一批，该产品的账面价值为 50 000 元，市场价格为 80 000 元（不含增值税），适用的消费税税率为 10%，增值税税率为 17%。该企业的有关会计分录如下：

借：应付职工薪酬——职工福利　　101 600
　贷：主营业务收入　　80 000
　　应交税费——应交增值税（销项税额）　　13 600
　　　　——应交消费税　　8 000

借：主营业务成本　　50 000
　贷：库存商品　　50 000

3. 委托加工应税消费品

需要交纳消费税的委托加工物资，应由受托方代收代缴消费税，受托方按照应交税款金额，借记"应收账款"、"银行存款"等科目，贷记"应交税费——应交消费税"科目。

委托加工物资收回后，直接用于销售的，应将受托方代收代缴的消费税计入委托加工物资的成本，借记"委托加工物资"等科目，贷记"应付账款"、"银行存款"等科目；委托加工物资收回后，用于连续生产应税消费品，按规定准予抵扣的，应按已由受托方代收代缴的消费税，借记"应交税费——应交消费税"科目，贷记"应付账款"、"银行存款"等科目。

【**任务互动 7－25**】创世纪公司委托蓝天公司代为加工一批应交消费税的材料（非金银首饰）。创世纪公司提供的材料成本为 200 000 元，加工费为 10 000 元，由蓝天公司代收代缴的消费税为 2 000 元（不考虑增值税）。材料已经加工完成，由创世纪公司收回并验收入库，加工费以银行存款支付。创世纪公司采用实际成本法进行原材料的核算。

（1）如果创世纪公司收回的委托加工物资用于继续生产应税消费品，则业务处理如下：

借：委托加工物资　　200 000
　贷：原材料　　200 000

借：委托加工物资　　10 000
　应交税费——应交消费税　　2 000
　贷：应付账款　　12 000

借：原材料　　210 000
　贷：委托加工物资　　210 000

（2）如果创世纪公司收回的委托加工物资直接用于对外销售，则业务处理如下：

借：委托加工物资　　200 000
　贷：原材料　　200 000

借：委托加工物资　　12 000
　贷：银行存款　　12 000

借：库存商品　　212 000
　贷：委托加工物资　　212 000

（3）蓝天公司对收取的受托加工代收代缴的消费税的会计分录如下：

借：银行存款　　　　　　　　　　　2 000
　贷：应交税费——应交消费税　　　　　2 000

4. 进口应税消费品

企业进口应税物资在进口环节应交的消费税，计入该项物资的成本，借记“材料采购”、“固定资产”等科目，贷记“银行存款”科目。

【任务互动7-26】创世纪公司从国外进口一批需要交纳消费税的商品，商品价值1 000 000元，进口环节需要交纳的消费税为200 000元（不考虑增值税），采购的商品已经验收入库，货款及税款尚未支付。业务处理如下：

借：库存商品　　　　　　　　　1 200 000
　贷：应付账款　　　　　　　　　　1 000 000
　　　应交税费——应交消费税　　　　200 000

四、其他应交税费

对于除上述税金以外的应交城市维护建设税、资源税、土地增值税、房产税、土地使用税、车船税、个人所得税、教育费附加、矿产资源补偿费等，企业应当在“应交税费”科目下设置相应的明细科目进行核算，贷方登记应交纳的有关税费，借方登记已交纳的有关税费，期末贷方余额表示尚未交纳的有关税费。

（一）应交资源税

企业对外销售应税产品而应交纳的资源税，借记“营业税金及附加”科目，贷记“应交税费——应交资源税”科目；企业自产自用应税产品而应交纳的资源税，借记“生产成本”、“制造费用”等科目，贷记“应交税费——应交资源税”科目。

【任务互动7-27】太原动力公司对外销售资源税应税矿产品15 000吨，每吨应交资源税5元。

企业对外销售应税产品而应交的资源税 = 15 000 × 5 = 75 000（元）

会计分录如下：

借：营业税金及附加　　　　　　　　75 000
　贷：应交税费——应交资源税　　　　　75 000

（二）应交城市维护建设税及教育费附加

1. 城市维护建设税及教育费附加的税率及计算方法

城市维护建设税的缴纳比例按纳税人所在地的不同而有所不同。纳税人所在地为市区的，税率为7%；纳税人所在地是县、镇的，税率为5%；纳税人所在地不在市区、县、镇的，税率为1%。

应交城市维护建设税 = （增值税 + 消费税 + 营业税） × 适用税率

应交教育费附加 = （增值税 + 消费税 + 营业税） × 适用税率

2. 应交城市维护建设税及教育费附加的业务处理

企业应交的城市维护建设税，借记“营业税金及附加”等科目，贷记“应交税费——应交城市维护建设税”科目；企业应交的教育费附加，借记“营业税金及附加”等科目，贷记“应交税费——应交教育费附加”科目。

【任务互动 7－28】某企业本期实际应上交增值税为 300 000 元，消费税为 25 000 元，该企业适用的城市维护建设税税率为 7%，教育费附加的比例为 3%。

（1）计算应交的城市维护建设税及教育费附加：

应交的城市维护建设税 =（300 000 + 25 000）×7% = 22 750（元）

应交的教育费附加 =（300 000 + 25 000）×3% = 9 750（元）

借：营业税金及附加　　32 500

　贷：应交税费——应交城市维护建设税　　22 750

　　　　　　　——应交教育费附加　　9 750

（2）用银行存款上交城市维护建设税时：

借：应交税费——应交城市维护建设税　　22 750

　　　　　　——应交教育费附加　　9 750

　贷：银行存款　　32 500

（三）应交土地增值税

企业转让的土地使用权连同地上建筑物及其附着物一并在“固定资产”等科目核算的，转让时应交的土地增值税，借记“固定资产清理”科目，贷记“应交税费——应交土地增值税”科目；土地使用权在“无形资产”科目核算的，按实际收到的金额，借记“银行存款”科目，按应交的土地增值税，贷记“应交税费——应交土地增值税”科目，同时冲销土地使用权的账面价值，贷记“无形资产”等科目，按其差额，借记“营业外支出”科目或贷记“营业外收入”科目。

（四）应交房产税、土地使用税、车船税和矿产资源补偿费

企业应交的房产税、土地使用税、车船税、矿产资源补偿费，借记“管理费用”科目，贷记“应交税费——应交房产税（或应交土地使用税、应交车船税、应交矿产资源补偿费）”科目。

（五）应交个人所得税

企业按规定计算的代收代缴的职工个人所得税，借记“应付职工薪酬”科目，贷记“应交税费——应交个人所得税”科目。

项目六　应付票据、预收账款、其他应付款、应付股利的核算

一、应付票据

应付票据是由出票人出票、委托付款人在指定日期无条件支付特定的金额给收款人或者持票人的票据。企业应设置“应付票据”科目进行核算。应付票据按是否带息分为带息应付票据和不带息应付票据两种。

1. 带息应付票据的处理

应付票据如为带息票据，其票据的面值就是票据的现值。由于我国商业汇票期限较短，因此，通常在期末，对尚未支付的应付票据计提利息，计入当期财务费用；票据到期

支付票款时，尚未计提的利息部分直接计入当期财务费用。

2. 不带息应付票据的处理

不带息应付票据，其面值就是票据到期时的应付金额。

【任务互动7－29】蓝天公司为增值税一般纳税人，采购原材料一批，根据有关发票账单，购入材料的实际成本为100 000元，增值税专用发票上注明的增值税为17 000元。材料已经验收入库。企业开出三个月承兑的商业汇票。应编制会计分录如下：

借：原材料　　100 000

　　应交税费——应交增值税（进项税额）　17 000

　贷：应付票据　　117 000

开出并承兑的商业承兑汇票如不能按期支付的，应在票据到期时，将“应付票据”账面价值转入“应付账款”科目。银行承兑汇票如果票据到期，企业无力支付到期票款时，承兑银行除凭票向持票人无条件付款外，对出票人尚未支付的汇票金额转作逾期贷款处理。企业无力支付到期银行承兑汇票，借记“应付票据”科目，贷记“短期借款”科目。对计收的利息，按短期借款利息的处理办法处理。

二、预收账款

预收账款是企业按照合同规定，由购货方预先支付一部分货款给供应方而发生的一项负债。预收账款的核算应视企业的具体情况而定。如果预收账款比较多的，可以设置“预收账款”科目；预收账款不多的，也可以不设置“预收账款”科目，直接记入“应收账款”科目的贷方。单独设置“预收账款”科目核算的，其“预收账款”科目的贷方反映预收的货款和补付的货款，借方反映应收的货款和退回多收的货款；期末贷方余额反映尚未结清的预收款项，借方余额反映应收的款项。

【任务互动7－30】蓝天公司为增值税一般纳税人。2014年9月2日，蓝天公司与绿地公司签订供货合同，向其出售一批产品，货款金额共计200 000元，应交增值税税额为34 000元。根据购货合同的规定，绿地公司在购货合同签订后一周内，应当向蓝天公司预付货款100 000元，剩余货款在交货后付清。2014年9月9日，蓝天公司收到绿地公司交来的预付货款100 000元并存入银行。9月15日，蓝天公司将货物发到绿地公司并开出增值税专用发票，绿地公司验收后付清了剩余货款。蓝天公司应编制会计分录如下：

9月9日，收到绿地公司交来的预付货款100 000元时：

借：银行存款　　100 000

　贷：预收账款——绿地公司　　100 000

9月15日，按合同规定，向绿地公司发出货物时：

借：预收账款——绿地公司　　234 000

　贷：主营业务收入　　200 000

　　　应交税费——应交增值税（销项税额）　　34 000

收到绿地公司补付的货款时：

借：银行存款　　134 000

　贷：预收账款——绿地公司　　134 000

三、其他应付款

其他应付款是指企业除应付票据、应付账款、预收账款、应付职工薪酬、应交税费、应付股利等经营活动以外的其他各项应付、暂收的款项，如应付租入包装物租金、存入保证金等。

企业发生其他各种应付、暂收款项时，借记“管理费用”等科目，贷记“其他应付款”科目；支付或退回其他各种应付、暂收款项时，借记“其他应付款”科目，贷记“银行存款”等科目。

【任务互动7－31】 蓝天公司从2014年1月1日起，以经营租赁方式租入管理用办公设备一批，每月租金为3 000元（增值税税率为17%），按季支付。3月31日，蓝天公司以银行存款支付应付租金。蓝天公司应编制会计分录如下：

1月31日计提应付经营租入固定资产租金时：

借：管理费用　　3 000
　　应交税费——应交增值税（进项税额）　　510
　贷：其他应付款　　3 510

2月底计提应付经营租入固定资产租金的会计处理同上。

3月31日支付租金时：

借：其他应付款　　7 020
　　管理费用　　3 000
　　应交税费——应交增值税（进项税额）　　510
　贷：银行存款　　10 530

四、应付股利

应付股利是指企业根据股东大会或类似机构审议批准的利润分配方案，确定分配给投资者现金股利或利润。

企业根据股东大会或类似机构审议批准的利润分配方案，确认应付给投资者现金股利或利润时，借记“利润分配——应付股利”科目，贷记“应付股利”科目；向投资者实际支付股利或利润时，借记“应付股利”科目，贷记“银行存款”等科目。

项目七　长期借款的核算

一、长期借款概述

长期借款是指企业向银行或其他金融机构借入的期限在1年以上（不含1年）的各项借款。一般用于固定资产的构建、改扩建工程、大修理工程、对外投资以及为了保持长期经营能力等方面的活动。

二、长期借款的账务处理

企业应通过“长期借款”科目，核算长期借款的借入、归还等情况。该科目可按照贷款单位和贷款种类设置明细账，分别以“本金”、“利息调整”等进行明细核算。本科目的贷方登记长期借款本息的增加额，借方登记本息的减少额；贷方余额表示企业尚未偿还的长期借款。

1. 取得长期借款

企业借入长期借款，应按实际收到的金额，借记“银行存款”科目，贷记“长期借款——本金”科目，如存在差额，还应借记“长期借款——利息调整”科目。

2. 发生长期借款利息

长期借款利息费用应当在资产负债表日按照实际利率法计算确定，实际利率与合同利率差异较小的，也可以采用合同利率计算确定利息费用。长期借款发生的利息费用，应当按以下原则计入有关成本、费用：属于筹建期间的，计入管理费用；属于生产经营期间的，计入财务费用。如果长期借款用于购建固定资产的，在固定资产尚未达到预定可使用状态前，所发生的应当资本化的利息支出，计入在建工程成本；固定资产达到预定可使用状态后发生的利息支出，以及按规定不予资本化的利息支出，计入财务费用。长期借款（分期付息）按合同利率计算确定的应付未付利息，记入“应付利息”科目，借记“在建工程”、“制造费用”、“财务费用”、“研发支出”等科目，贷记“应付利息”科目。

3. 归还长期借款

企业归还长期借款的本金时，应按归还的金额，借记“长期借款——本金”科目，贷记“银行存款”科目；按归还的利息，借记“应付利息”科目，贷记“银行存款”科目。

【模块小结】

负债可根据负债偿还的时间长短划分为流动负债和非流动负债，流动负债是本模块的重点，而流动负债中的“应付职工薪酬”、“应交税费”更是其中的重难点。通过对本模块的学习，应掌握“应付职工薪酬”中社会保险的业务处理，包括社会保险的计提、上缴、代扣的核算及非货币性福利的核算。“应交税费”的难点则在于增值税一般纳税人的“进项税额”、“销项税额”及“进项税额转出”的业务处理。

【思考与练习】

一、单项选择题

1. 企业计提短期借款利息时，贷方应记入的会计科目是（　　）。

A. 短期借款　　B. 财务费用

C. 应付利息　　D. 应收利息

2. 企业有无法支付的“应收账款”时，应将此项应付账款（　　）处理。

A. 转入资本公积　　B. 冲减管理费用

C. 冲减营业外支出　　D. 转入营业外收入

3. 下列项目中，不属于职工薪酬的是（　　）。

A. 辞退福利　　B. 职工福利费

C. 社会保险费　　D. 职工出差报销的餐费

4. 企业为高层管理人员配备汽车，在计提这些汽车折旧时，应编制会计分录为(　　)。

A. 借记“累计折旧”科目，贷记“固定资产”科目

B. 借记“管理费用”科目，贷记“固定资产”科目

C. 借记“管理费用”科目，贷记“固定资产”科目；同时，借记“应付职工薪酬”科目，贷记“累计折旧”科目

D. 借记“管理费用”科目，贷记“应付职工薪酬”科目；同时，借记“应付职工薪酬”科目，贷记“累计折旧”科目

5. 下列各项税金不能在营业税金及附加账户中列支的有（　　）。

A. 消费税　　B. 营业税

C. 增值税　　D. 城市维护建设税

6. 创世纪公司为增值税一般纳税人，适用的增值税税率为17%。2014 年 1 月，创世纪公司董事会决定将本公司生产的 500 件产品作为福利发放给公司管理人员。该批产品的单件成本为 1 万元，市场销售价格为每件 2 万元（不含增值税）。不考虑其他相关税费，创世纪公司在 2014 年 1 月因该项业务应计入增值税销项税额的金额为（　　）万元。

A. 60　　B. 77

C. 100　　D. 170

7. 创世纪公司建造办公楼领用外购原材料 10 000 元，原材料购入时支付增值税 1 700 元。则创世纪公司计入“应交税费——应交增值税（进项税额转出）”科目的金额应为（　　）元。

A. 680　　B. 1 020

C. 1 700　　D. 5 100

8. 下列各项税金不通过“应交税费”账户核算的是（　　）。

A. 增值税　　B. 消费税

C. 营业税　　D. 印花税

9. 创世纪公司以一张期限为 6 个月的商业承兑汇票支付货款，汇票面值为 100 万元，票面年利率为5%。那么，该票据到期时，企业应支付的金额为（　　）万元。

A. 100　　B. 102

C. 105　　D. 150

10. 创世纪公司本期实际应上缴增值税 20 000 元、消费税 10 000 元、营业税 20 000 元、土地增值税 10 000 元。该企业适用的城市维护建设税税率为 7%，则该企业应缴纳的城市维护建设税为（　　）元。

A. 3 500　　B. 3 000

C. 2 500　　D. 4 200

二、多项选择题

1. 下列项目中，属于职工薪酬的是（　　）。

A. 辞退福利　　B. 发放给职工的高温补贴

C. 职工出差报销的车票　　D. 职工医疗保险费

2. 企业不计入“管理费用”的税金有（　　）。

A. 印花税　　B. 耕地占用税

C. 房产税　　D. 土地增值税

3. 下列各项税金，应计入企业固定资产成本的有（　　）。

A. 购入固定资产缴纳的契税　　B. 车船税

C. 房产税　　D. 车辆购置税

4. “预收账款”科目贷方应登记（　　）。

A. 退回购货方的多付货款数额

B. 企业向购货方发货后冲销的预收货款数额

C. 收到购货单位补付的货款数额

D. 预收货款数额

5. 负债的特征包括（　　）。

A. 负债的清偿预期会导致企业的经济利益流出

B. 负债是企业承担的现时义务

C. 未来流出的经济利益的金额能够可靠地计量

D. 负债是由过去的交易或事项形成的

三、判断题

1. 企业只有在对外销售消费税应税产品时才应缴纳消费税。

2. 企业以自产的产品对外捐赠，由于会计核算时不作销售处理，因此不需缴纳增值税。

3. 企业的工资总额都应计入产品成本。

4. 公司向职工发放自产产品作为福利，同时根据相关税收规定，视同销售计算增值税销项税额。

5. 预收账款与应付账款虽然均属于负债项目，但与应付账款不同，它通常不需要以货币偿付。

6. 企业到期无力偿付的商业承兑汇票，应按其账面余额转入“资本公积”账户。

四、账务处理题

1. 创世纪公司2014年7月1日向银行借入资金500 000元，期限是3个月，年利率为6%，到期还本，每月末计提利息，按季付息。请完成上述业务的相关会计业务处理。

2. 创世纪公司为增值税一般纳税人。该公司2014年年底向100位职工每人发放一台自产的电磁炉作为职工福利，其中有60人是生产工人，20人是车间管理人员，20人是公司管理人员。电磁炉适用的增值税税率为17%，每台不含税售价为500元，其生产成本为300元。请就以上业务完成与应付职工薪酬相关的业务处理。

3. 创世纪公司为增值税一般纳税人，适用的增值税税率为17%，消费税税率为

10%，营业税税率为 5%，所得税税率为 25%，存货收发采用实际成本法核算。该企业 2014 年发生下列经济业务：

（1）从一般纳税企业购入一批原材料，增值税专用发票上载明的原材料价款为 2 000 000元，增值税为 340 000 元，货款已经支付。

（2）将一批材料用于建造办公楼，材料成本为 10 000 元，该材料购进时确认的进项税为 1 700 元。

（3）购入工程物资一批，价款为 100 000 元，增值税为 17 000 元，用银行存款支付（进项税不能抵扣）。

（4）以银行存款支付购买的印花税票 1 000 元。

（5）向甲公司销售一批应税消费品 200 000 元（主营业务），增值税税额为 34 000 元，收到的款项已存入银行。该批产品的实际成本为 120 000 元。

要求：根据上述业务编制相关会计分录。

4．2014 年 3 月 1 日，创世纪公司购入一批原材料，采用商业承兑汇票结算货款。增值税专用发票上载明的该批材料价款为 200 000 元，增值税税额为 34 000 元。商业承兑汇票的承兑期为 6 个月，不计利息。请对以下情况作相关账务处理：

（1）开出汇票，获取开户银行的承兑时；

（2）票据到期，兑付票据金额时；

（3）该公司在票据到期日无力支付经由银行承兑的票款时。

模块八　所有者权益

【知识目标】

1. 了解所有者权益的概念。
2. 掌握资本公积的构成。
3. 掌握盈余公积的构成和用途。

【技能目标】

1. 能正确确定投入资本的入账价值。
2. 能正确处理资本公积、盈余公积业务的相应核算。

项目一　所有者权益概述

一、所有者权益的概念和特点

我国《企业会计准则——基本准则》规定：所有者权益是指企业资产扣除负债后由所有者享有的剩余权益。其来源包括所有者投入的资本、直接计入所有者权益的利得和损失、留存收益等。

所有者权益的特点：

（1）所有者权益是企业投资者对企业净资产的要求权。

（2）所有者权益是企业的“本钱”，是企业取得其他资金的基础。

（3）供企业长期使用无须偿还。

（4）从其会计核算上来看，有专门规定和特殊要求。

【想一想】 所有者权益与债权人权益的区别是什么？

【知识链接】 利得是指由企业非日常活动所形成的、会导致所有者权益增加的、与所有者投入资本无关的经济利益的流入，损失是指由企业日常活动形成的、会导致所有者权益减少的、与向所有者分配利润无关的经济利益的流出。

二、所有者权益的内容

所有者权益包括实收资本（或股本）、资本公积、盈余公积和未分配利润。其中，盈余公积和未分配利润统称为留存收益。

1. 实收资本

实收资本是投资者作为注册资本投入企业的资金，在股份有限公司称为股本。

【知识链接】公司法对公司注册资本规定了最低限额，比如，以生产经营为主或以商品批发为主的公司为人民币50万元以上，以商品零售为主的公司为人民币30万元以上，科技开发、咨询、服务性公司为人民币10万元以上；股份有限公司最低为人民币1 000万元，有限责任公司最低为人民币10万元，非公司企业法人最低为人民币3万元。

2. 资本公积

资本公积是指由投资者投入但不能构成实收资本，或从其他来源取得，直接计入所有者权益的利得和损失等。资本公积由全体股东享有，资本公积在转增资本时，按各个股东在实收资本中所占的投资比例计算的金额，分别转增各个股东的投资金额。

3. 盈余公积

盈余公积是企业从实现的净利润中取得的、具有特定用途的资金，包括法定盈余公积和任意盈余公积。

4. 未分配利润

未分配利润是企业累积未分配的利润。企业历年实现的利润，在提取法定盈余公积和任意盈余公积，以及向投资者分配以后，剩余的部分就累积在未分配利润项目中，用于以后年度分配。

项目二　实收资本的核算

投资者以现金投入的资本，应按照实际收到或者存入企业开户银行的金额，借记“银行存款”账户，贷记“实收资本”账户；投资者以非现金资产投入的资本，应按照确认的入账价值，借记“固定资产”或“无形资产”等资产类账户，贷记“实收资本”账户。

【任务互动8-1】康宁工厂由王某、刘某分别出资人民币200 000元、300 000元组建设立，已将现金存入开户银行，应编制会计分录为：

借：银行存款　　500 000
　贷：实收资本——王某　　200 000
　　　　　　　——刘某　　300 000

【任务互动8-2】宇民公司收到高新IT公司投资的一项专利权，经评估确认价值为600 000元，应编制会计分录如下：

借：无形资产——专利权　　600 000
　　应交税费——应交增值税（进项税额）　　36 000
　贷：实收资本——高新IT公司　　636 000

【任务互动8-3】新华公司收到达利公司投入的A材料一批，投入合同约定价值为30 000元，进项税为5 100元，达利公司已开具增值税发票，约定价值与公允价值相符，材料已验收入库，应编制会计分录如下：

借：原材料——A 材料　　　　　　　　　　30 000
　　应交税费——应交增值税（进项税额）　　5 100
　贷：实收资本——达利公司　　　　　　　　　35 100

项目三　资本公积的核算

企业进行生产运作后，当有新投资者加入时，为了维护原投资者的权益，新投资者的投资额并不一定都能够全部作为实收资本处理。这是因为，一方面，企业创立时，要经过筹建、开辟产品市场等过程，从投入资金到取得回报的时间长、风险大，而进入正常生产经营后，资本利润率要高于企业初创阶段；另一方面，企业经营过程中实现一部分净利润留在企业，形成留存收益，而留存收益也属于投资者权益，但未转入实收资本。因此，新投资者要付出大于原投资者的出资额，才能取得相同的投资比例。对于投资者投入的资本中按其投资比例计算的出资额部分，应记入“实收资本”账户，超出部分应记入“资本公积”账户。

【任务互动 8 -4】 利达公司由甲、乙两位股东各投资 1 000 000 元人民币设立，设立时的实收资本为 2 000 000 元，经过两年的生产运作，第 2 年年末所有者权益总额为4 000 000元，比设立时增加了 2 000 000 元。这时，有丙投资者愿意加入该企业，并表示愿意出资 2 000 000 元，享有与甲、乙两位股东相等的权利，甲、乙两位股东表示同意，则应编制会计分录如下：

借：银行存款　　　　　　　　2 000 000
　贷：实收资本　　　　　　　　　1 000 000
　　　资本公积——资本溢价　　　1 000 000

【任务互动 8 -5】 A 企业由甲、乙、丙、丁四位股东组成，出资比例相同，并享有同等的权利。因扩大经营规模的需要，经批准按原出资比例将资本公积 400 000 元转增资本，应编制会计分录如下：

借：资本公积　　　　　400 000
　贷：实收资本——甲　　　　100 000
　　　　　　　——乙　　　　100 000
　　　　　　　——丙　　　　100 000
　　　　　　　——丁　　　　100 000

项目四　盈余公积的核算

一、盈余公积的计提

盈余公积按照计提的依据不同，可分为两种：一是法定盈余公积，它是以法律或者行政规章为依据提取的，每个企业只要有税后利润就必须提取，公司制企业可按照净利润的

10%提取；二是任意盈余公积，它是由企业自行决定提取的，企业可以自主决定提取或者不提取，提取的比例也由企业自己决定。

企业提取法定盈余公积时，借记“利润分配——提取法定盈余公积”账户，贷记“盈余公积——法定盈余公积”账户；企业提取任意盈余公积时，借记“利润分配——提取任意盈余公积”账户，贷记“盈余公积——任意盈余公积”账户。

二、盈余公积的使用

企业提取的盈余公积主要有三种用途：一是弥补亏损，二是转增资本，三是发放现金股利或利润。

经股东大会决议，企业可将盈余公积转为股本，但法定盈余公积转增资本后留存的法定盈余公积不得少于企业注册资本的25%。

企业经股东大会或类似机构决议，用盈余公积弥补亏损时，应借记“盈余公积”账户，贷记“利润分配——盈余公积补亏”账户。

企业经股东大会或类似机构决议，用盈余公积转增企业资本时，应借记“盈余公积”账户，贷记“实收资本”（除股份有限公司外）账户或“股本”（股份有限公司）账户。

【任务互动8-6】利达公司2014年实现利润为0，2008年发生亏损800 000元，2009年至2013年已用税前利润弥补亏损500 000元，但2008年的亏损仍有300 000元未弥补，经股东大会决议，用法定盈余公积进行弥补，应编制会计分录如下：

借：盈余公积——法定盈余公积　　300 000
　贷：利润分配——盈余公积补亏　　300 000
借：利润分配——盈余公积补亏　　300 000
　贷：利润分配——未分配利润　　300 000

【任务互动8-7】鹏程公司经股东大会决议，将法定盈余公积360 000元用于转增股东资本，在股东中，除甲股东持股40%外，其余乙和丙两股东各持股30%，应编制会计分录如下：

借：盈余公积——法定盈余公积　　360 000
　贷：实收资本——甲股东　　144 000
　　　　　　——乙股东　　108 000
　　　　　　——丙股东　　108 000

【任务互动8-8】长安股份有限公司本年实现净利润6 000 000元，年初未分配利润为0。经股东大会批准，长安股份有限公司按当年净利润的10%提取法定盈余公积。假设不考虑其他因素，长安股份有限公司应编制会计分录如下：

借：利润分配——提取法定盈余公积　　600 000
　贷：盈余公积——法定盈余公积　　600 000

【任务互动8-9】太康股份有限公司2013年12月31日普通股本为50 000 000股，每股面值1元，可供投资者分配的利润为5 000 000元，盈余公积为20 000 000元。2014年3月20日，股东大会批准了2013年度利润分配方案，以2013年12月31日为登记日，按每股0.2元发放现金股利。太康股份有限公司共需要分派10 000 000元现金股利，其中动用可供投资者分配的利润 5 000 000 元、盈余公积 5 000 000 元。假设不考虑其他因素，太康股份有限公司应编制会计分录如下：

宣告发放现金股利时：

借：利润分配——应付现金股利　　5 000 000
　　盈余公积　　5 000 000
　贷：应付股利　　10 000 000

支付股利时：

借：应付股利　　10 000 000
　贷：银行存款　　10 000 000

【模块小结】

所有者权益是指企业资产扣除负债后由所有者享有的剩余权益，其来源包括所有者投入的资本、直接计入所有者权益的利得和损失、留存收益等。

投资者投入资本时可以用现金出资，也可以用实物、知识产权、土地使用权等资产出资。

资本公积是指由投资者投入但不能构成实收资本，或从其他来源取得，直接计入所有者权益的利得和损失等。资本公积由全体股东享有，资本公积在转增资本时，按各个股东在实收资本中所占的投资比例计算的金额，分别转增各个股东的投资金额。

盈余公积是企业从实现的净利润中取得的、具有特定用途的资金，包括法定盈余公积和任意盈余公积。

未分配利润是企业累积未分配的利润。企业历年实现的利润，在提取法定盈余公积和任意盈余公积，以及向投资者分配以后，剩余的部分就累积在未分配利润项目中，用于以后年度分配。

【思考与练习】

1. 李明大学毕业后要创办一家公司，有哪些出资方式呢？

2. 某企业发生以下经济业务：

（1）收到甲公司投入的资本 300 000 元，乙公司投入的资本 60 000 元，共计人民币 360 000元，全部存入本企业的开户银行。

（2）经股东大会批准，将资本公积 120 000 元、法定盈余公积 100 000 元转增资本。

（3）经股东大会决定，用法定盈余公积 70 000 元弥补以前年度超过 5 年的亏损。

（4）2014 年实现利润 1 000 000 元，年末未分配利润 30 000 元，分别按 10% 和 5% 提取法定盈余公积和任意盈余公积。

要求：根据上述资料编制相关会计分录。

模块九　收入、费用和利润

【知识目标】

1. 理解收入的概念和特征，费用的概念和特征，利润的概念。

2. 区分收入与利得，费用与损失；界定收入的范围、营业外收支的范围。

3. 明确应纳税所得额与税前会计利润的关系。

【技能目标】

1. 能独立完成一般销售业务，销售折扣、折让和销售退回，费用，营业外收支，利润形成与分配等业务的会计处理。

2. 正确确定收入的入账价值，熟练计算营业利润、利润总额和净利润。

项目一　收　入

一、收入的概念、特点和分类

（一）收入的概念

收入是指企业在日常活动中形成的、会导致所有者权益增加的、与所有者投入资本无关的经济利益的总流入。

（二）收入的特点

（1）收入是企业日常活动形成的经济利益流入。

（2）收入可能表现为资产的增加或负债的减少，或者二者兼而有之。

（3）收入必然导致所有者权益的增加。

（4）收入不包括所有者向企业投入资本导致的经济利益流入。

（三）收入的分类

收入按其交易性质的不同，可分为商品销售收入、提供劳务收入、让渡资产使用权收入。

收入按其在经营业务中所占比重的不同，可分为主营业务收入和其他业务收入。

二、收入的确认

1. 商品销售收入的确认

企业在销售商品时，如以下条件能同时满足，则可确认为收入：

（1）企业已将商品所有权上的主要风险和报酬转移给买方。

（2）企业既没有保留通常与所有权相联系的继续管理权，也没有对已售的商品实施控制。

（3）收入的金额能够可靠计量。

（4）相关的经济利益很可能流入企业。

（5）相关的已发生或将要发生的成本能够可靠计量。

2. 让渡资产使用权收入的确认

让渡资产使用权的收入包括利息收入和使用费收入，应当在以下各条件均能满足时予以确认：

（1）与交易相关的经济利益能够流入企业。

（2）收入的金额能够可靠计量。

三、商品销售收入的核算

1. 主营业务收入

为核算企业通过主营业务所取得的收入应设置“主营业务收入”账户。当企业由于销售商品、提供劳务、让渡资产使用权而取得收入时贷记该账户；当企业发生销售退回、销售折让等冲减收入时，或期末结转入“本年利润”账户时，借记该账户。期末结转后该账户无余额。该账户按主营业务种类设置明细账。

当企业确认主营业务收入时，根据不同的收款方式，借记“库存现金”、“银行存款”、“应收账款”、“应收票据”等账户，贷记“主营业务收入”账户和“应交税费——应交增值税（销项税额）”账户。

【任务互动9－1】三立公司销售A商品2 000件给得庆公司，赊销合同规定售价为5元/件，增值税税率为17%，采用异地托收承付方式结算，商品已发出，款项已办妥托收手续。会计处理如下：

借：应收账款——得庆公司　　11 700
　贷：主营业务收入　　10 000
　　应交税费——应交增值税（销项税额）　　1 700

三立公司销售B商品3 000千克给A企业，赊销合同约定售价为10元/千克，增值税税额为5 100元，采用商业汇票方式结算，收到对方承兑的商业承兑汇票一张，商品已发出。会计处理如下：

借：应收票据——A企业　　35 100
　贷：主营业务收入　　30 000
　　应交税费——应交增值税（销项税额）　　5 100

企业销售商品时以现金支付代垫运费600元。该代垫运费已随货款办理好托收手续，编制会计分录如下：

借：应收账款　　600
　贷：库存现金　　600

企业销售商品时签发转账支票一张，金额为5 000元，以支付运费、保险费，则应编制会计分录如下：

借：销售费用　　　　　　5 000

　贷：银行存款　　　　　　5 000

月份终了，根据本月销售成本 46 000 元，应编制会计分录如下：

借：主营业务成本　　　　46 000

　贷：库存商品　　　　　　46 000

2. 销售折扣、折让与销售退回的确认与核算

（1）销售折扣，包括商业折扣和现金折扣。商业折扣是企业为促销而在商品标价上给予的价格扣除。商业折扣在销售时即已发生，所以在企业销售实现时，只需按扣除商业折扣后的净额确认销售收入，不需另外做账务处理。现金折扣是企业为了尽快使资金回笼而发生的理财费用，所以在发生时作为当期损益，记入“财务费用”账户。

【知识链接】现金折扣条件通常用一个简单的分式表示。例如，一笔赊销期限为 30 天的商品交易，销货方规定的现金折扣条件为：10 天内付款可得到 2% 的现金折扣，超过 10 天但在 20 天内付款可得到 1% 的现金折扣，超过 20 天付款须按发票金额全付，则该现金折扣条件可表示为 2/10、1/20、*n*/30。

（2）销售折让，是指企业售出的商品由于质量不合格或规格与合同不符等原因而在售价上给予的减让。可能发生在销售收入确认之前，也可能发生在销售收入确认之后。发生在销售收入确认之前的折让，其会计处理与商业折扣相同；发生在销售收入确认之后的折让，应在实际发生时冲减当期的收入。发生销售折让时，如按规定允许扣减当期销项税额，除冲减“主营业务收入”外，还应以红字冲销“应交税费——应交增值税”的“销项税额”栏。

（3）销售退回，是指企业售出的商品由于质量、品种、规格不符合合同要求等原因而发生的退货。企业销售收入未确认即发生销售退回的，不进行账务处理；企业销售收入确认后又发生销售退回的，不论是本年度销售的，还是以前年度销售的，通常均冲减回当月的销售收入。如已结转销售成本的，还应冲减退回月份的销售成本。在销售退回时，按规定允许扣除当期销项税额的，用红字冲销“应交税费——应交增值税”的“销项税额”栏。

【想一想】销售折让与销售折扣是一回事吗？

【任务互动 9-2】2014 年 3 月 2 日，某企业销售 A 商品 400 件给环球公司，合同规定销售单价为每件 100 元，货款总计 40 000 元，增值税税额为 6 800 元，现金折扣条件为“2/10、1/20、*n*/30”。假定计算折扣时不考虑增值税，则会计处理如下：

在 3 月 2 日销售实现时，据有关凭证，按总售价确认收入：

借：应收账款——环球公司　　　　　　　　46 800

　贷：主营业务收入　　　　　　　　　　　　40 000

　　　应交税费——应交增值税（销项税额）　　6 800

如果 3 月 8 日买方付清货款，则按售价的 2% 享受现金折扣 800 元，买方实际付款 46 000元：

借：银行存款　　　　　　　46 000

　　财务费用　　　　　　　　800

　贷：应收账款——环球公司　　46 800

如果 3 月 20 日买方付清货款，则按售价的 1% 享受现金折扣 400 元，买方实际付款 46 400元：

借：银行存款　　　　　　　46 400

　　财务费用　　　　　　　　400

　贷：应收账款——环球公司　　46 800

如买方在 3 月 30 日才付款，则应全额付款，不享受现金折扣：

借：银行存款　　　　　　　46 800

　贷：应收账款——环球公司　　　46 800

【任务互动 9－3】某企业销售 C 商品 2 000 件给乙企业，增值税专用发票上注明销售单价为每件 10 元，总计 20 000 元，增值税税额为 3 400 元。货到后买方发现商品质量不合格，经协商双方同意在价格上给予 2% 的折让。会计处理如下：

销售实现时：

借：应收账款——乙企业　　　　　　　　23 400

　贷：主营业务收入　　　　　　　　　　　20 000

　　应交税费——应交增值税（销项税额）　　3 400

发生销售折让时：

借：主营业务收入　　　　　　　　　　400

　贷：应交税费——应交增值税（销项税额）　　68

　　应收账款——乙企业　　　　　　　　468

实际收到款项时：

借：银行存款　　　　　　　22 932

　贷：应收账款——乙企业　　　22 932

【任务互动 9－4】某企业 2014 年 2 月销售给 B 企业一批丙商品，增值税专用发票上注明货款为 10 000 元，增值税税额为 1 700 元，收到对方签发转账支票一张，商品已发出。会计处理如下：

企业确认收入：

借：银行存款　　　　　　　　　　　　11 700

　贷：主营业务收入　　　　　　　　　　　10 000

　　应交税费——应交增值税（销项税额）　　1 700

该批丙商品成本为 7 500 元，于 2 月底已结转销售成本：

借：主营业务成本　　　　　　7 500

　贷：库存商品——丙商品　　　7 500

当年 4 月，丙商品因质量严重不合格被买方退回，收到被退回的丙商品，企业签发转账支票一张，退回货款及税款：

借：主营业务收入 10 000
　贷：应交税费——应交增值税（销项税额） 1 700
　　银行存款 11 700
借：库存商品 7 500
　贷：主营业务成本 7 500

四、特殊销售业务的会计处理

1. 委托代销

委托代销，是指委托方根据协议，委托受托方代销商品的一种销售方式。委托代销具体可分为视同买断方式和支付手续费方式两种。

（1）视同买断方式，是指委托方和受托方签订合同或协议，委托方按合同或协议价格收取代销商品的货款，实际售价可由受托方自定，且实际售价与合同或协议价格之间的差额归受托方所有的销售方式。委托方应于发出商品时确认相关商品销售收入，受托方对取得的代销商品应作为购进商品处理。

【任务互动9－5】 A企业委托B企业销售甲商品100件，协议价为100元/件，该商品成本为60元/件，增值税税率为17%。A企业收到B企业开来的代销清单时开具增值税发票，发票上注明售价为10 000元，增值税为1 700元。B企业实际销售时开具的增值税发票上注明：售价为12 000元，增值税为2 040元。

A企业应编制会计分录如下：

将甲商品交付B企业时：

借：应收账款——B企业 11 700
　贷：主营业务收入 10 000
　　应交税金——应交增值税（销项税额） 1 700
借：主营业务成本 6 000
　贷：库存商品 6 000

收到B企业汇来的货款11 700元时：

借：银行存款 11 700
　贷：应收账款——B企业 11 700

B企业应编制会计分录如下：

收到甲商品时：

借：受托代销商品 10 000
　贷：受托代销商品款 10 000

实际销售时：

借：银行存款 14 040
　贷：主营业务收入 12 000
　　应交税金——应交增值税（销项税额） 2 040
借：主营业务成本 10 000
　贷：受托代销商品 10 000

借：受托代销商品款　　　　　　10 000

　贷：应付账款——A 企业　　　　　10 000

按合同协议价将款项付给 A 企业时：

借：应付账款——A 企业　　　　　　　　　　10 000

　　应交税金——应交增值税（进项税额）　　1 700

　贷：银行存款　　　　　　　　　　　　　　　11 700

（2）支付手续费方式，是指委托方和受托方签订合同或协议，委托方根据代销商品的数量向受托方支付手续费的一种代销方式。在支付手续费方式下，委托方向受托方交付代销商品时，与代销商品所有权有关的主要风险和报酬并没有转移给受托方。因此，委托方不能在发出商品时确认收入，而应将发出的代销商品转入“委托代销商品”科目核算；受托方对收到的代销商品也不能作为商品购进处理，而应设置“受托代销商品”科目单独核算。受托方将受托代销的商品售出后，应根据代销商品的数量和合同约定的收费方式，计算应向委托方收取的手续费，作为劳务收入确认入账，不确认商品销售收入；委托方收到受托方开来的代销清单时，根据代销清单所列的已销售商品金额确认收入，支付的代销手续费计入当期销售费用。

【任务互动 9-6】华丽公司采用支付手续费方式委托 B 公司代销一批商品，商品成本为 30 000 元，根据代销协议，商品售价为 40 000 元，增值税税额为 6 800 元，B 公司按销售价款的 5% 收取手续费。B 公司将该批商品售出后，给华丽公司开来了代销清单，华丽公司根据代销清单所列的已销商品金额给 B 公司开具了增值税专用发票。

华丽公司的会计处理如下：

发出委托代销商品时：

借：委托代销商品　　　　　30 000

　贷：库存商品　　　　　　　　30 000

收到 B 公司开来的代销清单时：

借：应收账款——B 公司　　　　　　　　46 800

　贷：主营业务收入　　　　　　　　　　　　40 000

　　　应交税费——应交增值税（销项税额）　　6 800

借：主营业务成本　　　　　30 000

　贷：委托代销商品　　　　　　30 000

确认应付的代销手续费时：

借：销售费用　　　　　　　2 340

　贷：应收账款——B 公司　　　　2 340

收到 B 公司汇来的货款时：

借：银行存款　　　　　　　44 460

　贷：应收账款——B 公司　　　　44 460

B 公司的会计处理如下：

收到受托代销商品时：

借：受托代销商品　　　　　30 000
　贷：受托代销商品款　　　　　30 000
售出受托代销商品时：
借：银行存款　　　　　　　　　　　　　46 800
　贷：应付账款——华丽公司　　　　　　　　40 000
　　　应交税费——应交增值税（销项税额）　　6 800
收到增值税专用发票时：
借：应交税费——应交增值税（进项税额）　　6 800
　贷：应付账款——华丽公司　　　　　　　　6 800
借：受托代销商品款　　40 000
　贷：受托代销商品　　　　40 000
结清代销商品款并计算代销手续费时：
借：应付账款——华丽公司　46 800
　贷：银行存款　　　　　　　44 460
　　　主营业务收入　　　　　　2 340

2. 分期收款销售商品

分期收款销售商品是指商品已经交付给受托方，但货款需分期收回的一种销售方式。采用该方式销售商品时，在合同或协议约定的收款日期分别确认收入，同时按商品全部销售成本与全部销售收入的比例计算并结转销售成本。

【任务互动9－7】2014年1月，某企业采用分期收款方式销售甲产品一批，售价为200 000元，成本为100 000元，增值税税率为17%，合同约定每半年收款一次，款项分四次等额收回，发出商品时先收取第一期货款。会计处理如下：

发出商品时：
借：发出商品　　　　　　100 000
　贷：库存商品——甲产品　　　100 000
到合同约定收款时间时：
借：应收账款　　　　　　　　　　　　58 500
　贷：主营业务收入　　　　　　　　　　　50 000
　　　应交税费——应交增值税（销项税额）　　8 500
按比例结转商品销售成本时：
借：主营业务成本　　　　25 000
　贷：发出商品　　　　　　　25 000

五、劳务收入的核算

劳务收入应根据下列情况分别进行确认和计量：

（1）在同一会计年度内开始并完成的劳务，应在劳务完成时确认收入，收入金额为合同协议总金额，确认方法可参照商品销售收入的确认原则。

（2）如劳务的开始和完成分属不同的会计年度，且在资产负债表日对该项交易的结果能够可靠估计，应按完工百分比法确认收入。

按规定，企业提供劳务的收入可能在劳务完成时予以确认，也可能按完工百分比法进行确认。在确认劳务收入时，借记“应收账款”、“银行存款”等账户，贷记“主营业务收入”账户；发生成本时，借记“劳务成本”账户，贷记“银行存款”等账户；结转成本时，借记“主营业务成本”账户，贷记“劳务成本”账户。

【任务互动9－8】甲公司于2013年12月25日接受乙公司委托，为其培训一批学员，培训期为6个月，2014年1月1日开学。协议约定，乙公司应向甲公司支付的培训费总额为60 000元，分三次等额支付，第一次在开学时预付，第二次在2014年3月1日支付，第三次在培训结束时支付。

2014年1月1日，乙公司预付第一次培训费。至2014年2月28日，甲公司发生培训成本15 000元（假定均为培训人员薪酬）。2014年3月1日，甲公司得知乙公司经营发生困难，后两次培训费能否收回难以确定。甲公司的账务处理如下：

2014年1月1日收到乙公司预付的培训费时：

借：银行存款　　　　20 000
　贷：预收账款　　　　20 000

实际发生培训支出15 000元时：

借：劳务成本　　　　15 000
　贷：应付职工薪酬　　　　15 000

2014年2月28日确认提供劳务收入并结转劳务成本时：

借：预收账款　　　　15 000
　贷：主营业务收入　　　　15 000
借：主营业务成本　　　　15 000
　贷：劳务成本　　　　15 000

【任务互动9－9】A公司于2014年12月1日接受一项设备安装任务（劳务），安装期为3个月（跨年度），合同总收入为600 000元，至年底已预收安装费440 000元，实际发生安装费用280 000元（假定均为安装人员薪酬），估计还会发生成本120 000元。假定A公司按实际发生的成本占估计总成本的比例确定劳务的完工进度。A公司的账务处理如下：

实际发生的成本占估计总成本的比例＝280 000÷(280 000＋120 000)×100%＝70%

2014年12月31日确认的提供劳务收入＝600 000×70%－0＝420 000（元）

2014年12月31日结转的提供劳务成本＝(280 000＋120 000)×70%－0＝280 000（元）

根据以上计算结果，编制会计分录如下：

实际发生劳务成本时：

借：劳务成本　　　　280 000
　贷：应付职工薪酬　　　　280 000

预收劳务款时：

借：银行存款　　　　440 000
　贷：预收账款　　　　440 000

2014 年 12 月 31 日确认提供劳务收入并结转劳务成本时：

借：预收账款　　　　　420 000

　贷：主营业务收入　　　　420 000

借：主营业务成本　　　280 000

　贷：劳务成本　　　　　　280 000

六、让渡资产使用权收入的核算

让渡资产使用权的使用费收入，一般作为其他业务收入处理；让渡资产所发生的成本、费用，作为其他业务成本处理。

【任务互动 9－10】 安达公司于 2014 年 1 月 1 日向 C 公司转让某商标的使用权，合同规定使用期为 4 年，每年年末收取使用费 200 000 元。假设 2014 年该商标的商标权应计提的摊销额为 120 000 元，则应编制会计分录如下：

2014 年年末确认使用费收入：

借：银行存款　　　　　　200 000

　贷：其他业务收入　　　　　200 000

2014 年每月计提商标权摊销额为 120 000 ÷ 12 = 10 000（元）：

借：其他业务成本　　　　10 000

　贷：累计摊销　　　　　　　10 000

项目二　费　用

一、费用的概念、特征及分类

（一）费用的概念

费用是指企业在日常活动中所形成的、会导致所有者权益减少的、与向所有者分配利润无关的经济利益的总流出。

（二）费用的特征

（1）费用是日常活动中形成的经济利益的总流出。

（2）会导致企业所有者权益减少。

（3）与向所有者分配利润无关。

（三）费用的分类

（1）按照经济内容分类，可分为外购材料、外购燃料、外购动力、工资、提取的职工福利费、折旧费、利息支出、税金、其他支出。

（2）按照经济用途分类，可分为直接材料、直接工资、其他直接支出、制造费用、期间费用。直接材料、直接工资、其他直接支出、制造费用构成销售成本。

（3）按照同产量之间的关系分类，可分为固定费用和变动费用。

二、销售成本

本期销售商品、提供劳务，由商品、劳务承担的成本，即销售成本。它既包括在发生时可直接计入产品成本的费用，即直接材料、直接工资、其他直接支出，也包括在发生时由于各种原因无法直接计入产品成本，需在期末分配计入产品成本的各项费用，也就是制造费用。

三、制造费用的归集与分配

企业归集与分配制造费用，须设置“制造费用”账户。该账户核算企业各个生产单位（分厂、车间）为组织和管理生产所发生的生产单位管理人员工资、职工福利费，生产单位房屋建筑物、机器设备等的折旧费、修理费，物料消耗费，低值易耗品，水电费，办公费，劳动保护费，季节性、修理期间的停工损失以及其他制造费用。

“制造费用”账户属于集合分配账户，借方登记制造费用的发生数，贷方登记制造费用的分配数。该账户按不同车间、部门和费用项目进行明细核算。在一般情况下，期末应将全部费用都分配出去，不留余额。常用的分配方法有：生产工时比例法、生产工人工资比例法、预算分配率法。

【任务互动 9－11】某企业 2014 年 7 月发生各种制造费用如下：

计提本月车间使用的固定资产折旧，共计 30 000 元：

借：制造费用　　　　30 000

　贷：累计折旧　　　　30 000

支付本月固定资产租金 6 000 元，以银行存款支付：

借：制造费用　　　6 000

　贷：银行存款　　　6 000

车间办事员小王报销差旅费 1 200 元，预借款为 2 000 元：

借：制造费用　　1 200

　　库存现金　　800

　贷：其他应收款　　2 000

分配本期制造费用，共计 37 200 元，其中甲产品负担 22 320 元，乙产品负担 14 880元：

借：生产成本——基本生产成本（甲产品）　　22 320

　　　　　　——基本生产成本（乙产品）　　14 880

　贷：制造费用　　　　37 200

四、生产成本的归集与分配

生产成本通过“生产成本”账户进行归集。该账户主要核算企业进行工业性生产，包括生产各种产品（产成品、自制半成品、提供劳务等）、自制材料、自制工具、自制设备等所发生的各项生产费用。该账户设置“基本生产成本”、“辅助生产成本”两个明细账户，并按各成本核算对象进行明细核算。企业为完成主要生产目的而发生的基本车间产品的生产成本，在“生产成本——基本生产成本”账户归集；企业为基本生产服务而进行的辅助车间产品生产或劳务供应所发生的生产成本，在“生产成本——辅助生产成本”账户归集。

【任务互动9-12】某企业材料采用实际成本法核算。2014年3月材料耗用情况如下：基本生产车间A产品直接耗用300 000元，B产品直接耗用200 000元；机修车间生产耗用材料70 000元：

借：生产成本——基本生产成本（A产品）　　300 000
　　　　　　——基本生产成本（B产品）　　200 000
　　　　　　——辅助生产成本（机修）　　70 000
　贷：原材料　　570 000

【任务互动9-13】某企业2014年3月应分配的工资总额为59 000元，其中：基本生产车间A产品生产工人工资30 000元，B产品生产工人工资20 000元；供电车间生产工人工资9 000元。

借：生产成本——基本生产成本（A产品）　　30 000
　　　　　　——基本生产成本（B产品）　　20 000
　　　　　　——辅助生产成本（供电）　　9 000
　贷：应付职工薪酬——工资　　59 000

五、期间费用

1. 销售费用

销售费用是指企业在销售商品和材料、提供劳务过程中发生的费用，包括企业销售商品过程中发生的运输费、装卸费、包装费、保险费、展览费和广告费，以及为销售本企业商品而专设的销售机构的职工薪酬、业务费等经营费用。

2. 管理费用

管理费用是指企业为组织和管理企业的生产经营而发生的费用，包括企业的董事会和行政管理部门在企业的经营管理中发生的，或者应当由企业统一负担的公司经费、工会经费、待业保险费、劳动保险费、聘请中介机构费、咨询费、诉讼费、业务招待费、房产税、车船税、土地使用税、印花税、技术转让费、矿产资源补偿费、研究与开发费、排污费等。

3. 财务费用

财务费用是指企业为筹集生产经营所需资金而发生的费用，包括应当作为期间费用的利息支出、汇兑损益以及相关的手续费、企业发生的现金折扣或收到的现金折扣等。

【知识链接】企业因非日常活动导致的经济利益的流出属于损失而不是费用，如处置固定资产或无形资产、因违约支付罚款、对外捐赠、因自然灾害等原因造成的财产损失等。

【想一想】成本与费用有什么区别和联系？

【任务互动9-14】某企业2014年某月10日支付短期借款利息8 000元：

借：财务费用——利息　　8 000

　贷：银行存款　　　　　8 000

25 日，接到银行通知，第二季度存款利息收入为 2 000 元：

借：银行存款　　　　2 000

　贷：财务费用　　　　2 000

27 日，支付银行承兑汇票手续费 3 000 元：

借：财务费用——利息　　3 000

　贷：银行存款　　　　　　3 000

30 日，将本月发生的财务费用转入本年利润：

借：本年利润　　　　9 000

　贷：财务费用　　　　9 000

【任务互动 9-15】 某企业 2014 年 12 月份发生的费用有：外设销售机构办公费用 40 万元，销售人员工资 30 万元，计提车间用固定资产折旧 20 万元，发生车间管理人员工资 60 万元，支付广告费用 60 万元，计提短期借款利息 40 万元，支付业务招待费 20 万元，行政管理人员工资 10 万元。下列说法正确的有（　　）。

A. 该企业 12 月发生财务费用 100 万元

B. 该企业 12 月发生销售费用 130 万元

C. 该企业 12 月发生制造费用 20 万元

D. 该企业 12 月发生管理费用 30 万元

【答案】 BD

【任务分解】 车间用固定资产折旧与车间管理人员的工资应该计入“制造费用”中核算，外设销售机构办公费用、销售人员工资、支付广告费计入“销售费用”，计提短期借款的利息计入“财务费用”，支付的业务招待费和行政管理人员的工资计入“管理费用”，则：

本期财务费用 = 40（万元）

本期制造费用 = 20 + 60 = 80（万元）

本期销售费用 = 40 + 30 + 60 = 130（万元）

本期管理费用 = 20 + 10 = 30（万元）

项目三　利　润

一、利润的概念及构成

（一）利润的概念

利润是指企业在一定会计期间的经营成果，包括收入减去费用后的净额、直接计入当期利润的利得和损失等。其中，直接计入当期利润的利得和损失，是指应当计入当期损益的、最终会导致所有者权益发生增减变动的、与所有者投入资本或者向所有者分配利润无关的利得或者损失，如债务重组利得和损失。

（二）利润的构成

在利润表中，利润的金额分为营业利润、利润总额和净利润三个层次计算确定。

（1）营业利润：营业利润是指企业在一定会计期间从事生产经营活动取得的利润。

营业利润 = 营业收入 − 营业成本 − 营业税金及附加 − 销售费用 − 管理费用 − 财务费用 − 资产减值损失 ± 公允价值变动净损益 ± 投资净损益

（2）利润总额：利润总额是指企业一定会计期间的营业利润，加上营业外收入减去营业外支出后的税前盈余。

利润总额 = 营业利润 + 营业外收入 − 营业外支出

【知识链接】

营业外收入是指企业发生的与其日常生产经营活动无直接关系的各项利得，主要包括非流动资产处置利得、盘盈利得、罚没利得、捐赠利得、确实无法支付而应按规定程序经批准后转作营业外收入的应付款等。

营业外支出是指企业发生的与其生产经营无直接关系的各项损失，主要包括非流动资产处置损失、盘亏损失、罚款支出、公益性捐赠支出、非常损失等。

（3）净利润：净利润是指企业一定会计期间的利润总额减去所得税费用后的净额。所得税费用是指企业确认的应从当期利润总额中扣除的所得税。

净利润 = 利润总额 − 所得税费用

二、利润的结转

为反映企业利润的形成或亏损的发生，应设置“本年利润”账户，该账户借方反映期末转入的各项成本、费用，贷方反映期末转入的各项收入。期末，借方余额表示企业本期发生的亏损数额，贷方余额表示企业本期实现的利润数额。年度终了，应将该账户的余额转入“利润分配——未分配利润”账户，结转后该账户无余额。如为净利润的结转，则应借记“本年利润”账户，贷记“利润分配——未分配利润”账户。

【任务互动9－16】三泰公司将“本年利润”账户贷方余额940 000元转入“利润分配——未分配利润”账户，会计处理如下：

借：本年利润　　　　　　　　　　940 000

　贷：利润分配——未分配利润　　　　　940 000

三、所得税

企业实现利润后，应按税法的规定计算缴纳企业所得税。其计算公式如下：

当期应交所得税 = 应纳税所得额 × 所得税税率

应纳税所得额 = 税前会计利润 + 纳税调整增加额 − 纳税调整减少额

【知识链接】

纳税调整增加额：主要包括税法规定允许扣除项目中，企业已计入当期费用但超过税法规定扣除标准的金额，以及企业已计入当期损失但税法规定不允许扣除项目的金额。

纳税调整减少额：主要包括税法规定允许弥补的亏损和准予免税的项目。例如，前5

年内未弥补亏损和国债利息收入等。

所得税税率为25%。该税率适用于我国内、外资企业。

【任务互动9-17】三友公司2014年度全年税前会计利润为600 000元，其中包括本年收到的国库券利息收入40 000元，营业外支出中20 000元为税款滞纳罚金。假定该公司无其他纳税调整因素，则其应纳税所得额及当期应交所得税分别为：

应纳税所得额=600 000-40 000+20 000=580 000（元）

当期应交所得税=580 000×25%=145 000（元）

四、利润的分配

企业当年实现的净利润，加上年初未分配利润（或减去年初未弥补亏损）和其他转入后的余额，即可得到可供分配利润。企业的可供分配利润应按照以下顺序分配：

（1）提取法定盈余公积，按照税后净利润的10%提取。

（2）提取任意盈余公积。

（3）向投资者分配利润。

为反映企业利润或亏损的弥补情况，应设置“利润分配”账户。该账户为所有者权益类账户，借方登记已分配的利润及年终亏损转入数，贷方登记已取得的亏损弥补及年终利润转入数；余额在借方表示未弥补亏损，余额在贷方表示未分配利润。该账户应设置“提取法定盈余公积”、“提取任意盈余公积”、“盈余公积补亏”、“未分配利润”等明细账户。

【任务互动9-18】长江公司以盈余公积200 000元弥补企业以前年度亏损：

借：盈余公积　　200 000

　贷：利润分配——盈余公积补亏　　200 000

【任务互动9-19】红河有限公司2014年度净利润为980 000元，按10%提取法定盈余公积，提取任意盈余公积200 000元，向投资者分配利润300 000元：

借：利润分配——提取法定盈余公积　　98 000

　　　　　——提取任意盈余公积　　200 000

　　　　　——应付现金股利或利润　　300 000

　贷：盈余公积——法定盈余公积　　98 000

　　　　　　——任意盈余公积　　200 000

　　应付股利　　300 000

【任务互动9-20】某工业股份有限公司2014年年初未分配利润为300 000元，当年实现净利润1 100 000元，提取法定盈余公积110 000元，宣告发放现金股利120 000元。假定不考虑其他因素，该股份有限公司应进行如下账务处理：

结转本年利润，编制会计分录如下：

借：本年利润　　1 100 000

　贷：利润分配——未分配利润　　1 100 000

提取法定盈余公积、宣告发放现金股利，编制会计分录如下：

借：利润分配——提取法定盈余公积　110 000

　　　　　——应付现金股利　　120 000

贷：盈余公积　　　　　　　　　　110 000

　　应付股利　　　　　　　　　　120 000

同时：

借：利润分配——未分配利润　　　　　　230 000

　贷：利润分配——提取法定盈余公积　　　　110 000

　　　　　　　——应付现金股利　　　　　　120 000

每年年度终了，企业应将本年收支相抵后得到的本年的净利润或本年发生的亏损从“本年利润”账户转入“利润分配——未分配利润”账户。如为净利润的结转，应借记“本年利润”账户，贷记“利润分配——未分配利润”账户。

【小贴士】企业本年度发生亏损，可在以后 5 年内延续弥补，5 年后如尚未弥补完，则只能用盈余公积或税后利润弥补。

【模块小结】

收入是指企业在日常活动中形成的、会导致所有者权益增加的、与所有者投入资本无关的经济利益的总流入。

企业在商品销售过程中发生商业折扣、现金折扣、销售折让及销售退回，应根据实际情况进行相应的会计处理。对于发生的销售退回既要冲减当期销售收入也要冲减已结转的销售成本。

费用是指企业在日常活动中所形成的、会导致所有者权益减少的、与向所有者分配利润无关的经济利益的总流出，包括主营业务成本、其他业务成本、营业税金及附加、销售费用、管理费用和财务费用等。

利润是指企业在一定会计期间的经营成果。利润由营业利润、利润总额和净利润三个层次计算确定。

【思考与练习】

1. 假如你去超市购买酸奶，超市在搞买 8 送 1 活动，这项活动是商业折扣还是现金折扣？为什么？

2. 汶川地震给我国带来了很大的人员和财产损失，地震给企业造成的财产损失应如何进行会计处理？

3. 练习费用的核算：

（1）签发支票支付广告费 40 000 元。

（2）结转本月退回商品销售成本 38 500 元。

（3）采购员出差回来报销差旅费 1 885 元，退回现金 115 元。

（4）本月应发管理人员工资 35 000 元。

（5）结转本月销售商品的实际成本 800 000 元，销售材料实际成本 25 000 元。

（6）按规定计算本月应交城市维护建设税 3 600 元，应交教育费附加 1 600 元。

要求：请根据以上资料编制相关的会计分录。

模块十　财务报表

【知识目标】

1．熟悉企业财务报表的构成体系。

2．理解资产负债表、利润表等基本财务报表的编制原理。

3．掌握资产负债表、利润表等基本财务报表的内容、结构和编制方法。

【技能目标】

1．会编制资产负债表、利润表等基本财务报表。

2．能解读资产负债表等基本财务报表所蕴含的财务和经营信息。

【情景导入】

在企业日常会计核算中，企业每发生一笔经济业务，都要编制会计凭证，登记账簿。但是，这些日常核算数量太多，而且比较分散，不能集中地、概括地反映企业的财务状况和经营成果，因此有必要定期将日常会计核算资料进行分类汇总，按照一定的表格形式编制会计报表，向有关各方传递关于企业经营与财务状况的有用信息。

财务报表是企业财务状况、经营成果和现金流量的结构性表述。企业编制财务报表的目的，是向财务报表使用者提供与企业财务状况、经营成果和现金流量等有关的会计信息，反映企业管理层受托责任的履行情况，有助于财务报表使用者作出经济决策。

项目一　财务报表概述

一、财务报表的编制目的

财务报表是对企业财务状况、经营成果和现金流量的结构性表述。

企业编制财务报表的目的，是向财务报表使用者提供与企业财务状况、经营成果和现金流量等有关的会计信息，反映企业管理层受托责任的履行情况，有助于财务报表使用者作出经济决策。财务报表使用者通常包括投资者、债权人、政府及其有关部门和社会公众等。

二、财务报表的组成和分类

（一）财务报表的组成

财务报表是对企业财务状况、经营成果和现金流量的结构性表述。一套完整的财务报表至少应当包括资产负债表、利润表、现金流量表、所有者权益（或股东权益，下同）变动表以及附注。

资产负债表、利润表和现金流量表分别从不同角度反映企业的财务状况、经营成果和现金流量。资产负债表反映企业在某一特定日期所拥有的资产、需偿还的债务以及股东（投资者）拥有的净资产情况；利润表反映企业在一定会计期间的经营成果，即利润或亏损情况，表明企业运用所拥有的资产的获利能力；现金流量表反映企业在一定会计期间现金和现金等价物的流入和流出情况。

所有者权益变动表反映构成所有者权益的各组成部分当期的增减变动情况。企业的净利润及其分配情况是所有者权益变动的组成部分，相关信息已经在所有者权益变动表及其附注中反映，企业不需要再单独编制利润分配表。

附注是财务报表不可或缺的组成部分，是对在资产负债表、利润表、现金流量表和所有者权益变动表等报表中列示项目的文字描述或明细资料，以及对未能在这些报表中列示的项目所作的说明等。

（二）财务报表的分类

财务报表可以按照不同的标准进行分类。

（1）按财务报表编报期间的不同，可以分为中期财务报表和年度财务报表。中期财务报表是以短于一个完整会计年度的报告期间为基础编制的财务报表，包括月报、季报和半年报等。中期财务报表至少应当包括资产负债表、利润表、现金流量表和附注。其中，资产负债表和利润表应当是完整报表，格式和内容应当与年度财务报表相一致。与年度财务报表相比，中期财务报表中的附注披露可适当简略。

（2）按财务报表编报主体的不同，可以分为个别财务报表和合并财务报表。个别财务报表是企业在自身会计核算基础上对账簿记录进行加工而编制的财务报表，它主要用以反映企业自身的财务状况、经营成果和现金流量情况。合并财务报表是以由母公司和子公司组成的企业集团为会计主体，根据母公司和所属子公司的财务报表，由母公司编制的综合反映企业集团财务状况、经营成果及现金流量的财务报表。

项目二　资产负债表

资产负债表是企业最重要的三大财务报表之一，是企业经营管理中非常重要的财务状况报表。资产负债表是每一个经营者、管理者必懂、必看且常看的会计报表，在企业的经营管理活动中具有非常重要的意义。

资产负债表对经营管理活动的重要意义在于，看懂资产负债表就能够了解第一手的企业经营状况；能够有重点、有指向地查看需要了解的企业资讯；能够不借助于他人，直接根据原始数据对一些经营指标作出自己的判断。所以，认识和了解资产负债表是非常重要的。

一、资产负债表概述

资产负债表虽然是企业财务的基础数据报表，但却不是随便就可以看懂的，在解读之前，需要对一些会计概念和资产负债表的相关知识有所了解。

资产负债表是基本财务报表之一，是反映企业在某一特定日期的财务状况的报表。它主要反映资产、负债和所有者权益这三方面的内容，并满足“资产 = 负债 + 所有者权益”平衡式，以数据体现企业在某个时间点上的经营和财务状况，是典型的静态报表。

资产负债表按资产、负债和所有者权益分类列报。其中，资产和负债应按流动性列示，资产可以分为流动资产和非流动资产，负债可以分为流动负债和非流动负债。

1. 资产

按照流动资产和非流动资产两大类别列示，在流动资产和非流动资产类别下进一步按性质分项列示。

流动资产是指预计在一个正常营业周期中变现、出售或耗用，或者主要为交易目的而持有，或者预计在资产负债表日起一年内（含一年）变现的资产。

资产负债表中列示的流动资产项目通常包括：货币资金、交易性金融资产、应收票据、应收账款、预付款项、应收利息、应收股利、其他应收款、存货和一年内到期的非流动资产等。

非流动资产是指流动资产以外的资产。资产负债表中列示的非流动资产项目通常包括：长期股权投资、固定资产、在建工程、工程物资、固定资产清理、无形资产、开发支出、长期待摊费用以及其他非流动资产等。

2. 负债

按照流动负债和非流动负债进行列示，在流动负债和非流动负债类别下进一步按性质分项列示。

流动负债是指预计在一个正常营业周期中清偿，或者主要为交易目的而持有，或者自资产负债表日起一年内（含一年）到期应予以清偿，或者企业无权自主地将清偿推迟至资产负债表日后一年以上的负债。资产负债表中列示的流动负债项目通常包括：短期借款、应付票据、应付账款、预收款项、应付职工薪酬、应交税费、应付利息、应付股利、其他应付款、一年内到期的非流动负债等。

非流动负债是指流动负债以外的负债。非流动负债项目通常包括：长期借款、应付债券和其他非流动负债等。

3. 所有者权益

一般按照实收资本（或股本）、资本公积、盈余公积和未分配利润分项列示。

资产负债表不仅供企业内部管理人员调看、使用，还需要定期对外公布。根据我国相关法规的规定，所有企业都必须定期向政府相关部门和机构报送资产负债表；各相关企业和有业务往来的企业也可以调看企业的资产负债表；另外，股份制企业或上市公司由于其股东数量较多，其资产负债表更是需要定期向社会公众发布，甚至会发布在报纸等媒体上。

资产负债表能够提供企业在某一日期资产、负债及所有者权益的总括情况及其比例关系。通过资产负债表反映企业的资产情况，表明企业在某一特定日期结束所拥有或控制的经济资源，表明企业资产的构成情况；通过资产负债表反映企业的负债情况，表明企业未来所需清偿的债务；通过资产负债表反映企业的所有者权益情况，表明所有者对企业净资产的要求，了解所有者权益的构成情况。此外，根据资产负债表所提供的基本资料还能够进行财务分析，如计算企业的流动比率、速动比率以及企业的资本结构等。

二、资产负债表的结构

我国企业的资产负债表采用账户式结构。账户式资产负债表分左右两方，左方为资产项目，大体按资产的流动性大小排列，流动性大的资产如“货币资金”、“交易性金融资产”等排在前面，流动性小的资产如“长期股权投资”、“固定资产”等排在后面。右方为负债及所有者权益项目，一般按要求清偿时间的先后顺序排列，“短期借款”、“应付票据”、“应付账款”等需要在一年以内或者长于一年的一个正常营业周期内偿还的流动负债排在前面，“长期借款”等在一年以上才需偿还的非流动负债排在中间，在企业清算之前不需要偿还的所有者权益项目排在后面。

账户式资产负债表中的资产各项目的合计等于负债和所有者权益各项目的合计，即资产负债表左方和右方平衡。因此，通过账户式资产负债表，可以反映资产、负债、所有者权益之间的内在联系，即“资产 = 负债 + 所有者权益”。

标准的资产负债表的样式（如表 10 - 1 所示）是由相关法规规定好的，在企业进行制作和编报时，一般不得随意增减项目。

表 10 - 1 资产负债表

会企 01 表

编制单位： 年 月 日 单位：元

资 产	期末余额	年初余额	负债和所有者权益（或股东权益）	期末余额	年初余额
流动资产：			流动负债：		
货币资金			短期借款		
交易性金融资产			交易性金融负债		
应收票据			应付票据		
应收账款			应付账款		
预付账款			预收账款		
应收利息			应付职工薪酬		
其他应收款			应交税费		
存货			应付利息		

(续上表)

资　产	期末余额	年初余额	负债和所有者权益（或股东权益）	期末余额	年初余额
一年内到期的非流动资产			其他应付款		
其他流动资产			一年内到期的非流动负债		
流动资产合计			其他流动负债		
非流动资产：			流动负债合计		
可供出售金融资产			非流动负债：		
持有至到期投资			长期借款		
长期应收款			应付债券		
长期股权投资			长期应付款		
投资性房地产			专项应付款		
固定资产			预计负债		
在建工程			递延所得税负债		
工程物资			其他非流动负债		
固定资产清理			非流动负债合计		
生产性生物资产			负债合计		
油气资产			所有者权益（或股东权益）：		
无形资产			实收资本（或股本）		
开发支出			资本公积		
商誉			减：库存股		
长期待摊费用			盈余公积		
递延所得税资产			未分配利润		
其他非流动资产			所有者权益（或股东权益）合计		
非流动资产合计					
资产总计			负债和所有者权益（或股东权益）总计		

三、资产负债表的编制

资产负债表的编制主要是数据的计算和填列。

表内各项目均需填列“年初余额”和“期末余额”两栏。其中“年初余额”栏内各项数字，应根据上年年末资产负债表的“期末余额”栏内所列数字填列。“期末余额”栏主要有以下几种填列方法：

（一）根据总账科目余额填列

大部分资产负债表项目，其实就是会计科目，可以直接根据相应账户的余额填列在资产负债表相应项目处。如“交易性金融资产”、“短期借款”、“应付票据”、“应付职工薪酬”等项目，根据“交易性金融资产”、“短期借款”、“应付票据”、“应付职工薪酬”各总账科目的余额直接填列；有些项目则需根据几个总账科目的期末余额计算填列，如“货币资金”项目，需根据“库存现金”、“银行存款”、“其他货币资金”三个总账科目期末余额的合计数填列。

【任务互动10－1】某企业2014年12月31日结账后的“库存现金”科目余额为20 000元，“银行存款”科目余额为4 000 000元，“其他货币资金”科目余额为2 000 000元。

该企业2014年12月31日资产负债表中的“货币资金”项目金额为：

20 000＋4 000 000＋2 000 000＝6 020 000（元）

本例中，企业应当按照“库存现金”、“银行存款”和“其他货币资金”三个总账科目余额加总后的金额，作为资产负债表中“货币资金”项目的金额。

【任务互动10－2】某企业2014年3月1日向银行借入一年期借款300 000元，向其他金融机构借款230 000元，无其他短期借款业务发生。

该企业2014年12月31日资产负债表中的“短期借款”项目金额为：

300 000＋230 000＝530 000（元）

本例中，企业直接以“短期借款”总账科目余额填列在资产负债表中即可。

【任务互动10－3】某企业2014年年末向股东发放现金股利450 000元，股票股利100 000元，现金股利尚未支付。

该企业2014年12月31日资产负债表中的“应付股利”项目金额为450 000元。

本例中，企业发放的股票股利不通过“应付股利”科目核算。因此，资产负债表中“应付股利”即为尚未支付的现金股利金额，即450 000元。

【任务互动10－4】某企业2014年12月31日应付A企业商业票据30 000元，应付B企业商业票据58 000元，应付C企业商业票据670 000元，尚未支付。

该企业2014年12月31日资产负债表中“应付票据”项目金额为：

30 000＋58 000＋670 000＝758 000（元）

本例中，企业直接以“应付票据”总账科目余额填列在资产负债表中即可。

【任务互动10－5】某企业2014年12月31日应付管理人员工资290 000元，应计提福利费40 000元，应付车间工作人员工资59 000元，无其他应付职工薪酬项目。

该企业2014年12月31日资产负债表中“应付职工薪酬”项目金额为：

290 000＋40 000＋59 000＝389 000（元）

本例中，管理人员工资、车间工作人员工资和福利费都属于职工薪酬的范围，应当以各种应付未付职工薪酬加总后的金额，即“应付职工薪酬”总账科目余额填列在资产负债表中。

【任务互动10－6】某企业2014年1月1日发行了一次还本付息的公司债券，面值为1 000 000元，当年12月31日应计提的利息为10 000元。

该企业2014年12月31日资产负债表中“应付债券”项目金额为：

1 000 000 + 10 000 = 1 010 000（元）

本例中，企业应当将债券面值和应计提的利息作为“应付债券”项目金额填列在资产负债表中。

（二）根据明细账科目余额计算填列

如“应付账款”项目，需要根据“应付账款”和“预付账款”两个科目所属的相关明细科目的期末贷方余额计算填列；“应收账款”项目，需要根据“应收账款”和“预收账款”两个科目所属的相关明细科目的期末借方余额计算填列。

【任务互动10-7】某企业2014年12月31日结账后有关科目所属明细科目借贷方余额如表10-2所示。

表10-2

单位：元

科目名称	明细科目借方余额合计	明细科目贷方余额合计
应收账款	1 500 000	200 000
预付账款	900 000	50 000
应付账款	300 000	1 700 000
预收账款	700 000	1 300 000

该企业2014年12月31日资产负债表中相关项目的金额为：

“应收账款”项目金额为：1 500 000 + 700 000 = 2 200 000（元）

“预付账款”项目金额为：900 000 + 300 000 = 1 200 000（元）

“应付账款”项目金额为：50 000 + 1 700 000 = 1 750 000（元）

“预收账款”项目金额为：1 300 000 + 200 000 = 1 500 000（元）

本例中，“应收账款”项目，应当根据“应收账款”科目所属明细科目借方余额1 500 000元和“预收账款”科目所属明细科目借方余额700 000元加总，作为资产负债表中“应收账款”项目的金额，即2 200 000元。

“预付账款”项目，应当根据“预付账款”科目所属明细科目借方余额900 000元和“应付账款”科目所属明细科目借方余额300 000元加总，作为资产负债表中“预付账款”项目的金额，即1 200 000元。

“应付账款”项目，应当根据“应付账款”科目所属明细科目贷方余额1 700 000元和“预付账款”科目所属明细科目贷方余额50 000元加总，作为资产负债表中“应付账款”项目的金额，即1 750 000元。

“预收账款”项目，应当根据“预收账款”科目所属明细科目贷方余额1 300 000元和“应收账款”科目所属明细科目贷方余额200 000元加总，作为资产负债表中“预收账款”项目的金额，即1 500 000元。

【任务互动10-8】某企业2014年12月1日购入原材料一批，价款为150 000元，增值税为25 500元，款项已付，材料已验收入库。当年根据实现的产品销售收入计算的增值税销项税额为50 000元。该月转让一项专利，需要交纳营业税40 000元（尚未支付），没有其他未支付的税费。

该企业2014年12月31日资产负债表中“应交税费”项目金额为：

50 000 - 25 500 + 40 000 = 64 500（元）

本例中，只有未付增值税和营业税两项。由于本期应交增值税为销项税额减进项税额，即24 500（50 000 - 25 500）元，加上未缴纳的营业税40 000元，作为资产负债表中“应交税费”项目的金额，即64 500元。

（三）根据总账科目和明细账科目余额分析计算填列

如“长期借款”项目，需要根据“长期借款”总账科目余额扣除“长期借款”科目所属的明细科目中将在一年内到期且企业不能自主地将清偿义务展期的长期借款后的金额计算填列。

【任务互动10-9】某企业长期借款情况如表10-3所示。

表10-3

借款起始日期	借款期限（年）	金额（元）
2014年1月1日	3	1 000 000
2012年1月1日	5	2 000 000
2011年6月1日	4	1 500 000

该企业2014年12月31日资产负债表中“长期借款”项目金额为：

1 000 000 + 2 000 000 = 3 000 000（元）

本例中，企业应当根据“长期借款”总账科目余额4 500 000（1 000 000 + 2 000 000 + 1 500 000）元，减去一年内到期的长期借款1 500 000元，作为资产负债表中“长期借款”项目的金额，即3 000 000元。将在一年内到期的长期借款1 500 000元，应当填列在流动负债下“一年内到期的非流动负债”项目中。

【任务互动10-10】某企业2014年“长期待摊费用”科目的期末余额为374 000元，将于一年内摊销的金额为204 000元。

该企业2014年12月31日资产负债表中的“长期待摊费用”项目金额为：

374 000 - 204 000 = 170 000（元）

本例中，企业应当根据“长期待摊费用”总账科目余额374 000元，减去将于一年内摊销的金额204 000元，作为资产负债表中“长期待摊费用”项目的金额，即170 000元。将于一年内摊销完毕的204 000元，应当填列在流动资产下“一年内到期的非流动资产”项目中。

（四）根据有关科目余额减去其备抵科目余额后的净额填列

如资产负债表中的“应收票据”、“应收账款”、“长期股权投资”、“在建工程”等项目，应当根据“应收票据”、“应收账款”、“长期股权投资”、“在建工程”等科目的期末余额减去“坏账准备”、“长期股权投资减值准备”、“在建工程减值准备”等科目余额后的净额填列。“固定资产”项目，应当根据“固定资产”科目的期末余额减去“累计折旧”、“固定资产减值准备”备抵科目余额后的净额填列；“无形资产”项目，应当根据“无形资产”科目的期末余额减去“累计摊销”、“无形资产减值准备”备抵科目余额后的净额填列。

【任务互动 10－11】某企业 2014 年 12 月 31 日因出售商品应收甲企业票据 123 000 元，因提供劳务应收乙企业票据 342 000 元，12 月 31 日将所持丙企业金额为10 000元的未到期商业汇票向银行贴现，实际收到金额为 9 000 元。

该企业 2014 年 12 月 31 日资产负债表中的“应收票据”项目金额为：

123 000＋342 000－10 000＝ 455 000（元）

本例中，企业直接以“应收票据”总账科目余额填列，对于已贴现的票据，应扣减。应收票据已计提坏账准备的，还应以扣减相应坏账准备后的净额填列。

【任务互动 10－12】某企业 2014 年 12 月 31 日结账后“应收账款”科目所属各明细科目的期末借方余额合计 450 000 元，贷方余额合计 220 000 元，对应收账款计提的坏账准备为 50 000 元，假定“预收账款”科目所属明细科目无借方余额。

该企业 2014 年 12 月 31 日资产负债表中的“应收账款”项目金额为：

450 000－50 000＝ 400 000（元）

本例中，企业应当以“应收账款”科目所属明细科目借方余额 450 000 元，减去对应收账款计提的坏账准备 50 000 元后的净额，作为资产负债表“应收账款”项目的金额，即 400 000 元。“应收账款”科目所属明细科目贷方余额，应与“预收账款”科目所属明细科目贷方余额加总，填列为“预收账款”项目。

【技能实训】下列各项中，应在资产负债表“应收账款”项目列示的有（　　）。

A.“预付账款”科目所属明细科目的借方余额

B.“应收账款”科目所属明细科目的借方余额

C.“应收账款”科目所属明细科目的贷方余额

D.“预收账款”科目所属明细科目的借方余额

【任务互动 10－13】某企业 2014 年 12 月 31 日结账后的“长期股权投资”科目余额为100 000元，“长期股权投资减值准备”科目余额为 6 000 元。

该企业 2014 年 12 月 31 日资产负债表中的“长期股权投资”项目金额为：

100 000－6 000＝ 94 000（元）

本例中，企业应以“长期股权投资”总账科目余额 100 000 元，减去其备抵科目“长期股权投资减值准备”科目余额后的净额，作为资产负债表中“长期股权投资”项目的金额。

【任务互动 10－14】某企业 2014 年 12 月 31 日结账后的“固定资产”科目余额为 1 000 000元，“累计折旧”科目余额为 90 000 元，“固定资产减值准备”科目余额为 200 000元。

该企业 2014 年 12 月 31 日资产负债表中的“固定资产”项目金额为：

1 000 000－90 000－200 000＝710 000（元）

本例中，企业应当以“固定资产”总账科目余额，减去“累计折旧”和“固定资产减值准备”两个备抵类总账科目余额后的净额，作为资产负债表中“固定资产”项目的金额。

【任务互动10－15】某企业2014年12月31日结账后的“无形资产”科目余额为488 000元，“累计摊销”科目余额为48 800元，“无形资产减值准备”科目余额为93 000元。

该企业2014年12月31日资产负债表中的“无形资产”项目金额为：

488 000－48 800－93 000＝346 200（元）

本例中，企业应当以“无形资产”总账科目余额，减去“累计摊销”和“无形资产减值准备”两个备抵类总账科目余额后的净额，作为资产负债表中“无形资产”的项目金额。

（五）综合运用上述填列方法分析填列

如资产负债表中的“原材料”、“委托加工物资”、“周转材料”、“材料采购”、“在途物资”、“发出商品”、“材料成本差异”等总账科目期末余额的分析汇总数。

【任务互动10－16】某企业采用计划成本核算材料，2014年12月31日结账后有关科目余额为：“材料采购”科目余额为140 000元（借方），“原材料”科目余额为2 400 000元（借方），“周转材料”科目余额为1 800 000元（借方），“库存商品”科目余额为1 600 000元（借方），“生产成本”科目余额为600 000元（借方），“材料成本差异”科目余额为120 000元（贷方），“存货跌价准备”科目余额为210 000元。

该企业2014年12月31日资产负债表中的“存货”项目金额为：

140 000＋2 400 000＋1 800 000＋1 600 000＋600 000－120 000－210 000＝6 210 000（元）

本例中，企业应当以“材料采购”（表示在途材料采购成本）、“原材料”、“周转材料”（比如包装物和低值易耗品等）、“库存商品”、“生产成本”（表示期末在产品金额）各总账科目余额加总后，加上或减去“材料成本差异”总账科目的余额（若为贷方余额，应减去；若为借方余额，应加上），再减去“存货跌价准备”总账科目余额后的净额，作为资产负债表中“存货”项目的金额。

项目三　利润表

编好了资产负债表，工作并没有到此结束。清楚了企业究竟有多少资产，有多少是借来的，有多少是所有者的还远远不够，我们还应该清楚利用这些资产究竟赢得了多少利润，有多少归自己，多少要交税，因此就涉及反映经营成果的报表，即利润表。

利润表和资产负债表一样，也是企业非常重要的对外报表。

一、利润表的概念和结构

利润表是反映企业在一定会计期间内的经营成果的报表。它与资产负债表一样，都是月表，一般每月结账后填制一次。

通过提供利润表，可以反映企业在一定会计期间的收入、费用、利润（或亏损）的数额及构成情况，帮助财务报表使用者全面了解企业的经营成果，分析企业的获利能力及盈利增长趋势，从而为其作出经济决策提供依据。

我国企业的利润表必须采用多步式结构，如表 10 - 4 所示。多步式利润表的特点是，依据“收入 - 费用 = 利润”的会计等式，将各层次利润构成的要素分解开来，分步骤按顺序计算出净利润。

表 10 - 4　利润表

会企 02 表

编制单位：　　　　　　　　　年　月　　　　　　　　　单位：元

项　目	本期金额	上期金额
一、营业收入		
减：营业成本		
营业税金及附加		
销售费用		
管理费用		
财务费用		
资产减值损失		
加：公允价值变动收益（损失以“ - ”号填列）		
投资收益（损失以“ - ”号填列）		
其中：对联营企业和合营企业的投资收益		
二、营业利润（亏损以“ - ”号填列）		
加：营业外收入		
减：营业外支出		
其中：非流动资产处置损失		
三、利润总额（亏损总额以“ - ”号填列）		
减：所得税费用		
四、净利润（净亏损以“ - ”号填列）		
五、每股收益		
（一）基本每股收益		
（二）稀释每股收益		

二、利润表的编制

我国企业利润表的主要编制步骤和内容如下：

第一步，以营业收入为基础，减去营业成本、营业税金及附加、销售费用、管理费用、财务费用、资产减值损失，加上公允价值变动收益（减去公允价值变动损失）和投资收益（减去投资损失），计算出营业利润。

第二步，以营业利润为基础，加上营业外收入，减去营业外支出，计算出利润总额。

第三步，以利润总额为基础，减去所得税费用，计算出净利润（或亏损）。

普通股或潜在普通股已公开交易的企业，以及正处于公开发行普通股或潜在普通股过程中的企业，还应当在利润表中列示每股收益信息。

利润表各项目均需填列“本期金额”和“上期金额”两栏。其中“上期金额”栏内各项数字，应根据上年该期利润表的“本期金额”栏内所列数字填列。“本期金额”栏内各期数字，除“基本每股收益”和“稀释每股收益”项目外，应当按照相关科目的发生额分析填列。

（1）“营业收入”项目，反映企业经营主要业务和其他业务所确认的收入总额。本项目应根据“主营业务收入”和“其他业务收入”科目的发生额分析填列。

（2）“营业成本”项目，反映企业经营主要业务和其他业务所发生的成本总额。本项目应根据“主营业务成本”和“其他业务成本”科目的发生额分析填列。

【任务互动 10－17】下列各项中，应列入利润表“营业成本”项目的有（　　）。

A. 出售商品的成本　　B. 销售材料的成本

C. 出租非专利技术的摊销额　　D. 以经营租赁方式出租设备计提的折旧额

【答案】ABCD

营业成本项目包含主营业务成本和其他业务成本。选项 A 计入主营业务成本，选项 B、C、D 计入其他业务成本。

【任务互动 10－18】某企业 2014 年度“主营业务收入”科目的贷方发生额为 33 000 000元，借方发生额为 200 000 元（系 11 月份发生的购买方退货），“其他业务收入”科目的贷方发生额为 2 000 000 元。

该企业 2014 年度利润表中“营业收入”项目的金额为：

33 000 000 － 200 000 + 2 000 000 = 34 800 000（元）

本例中，企业应当以“主营业务收入”和“其他业务收入”两个总账科目的贷方发生额之和，作为利润表中“营业收入”项目的金额。当年发生销售退回的，以应冲减销售退回主营业务收入后的金额，填列“营业收入”项目。

【任务互动 10－19】某企业 2014 年度“主营业务成本”科目的借方发生额为 30 000 000元；2014 年 12 月 8 日，当年 9 月销售给某单位的一批产品由于质量问题被退回，该项销售已确认成本 1 800 000 元；“其他业务成本”科目借方发生额为 800 000 元。

该企业 2014 年度利润表中“营业成本”项目的金额为：

30 000 000 － 1 800 000 + 800 000 = 29 000 000（元）

本例中，企业应当以“主营业务成本”和“其他业务成本”两个总账科目的借方发生额之和，作为利润表中“营业成本”的项目金额。当年发生销售退回的，应当以减去销售退回商品成本后的金额，填列“营业成本”项目。

（3）“营业税金及附加”项目，反映企业经营业务应负担的消费税、营业税、城市维护建设税、资源税、土地增值税和教育费附加等。本项目应根据“营业税金及附加”科目的发生额分析填列。

(4)“销售费用”项目，反映企业在销售商品过程中发生的包装费、广告费等费用和为销售本企业商品而专设的销售机构的职工薪酬、业务费等经营费用。本项目应根据“销售费用”科目的发生额分析填列。

(5)“管理费用”项目，反映企业为组织和管理生产经营发生的管理费用。本项目应根据“管理费用”科目的发生额分析填列。

(6)“财务费用”项目，反映企业筹集生产经营所需资金等而发生的筹资费用。本项目应根据“财务费用”科目的发生额分析填列。

(7)“资产减值损失”项目，反映企业各项资产发生的减值损失。本项目应根据“资产减值损失”科目的发生额分析填列。

(8)“公允价值变动收益”项目，反映企业应当计入当期损益的资产或负债公允价值变动收益。本项目应根据“公允价值变动损益”科目的发生额分析填列。如为净损失，本项目以“-”号填列。

(9)“投资收益”项目，反映企业以各种方式对外投资所取得的收益。本项目应根据“投资收益”科目的发生额分析填列。如为投资损失，本项目以“-”号填列。

(10)“营业利润”项目，反映企业实现的营业利润。如为亏损，本项目以“-”号填列。

(11)“营业外收入”项目，反映企业发生的与经营业务无直接关系的各项收入。本项目应根据“营业外收入”科目的发生额分析填列。

(12)“营业外支出”项目，反映企业发生的与经营业务无直接关系的各项支出。本项目应根据“营业外支出”科目的发生额分析填列。

(13)“利润总额”项目，反映企业实现的利润。如为亏损，本项目以“-”号填列。

(14)“所得税费用”项目，反映企业应从当期利润总额中扣除的所得税费用。本项目应根据“所得税费用”科目的发生额分析填列。

(15)“净利润”项目，反映企业实现的净利润。如为亏损，本项目以“-”号填列。

【任务互动 10-20】截至 2014 年 12 月 31 日，某企业“主营业务收入”科目发生额为 1 990 000 元，“主营业务成本”科目发生额为 630 000 元，“其他业务收入”科目发生额为 500 000 元，“其他业务成本”科目发生额为 150 000 元，“营业税金及附加”科目发生额为 780 000 元，“销售费用”科目发生额为 60 000 元，“管理费用”科目发生额为 50 000元，“财务费用”科目发生额为 170 000 元，“资产减值损失”科目借方发生额为 50 000元（无贷方发生额），“公允价值变动损益”科目借方发生额为 450 000 元（无贷方发生额），“投资收益”科目贷方发生额为 850 000 元（无借方发生额），“营业外收入”科目发生额为 100 000 元，“营业外支出”科目发生额为 40 000 元，“所得税费用”科目发生额为 171 600 元。

该企业 2014 年度利润表中营业利润、利润总额和净利润的计算过程如下：

营业利润 = 1 990 000 + 500 000 - 630 000 - 150 000 - 780 000 - 60 000 - 50 000 - 170 000 - 50 000 - 450 000 + 850 000 = 1 000 000（元）

利润总额 = 1 000 000 + 100 000 - 40 000 = 1 060 000（元）

净利润 = 1 060 000 - 171 600 = 888 400（元）

本例中，企业应当根据编制利润表的多步式步骤，确定利润表中各主要项目的金额，相关计算公式如下：

营业利润 = 营业收入 - 营业成本 - 营业税金及附加 - 销售费用 - 管理费用 - 财务费用 - 资产减值损失 + 公允价值变动收益（或 - 公允价值变动损失）+ 投资收益（或 - 投资损失）

其中：

营业收入 = 主营业务收入 + 其他业务收入 - 营业成本 = 主营业务成本 + 其他业务成本

利润总额 = 营业利润 + 营业外收入 - 营业外支出

净利润 = 利润总额 - 所得税费用

【案例分享】

广夏（银川）实业股份有限公司前身为1992年成立的广夏（银川）磁技术有限公司，1993年5月开始进行股份制改组，1994年1月28日"广夏（银川）实业股份有限公司"（简称"银广夏"）宣告成立。公司经营范围：高新技术产品的开发、生产、销售；动植物的养殖、种植、加工、销售；食品、日用化工产品、房地产开发、餐饮、客房服务等。因银广夏的全资子公司天津广夏（集团）有限公司造假，中国证监会于2000年8月3日对银广夏正式立案调查。

2002年4月23日，中国证监会公告了《关于广夏（银川）实业股份有限公司违反证券法规行为的处罚决定》，陈述了银广夏的违规事实：经查，银广夏自1998年至2001年期间累计虚构销售收入104 962.60万元，少计费用4 845.34万元，导致虚增利润77 156.70万元。其中：1998年虚增利润1 776.10万元，由于银广夏主要控股子公司天津广夏（集团）有限公司1998年及以前年度的财务资料丢失，银广夏1998年利润的真实性无法确定；1999年虚增利润17 781.86万元，实际亏损5 003.20万元；2000年虚增利润56 704.74万元，实际亏损14 940.10万元；2001年1—6月虚增利润894万元，实际亏损2 557.10万元。

【模块小结】

财务报表是对企业财务状况、经营成果和现金流量的结构性表述。一套完整的财务报表至少应当包括资金负债表、利润表、现金流量表、所有者权益（或股东权益）变动表以及附注。

资产负债表是企业最重要的三大财务报表之一，是反映企业在某一特定日期的财务状况的报表。它主要反映资产、负债和所有者权益这三方面的内容，并满足"资产 = 负债 + 所有者权益"平衡式。

利润表是反映企业在一定会计期间内的经营成果的报表。我国企业的利润表必须采用多步式结构，其特点是：依据"收入 - 费用 = 利润"的会计等式，将各层次利润构成的要素分解开来，分步骤按顺序计算出净利润。

【思考与练习】

一、判断题

1. 资产负债表中的“存货”项目应根据“原材料”、“库存商品”两个账户的期末余额合计数填列。

2. 资产负债表中的“应收账款”项目应根据“应收账款”总账的期末余额填列。

3. “预提费用”项目是根据“待摊费用”、“预提费用”账户所属明细账的借方余额合计数填列。

4. 利润表也是依据“资产 = 负债 + 所有者权益”这一恒等式设计的。

5. “主营业务税金及附加”项目是根据“主营业务税金及附加”账户的期末余额填列的。

二、选择题

1. 企业的财务报告包括（　　）。

A. 资产负债表、利润表、现金流量表

B. 会计报表附注

C. 会计报表附表

D. 财务情况说明书

2. 会计报表按其反映的经济内容分类，分为反映（　　）的报表。

A. 财务状况　　B. 经营成果

C. 财务状况变动情况　　D. 内部经营管理

3. 下列账户中，可能影响资产负债表中“应付账款”项目金额的有（　　）。

A. 应收账款　　B. 预收账款

C. 应付账款　　D. 预付账款

4. 资产负债表中的“存货”项目应根据（　　）账户的期末余额合计数填列。

A. 物资采购　　B. 库存商品

C. 原材料　　D. 生产成本

5. 下列报表项目中可以直接填列的项目有（　　）。

A. 货币资金　　B. 应收账款

C. 短期借款　　D. 未分配利润

6. 某企业 2014 年 7 月 1 日因出售商品应收 A 企业商业汇票金额为 100 万元，2014 年 8 月 1 日因提供劳务应收 B 企业商业汇票 200 万元，至 12 月 31 日将所持 A 企业金额为 100 万元的未到期商业汇票向银行贴现（不附追索权），实际收到金额为 80 万元。则该企业 2014 年 12 月 31 日资产负债表中的“应收票据”项目金额为（　　）万元。

A. 200　　B. 300

C. 400　　D. 220

三、计算题

1. 以下为某企业2014年12月31日结账后有关科目余额。(单位：万元)

总账科目	明细科目	借方余额		贷方余额	
		总账科目	明细科目	总账科目	明细科目
应收账款		800			
	——A公司		1 000		
	——B公司				200
预收账款				5 000	
	——C公司				7 000
	——D公司		2 000		
坏账准备				100	

假设此处坏账准备属于为应收账款计提。请计算资产负债表中“应收账款”项目金额和“预收账款”项目金额分别是多少。

2. 以下为某企业2014年12月31日结账后有关科目余额。(单位：万元)

总账科目	明细科目	借方余额		贷方余额	
		总账科目	明细科目	总账科目	明细科目
应付账款				6 000	
	——A公司				8 000
	——B公司		2 000		
预付账款		3 000			
	——C公司		4 000		
	——D公司				1 000
坏账准备				1 000	

请计算资产负债表中“应付账款”项目金额和“预付账款”项目金额分别是多少。

3. 某企业采用计划成本核算材料，2014年12月31日结账后有关科目余额如下：

科　目	借方科目余额（万元）	贷方科目余额（万元）
材料采购	100	
原材料	2 600	
周转材料	200	

（续上表）

科　目	借方科目余额（万元）	贷方科目余额（万元）
库存商品	5 000	
发出商品	300	
委托代销商品	400	
生产成本	1 000	
劳务成本	50	
材料成本差异		600
存货跌价准备		400
受托代销商品	123	
受托代销商品款		123

请计算资产负债表中“存货”项目金额应为多少。

四、实务操作

资料：某公司为增值税一般纳税人，2014 年 1 月 1 日科目余额表如下表所示。

科目余额表

资　产	期初余额	负债和所有者权益（或股东权益）	期初余额
库存现金	600	短期借款	90 000
银行存款	384 000	应付票据	60 000
其他货币资金	37 290	应付账款	286 140
交易性金融资产	4 500	应付职工薪酬	33 000
应收票据	73 800	应交税费	9 000
应收账款	90 000	其他应付款	15 000
坏账准备	-270	其他应交款	1 980
预付账款	30 000	预提费用	300
其他应收款	1 500	长期借款	480 000
材料采购	67 500	其中：一年内到期的长期借款	30 000
原材料	165 000	实收资本（或股本）	1 500 000
包装物	11 415	盈余公积	30 000
低值易耗品	15 000	利润分配（未分配利润）	15 000
库存商品	504 000		
材料成本差异	11 085		

（续上表）

资　产	期初余额	负债和所有者权益（或股东权益）	期初余额
待摊费用	30 000		
长期股权投资	75 000		
固定资产	450 000		
累计折旧	-120 000		
在建工程	450 000		
无形资产	180 000		
长期待摊费用	60 000		
资产总计	2 520 420	负债和所有者权益（或股东权益）总计	2 520 420

该公司2014年发生的经济业务如下：

（1）用银行存款支付到期的商业承兑汇票30 000元。

（2）购入原材料一批，货款为45 000元，增值税为7 650元，款项已付，材料未到。

（3）收到原材料一批，实际成本为30 000元，计划成本为28 500元，材料已验收入库，货款已于上月支付。

（4）用银行汇票采购材料，支付货款29 940元及增值税5 089.80元，原材料已验收入库，该批原材料计划价格为30 000元。收到开户银行转来银行汇票多余款70.20元。

（5）销售产品一批，销售价款为90 000元，应收取的增值税为15 300元，该批产品实际成本为54 000元，产品已发出，款未收到。

（6）公司将短期投资（股票投资）4 500元兑现，收到现金4 950元，投资收益450元，存入银行。

（7）购入不需安装的设备一台，价款为25 641元，增值税为4 359元，包装及运杂费为300元。款项均以银行存款支付，设备已交付使用。

（8）购入工程物资一批，价款为45 000元（含已交纳的增值税），已用银行存款支付。

（9）工程应付工资60 000元，应付职工福利费8 400元，其他应交款30 000元。

（10）工程完工，计算应负担的长期借款利息为45 000元，该项借款本息未付。

（11）一项工程完工，交付生产使用，已办理竣工手续，固定资产价值为420 000元。

（12）基本生产车间一台机床报废，原价为60 000元，已提折旧54 000元，清理费用为150元，残值收入为240元，均通过银行存款收支。该项固定资产已清理完毕。

（13）从银行借入三年期借款120 000元，借款已存入银行账户，该项借款用于购建固定资产。

（14）销售产品一批，销售价款为210 000元，应收的增值税为35 700元，销售产品的实际成本为126 000元，货款银行已收妥。

（15）公司将到期的一张面值为60 000元的无息银行承兑汇票（不含增值税），连同解讫通知和进账单交银行办理转账。收到银行盖章退回的进账单一联，款项银行已收妥。

（16）收到现金股利9 000元（该项投资为成本法核算，对方税率和本企业一致，均为33%），已存入银行。

（17）公司出售一台不用的设备，收到价款90 000元，该设备原价为120 000元，已提折旧45 000元。这项设备已由购入单位运走。

（18）归还短期借款本金75 000元，利息3 750元，已预提。

（19）提取现金150 000元，准备发放工资。

（20）支付工资150 000元，其中包括支付给在建工程人员的工资60 000元。

（21）分配应支付的职工工资90 000元（不包括在建工程应负担的工资），其中生产人员工资82 500元，车间管理人员工资3 000元，行政管理部门人员工资4 500元。

（22）提取职工福利费12 600元（不包括在建工程应负担的福利费8 400元），其中生产工人福利费11 550元，车间管理人员福利费420元，行政管理部门人员福利费630元。

（23）提取应计入本期损益的借款利息共6 450元，其中短期借款利息3 450元，长期借款利息3 000元。

（24）基本生产领用原材料，计划成本为210 000元；领用低值易耗品，计划成本为15 000元，采用一次转销法摊销。

（25）结转领用原材料应分摊的材料成本差异，材料成本差异率为5%。

（26）摊销无形资产18 000元，摊销印花税3 000元；基本生产车间固定资产修理费（已列入待摊费用）27 000元。

（27）计提固定资产折旧30 000元，其中计入制造费用24 000元，管理费用6 000元。

（28）收到应收账款15 300元（不含增值税），存入银行，按应收账款余额的3‰计提坏账准备。

（29）用银行存款支付产品展览费3 000元。

（30）计算并结转本期完工产品成本384 720元。没有期初在产品，本期生产的产品全部完工入库。

（31）广告费3 000元，已用银行存款支付。

（32）公司采用商业承兑汇票结算方式销售产品一批，价款为75 000元，增值税为12 750元，收到87 750元的商业承兑汇票一张，产品实际成本为45 000元。

（33）公司将上述承兑汇票到银行办理贴现，贴现息为6 000元。

（34）提取现金15 000元，准备支付退休金。

（35）支付退休金15 000元，未统筹。

（36）公司本期产品销售应交纳的教育费附加为600元。

（37）用银行存款交纳增值税30 000元，教育费附加600元。

（38）结转本期产品销售成本225 000元。

（39）计算并结转应交所得税30 719.70元。

（40）结转本年净利润。

（41）提取法定盈余公积金 7 137.03 元，法定公益金 3 568.515 元；分配普通股现金股利 9 664.755 元。

（42）将利润分配各明细科目的余额转入“未分配利润”明细科目，结转本年利润。

（43）偿还长期借款 300 000 元。

（44）用银行存款交纳所得税 29 126.70 元。

要求：

（1）根据以上资料编制会计分录并登记账簿（登记丁字账）；

（2）编制资产负债表；

（3）编制利润表。

参考文献

[1] 陈亚光. 会计实务入门两星期. 北京：企业管理出版社，2006.

[2] 冯睿. 会计业务从入门到精通. 北京：机械工业出版社，2011.

[3] 向兆礼，黄若男. 财务会计. 北京：北京交通大学出版社，2013.

[4] 陈小英. 财务会计. 北京：清华大学出版社，2013.

[5] 葛家澍，耿金岭. 企业财务会计（第四版）. 北京：高等教育出版社，2010.

[6] 刘永泽，陈立军. 中级财务会计（第二版）. 大连：东北财经大学出版社，2009.

[7] 孙关荣. 财务会计——基于会计岗位职责编写. 上海：立信会计出版社，2013.

[8] 财政部会计资格评价中心. 初级会计实务. 北京：中国财政经济出版社，2011.

[9] 财政部会计资格评价中心. 中级会计实务. 北京：经济科学出版社，2012.

[10] 中华人民共和国财政部. 企业会计准则. 北京：经济科学出版社，2006.

[11] 中华人民共和国财政部. 企业会计准则——应用指南. 北京：中国财政经济出版社，2006.